《中庸》

人生大智慧

ZHONGYONG
RENSHENG DA ZHIHUI

郭庆祥 ◎ 著

东方出版社

目　　录

前　言

《中庸》是一部有关人生大智慧的宝典。人的一生,无非是生老病死、功名利禄、进退顺逆、酸甜苦辣。

生老病死,属于自然规律,人们无法左右,一般情况下只好顺其自然;功名利禄、进退顺逆、酸甜苦辣,基本上就是为人处世,安身立命的范畴,应该有所作为。

为人,最主要的是修身。《中庸》开篇就指出"天命之谓性,率性之谓道,修道之谓教"的天人合一境界。

为人,是指做人处世的态度。比如为人要正直忠厚,以诚为本,言行一致。处世,是指在社会活动中跟人往来相处的形态。比如以君子之道,立身处世;以礼仪之道,立身行事;安身,指生活有着落;立命,指精神有寄托。

一个有抱负的人,为人处世,安身立命,愚以为:需要四种形式的终生努力奋斗,终生坚持不懈。这就是:在行为方式上,要坚持"礼仪之道";在做人原则上,要坚守"君子之道";在思维方式上,要坚信"中庸之道";在成己成人成物上,要坚用"至诚之道"。

坚守这四个"之道",需要人生大智慧,而《中庸》就恰好解决了"中庸之道"、"君子之道"、"礼仪之道"、"至诚之道"的大智慧。

所以朱熹说:"历选前圣之书,所以提絜纲维,开示蕴奥,未有若之明且尽者也。"

毛泽东说:"(中庸)是孔子的一大发现,一大功绩,是哲学的重要范畴,值得很好地解释一番。"(《中庸大全集》)

《中庸》,是先秦儒家最早、最精密的哲学著作,堪称儒家学说的思想纲领和理论基础。

"四书",是儒家学说的一个完整的思想体系,思想内容相辅相成又各有侧重。假如把"四书"的思想体系比成一座宏伟的思想殿堂,那么《大学》就是一部最为完整的、建筑这座宏伟思想殿堂的蓝图和详细施工的程序;《中庸》就是这座宏伟思想官殿的基础和奠基说明;《论语》和《孟子》就是建筑这座宏伟思想殿堂的优质建筑材料——砖、瓦、灰、沙、石、木材、玻璃、水泥、钢筋、大理石等。

这堆积一地的优质建筑材料、详细完整的图纸、良好坚固的基础设施,等待着一位有心的建筑师去努力实施完成它。

你想做圣人,你就去努力建筑一座富丽堂皇、庄严巍峨的官殿;

你想做君子,你就去努力建筑一座宽大适宜、风景秀丽的别墅;

你想做有恒者,你就去努力建筑一座富有特色、宽敞舒适的公寓;

你想做白领,你就去努力去建筑一座坚固实用、温馨易居的住宅楼;

你想做最普通的老百姓,你就努力去建筑一座能够使老婆孩子容身的住所;

你想当一个流浪汉,你就可以尽情地享受人世间的潇洒自由,只要饿不死,你就顺其自然,四海为家处处家,漂泊四海此路穷。

一个人有什么样的选择,一般情况下,就会有什么样的收获和结果。

人生,其实就是在不断地选择,不断地取舍,不断地努力,不断地奋斗,不断地收获,不断地抛洒汗水,不断地战胜困难,不断地超越自我,不断地实现人生价值。

简而言之,就是不断地种瓜得瓜,种豆得豆。或者说是一分耕耘,一分收获,苍天不负有心人。

《中庸》和《大学》一样,原为《小戴礼记》中的一篇。北宋时期,"程朱理学派"的创始人——程颐、程颢二兄弟,将其从《小戴礼记》中单独编辑出来,与《大学》、《论语》、《孟子》集中编辑整理,合为"四书";南宋儒学大家,也是"程朱理学派"的主要人物朱熹,则倾注毕生之精力为"四书"作注。

《中庸》作为"四书"之一,广为传承,并成为后世开科取士的教科书,和加官晋爵的必读之书。

宋代的学者认为《中庸》"乃孔门传授心法,放之则弥六合,卷之则退藏于密室"的儒家道统传文。

孔子的"天道性命"思想由《中庸》而逐渐演变为思孟学派的"心性哲学",并视《中庸》为儒家思想理论基础。

　　《中庸》一书，因其哲理思辨和严谨体系，成为"四书"中最难理解和争议最多的一部书。因其理论高深，行文难读，阅读理解之不易，故朱熹告诫儒家后学：读"四书"，"某人要先读《大学》，以定其规模；次读《论语》，以立其根本；次读《孟子》，以观其发越；次读《中庸》，以求古人之微妙处。《大学》一篇，有等级次第，总作一处，易晓、易先看。《论语》却实，但言语散见，初看亦难。《孟子》有感激兴发人心处。《中庸》亦难读，看三书后，方易读之。"

　　《中庸》，为孔子之孙子思所作。子思，生于公元前483年，卒于公元前402年，享年81岁，姓孔，名伋，字子思。他的父亲是孔鲤，字伯鱼，即孔子唯一的儿子，也是孔子的学生。子思受业于孔子的弟子——《大学》的作者曾参，曾参和父亲曾点同为孔子的学生。

　　子思，是战国初期著名的哲学家、思想家，以贤、孝闻名于世。他认为儒家的道德观念"诚"是世界的本原，"诚者，物之终始，不诚无物"。他以"中庸"为其学说的核心。

　　孟子，曾受业于他的门人，是子思的再传弟子。其学说中的"中"、"和"、"仁"、"礼"思想，被他的弟子及再传弟子孟子发展成为了著名的"思孟学派"。子思后被封建统治者追谥为"述圣"。《汉书·艺文志》著录《子思》二十三篇，已失传。

　　鲁穆公对子思尊敬有加，他却馈礼不受。他和他的祖父孔子一样，游说于鲁、宋、卫诸国，也和祖父孔子一样，并无显赫政绩，后曾出仕于卫国，并被困于宋国。

　　《中庸》一书，着力论述人生哲理，认为为人处世、安身立命的普遍原则是不要太过，也不要不及，要恰到好处，这就是"中庸之道"。

　　而"中庸之道"被儒家认为是最高、最完美的道德，它不仅是人道的正执，也是天道的真理。不偏不倚、无过无不及的"中庸之道"是衡量一切行为的最高标准。同时还论述了达到"中庸之道"的条件和方法，这就是《中庸》的思想精华所在。

　　《中庸》，首先阐明了"性"、"道"、"教"三者的内涵和互相关系，指出"中和"为不易之常道；然而"中庸之道"非常难行，过与不及都会偏离。

　　"中庸之道"的体和用的特点是："致广大而体精微"。就是说它虽高深，却体现在平凡事情之中，所以治理国家、平定天下必须以修身力行，确立"中庸之道"为本；而要实现"中庸之道"，"诚"是根本的条件。

最后指出，达到"中庸之道"最高境界的当属孔子。因为孔子是"圣、仁、义、礼、智"的化身，名扬天下，且孔子圣人之教，至高无上，化民如天化万物，普天之下，莫人能比。这就是圣人榜样的力量。

其次，从哲学思想看，在宇宙观上，《中庸》主张"天人合一"。但天道化育，人道化育，无不以"诚"为本。这一点，为孟子的"心性哲学"提供了依据。

在人性论上，《中庸》崇尚性善的人生观，人循天性之善而修养性行，扬善而去恶，才能达到"成己成物"的目的。

在认识论上，《中庸》力主"知行合一"，万事万物无处不体现"中庸之道"，而体用结合，学习与实践的结合，也是物、道结合。

在道德伦理上，《中庸》重视孝理，明确君臣、父子、夫妇、昆弟、朋友五伦关系的"五达道"，提出"仁、智、勇"三大美德的"三达德"，重视个人修养，认为修身及治国平天下之本。

在政治论上，《中庸》主张仁治、德治，统治者修身正己，举贤任能，施政以仁，导之以德，齐之以礼，方能教化民众，达到无为而治。

在方法论上，《中庸》极力提倡"执两用中"，不偏不倚，恰到好处、是为"中庸"。

这种无过无不及的理智态度和方法论原则，最终上升为道德上"至善、至正"，政治上"至治"的思想境界。

穷毕生精力研究"四书"的朱熹，对《中庸》体会最深，他说："不偏之谓中，不易之谓庸；中者，天下之正道，庸者，天下之定理。"

《中庸》在"四书"中具有特殊的意义。如果可以用纵横来比喻"四书"的儒学渊源、流变、继承发展的话，那么可以这么说：《论语》是儒学的真正源头；《大学》是横向的、现实的、内外的贯通；《中庸》是纵向的、形上的、上下的贯通；《孟子》则是纵横内外、连贯上下，实现了对《论语》的深化与发展。这其实是"四书"真正内在的逻辑。

而就现实启发意义而言，今天我们读"四书"，从《中庸》与《大学》的并存互补中，无不明晰先秦儒家学说的理论架构，并且从中领悟到先秦儒家思想的伟大智慧。

题　记

　　本书作者从人性出发，人情着眼，人生着手，开启人生智慧，而《中庸》正是开启人生智慧的最好教材。

　　世上再美好的语言，没有人生的真情实感，也不会感动人；世上再神圣的词汇，没有人生的哲理感悟，也不会启示人。

　　著述，是人生荣辱成败真情实感的体验，是人生风雨沧桑感悟的真情流露。著述，先受惠于己，再启示于人；先成于己，再成于人。

　　解读《中庸》的最大的收获：使我懂得了"天命之谓性"——"天道性命"是人性的本源；"率性之谓道"——尽其性，任其性的潇洒自由；"修道之谓教"——忍其性，自觉约束、规范自己人生的欲望。

　　懂得按照"中庸之道"的思维准则，不偏不倚，无过无不及；按照"君子之道"为人处世，安身立命；按照"礼仪之道"行为规范，不卑不亢；按照"至诚之道"成己成人成物。

　　《中庸》启迪了我人生的智慧，使我懂得如何活得更有价值，更有意义。

　　著述力求：靠学术水平，站得住；靠通俗易懂，铺得开；靠普世价值，走得远；靠人生哲学，留得下。

　　为了对《中庸》解读的客观纯正，承上启下，继往开来，特借郑玄、孔颖达、朱熹、张居正，这些汉、唐、宋、明的儒学大家的解读予以佐证。

　　《中庸》是"四书"最难解读的书，是儒家思想殿堂的基础工程，思想纲领和理论基础；是儒家最早、最精密的哲学名著和传世经典；是古代开科取士加官进爵的教科书。

　　宋人认为：《中庸》"乃孔门传授心法，放之则弥六合，卷之则退藏于密室"的儒家道统传文。孔子的"天道性命"思想，由《中庸》演变为思孟学派的"心性哲学"，并因此备受历代学者重视。

　　《中庸》大致分为五个部分:首先阐述了"天命之谓性,率性之谓道,修道之谓教"天人合一的境界和"喜怒哀乐之未发谓之中,发而皆中节谓之和。中也者,天下之大本也。和也者,天下之达道也"、"致中和,天地位焉,万物育焉"的"中庸功效"。

　　紧接着,从四个方面详细阐述了:中国人的思维准则,中庸之道;做人准则,君子之道;行为准则,礼仪之道;成己成人成物的准则,至诚之道。

　　《中庸》提出"大德受命";"至诚"、"至圣"的标准、"圣王"的治国"九经"等。

　　人们若能从《中庸》中借得人生智慧,并终生坚持不懈地努力笃行之,一定会终生受益无穷,活得鲜艳精彩智慧而又有价值。

　　《中庸》的核心是"中庸之道",着力论述人生的哲理和智慧,提出人们为人处世的普遍原则,不要太过,也不要不及,不偏不倚,恰到好处的中庸之道,是衡量一切道德的最高准则。

　　《中庸》人生大智慧,可开启你智慧的人生,在中庸的大道上,恰到好处地奋勇前行!

一、中庸之道,中国人的思维准则

第一讲:道不远人,中庸之道,相伴我们而行

笔者研究中国传统文化多年,始终遵循的原则:"实践是检验真理的唯一标准"。

中国数千年传统的思想文化,古代先哲圣贤的思想光辉,历久弥新,如璀璨的明珠,穿越历史的时空,历经岁月的洗礼,得以历史的检验,其主要思想光辉,今天依然璀璨夺目,光彩照人,说明其思想符合人生的规律,接近人生的真理。

先哲圣贤的思想光辉,如黑夜航海的灯塔,照耀中华民族前进,伴随人民大众前行,引领人们抵达内心生活的美好境界。

然而,任何伟大的先哲圣贤,都有其历史的局限性,不可能每一句话都是颠扑不破的伟大真理,都能够穿越时间的隧道万年不变,都能经受千秋万世历史风云的洗礼和检验。

所以,我研究国学的原则,始终坚持毛泽东同志的"去伪存真,去粗取精,古为今用,洋为中用"和陈云同志的"不唯上,不唯书,只为实"的准则。

任何先哲圣贤,都有鲜活的人生,都生活在芸芸众生的大千世界里,都有生存的需求,发展的希望,济世的理想,齐家治国平天下的抱负;又都生活在一定的时代,受时代的制约,具有普通人的七情六欲;也都有人生的酸甜苦辣,人生的无奈无助,难免有历史的局限性。

所以我对先哲圣贤思想的态度,采取仰视、平视、俯视三种态度。

仰视时,把他们当做先哲圣贤,聆听他们睿智的教诲,汲取他们的思想光辉;

平视时,把他们当作身边的良师益友,和他们亲切交谈,研究切磋,甚至于争论;

俯视时,把他们的言论、观点,加以历史的分析,审慎的对待,去粗取精,去伪存真。

我有时走进他们的内心,体验他们作为一个普通人的七情六欲,生老病死的痛苦与欢乐;理解他们有时面对人生的种种磨难的无奈与无助;欣赏他们引领世界风云英雄气概的高瞻与远瞩;敬仰他们指点江山俯视天下高屋建瓴的大开与大合;体味他们对于人生人情人性洞察理解的聪明睿智与豁达;赞叹他们修身、齐家、治国、平天下的英明智慧与大度。

此时的我,面对的是一个个慈祥的老人,睿智的长者,知心的朋友,切磋学问的伙伴。

所以,我一贯主张:研究国学,体味中国传统文化,从人性出发,从人情着手,从人生体味,感受人世间的世态炎凉、人生冷暖、喜怒哀乐、爱恨情仇、无奈无助,站在审慎历史的高度,揭开圣贤的神秘面纱,把先哲圣贤请回人间,回归他们应有的人性人情人生应有的本位,在社会生活实践检验和现实生活实践中,去体验先哲圣贤的内心世界,去体味先哲圣贤的思想光辉,去理解玩味人生的真谛和奥秘。

道不远人。“道”穿越历史的时空,无时无刻不在伴随左右着人们前行的轨迹

道不远人。一个人的成败荣辱,和他依“道”而行,还是背“道”而行,或是偏“道”而行有着直接的关系。

一个人能够遵循人生“道”的规律,“道”的规则,依“道”而行,依“道”而动,依“道”而为人处世,安身立命,就会事半功倍,举重若轻,顺势而为,省时省力,功绩卓著。所以说:道不远人。反之亦然。

圣不远人。先哲圣贤之所以成为先哲圣贤,关键是他们依“道”而行动。

在研究、学习和社会实践中,在寻找、探索、发现、把握、运用、实践规律的过程中,逐步接近真理;在弘扬真理的过程中,依据“道”的力量,生发出人们共生共存共发展的道理,转变成光彩夺目的思想光辉;其思想光辉与人们结伴而行,并引领人们朝着正确的方向奋勇前进,并及时纠正人们偏离“道”行走的轨迹。

能依据先哲圣贤思想光辉的人们，逐步接近先哲圣贤，所以说圣不远人。反之亦然。所以说：

道是依据规律，规范人们在人生正确道路上奋勇前行的轨迹道路

圣是依据规律，引领人们在人生正确道路上奋勇前行的良师益友

道不远人，中庸之道，就在我们身边，就在我们日常的生活过程中，中庸之道时时刻刻伴随我们而行。有了这样的观点，用来探索"中庸之道"，理解"中庸"的深刻意义，就不再那么艰涩难懂，就不在那么神秘和高不可攀。

仲尼曰："君子中庸，小人反中庸。君子之中庸也，君子而适中。小人之反庸也，小人而无忌惮也。"（《中庸》）

孔子说："君子的言行合乎中庸，小人的言行违反了中庸。因为君子做到了中庸，所以君子时时恰如其分；因为小人违反了中庸，所以小人肆无忌惮。"

君子恰如其分，就会进退自如走正道；小人肆无忌惮，就会越轨冒险走邪路。

我们知道，儒家思想的核心是，"仁"、"义"、"礼"、"智"、"信"、"忠"、"恕"、"诚"、"中庸"。

儒家之道，"为人处世"之道；儒家之德，"安身立命"之德；儒家"为人处世，安身立命"的根本标准或说最高标准，就是坚守"中庸之道"。

那么什么是"中庸之道"？首先要知道什么是"中"。什么是"庸"。什么是"中庸"。

根据《辞源》、《辞海》的解释：中：一是，当中、中间。如居中、正中。《孙子·九地》："击其首则尾至，击其中则首尾俱至。"二是，里面、内里。如家中、心中。《韩非子·五蠹》："田中有株，兔走触株，折颈而死。"三是，指半。如中途，中夜。四是，不偏不倚，无过无不及，叫中。如适中。五是，正。《尚书·大禹谟》："允执厥中。"六是，中等。七是，媒介。八是，儒家伦理思想。

《中庸》："喜怒哀乐之未发，谓之中。"指人的情感未被激发时，不喜不怒，无哀无乐，无所偏倚的心境。

西汉董仲舒则认为，"中"为已发之情保持在无过无不及的状态，"喜怒止于中，忧惧反之正"（《春秋繁露·循天之道》）。

　　后来的儒者都把"中"解释为情"发而中节",强调将人的思想感情容纳在社会伦理道德的规范之中。

　　而在《中庸》中子思的解释是:"喜怒哀乐之未发,谓之中。发而中节,谓之和。中也者,天下之大本也;和也者,天下之达道也,致中和,天地位焉,万物育焉。"

　　就是说:"人的喜怒哀乐没有表现出来的时候,就叫做中;表现出来合乎法度伦理的,就叫做和。中,是天下万事万物生存发展的根本;和,是天下万事万物通行的准则。人们达到了中和的境界,天地就会在中和之中各安其位,万物就会在中和之中发育生长。"简而言之:

　　中是喜怒哀乐之未发的状态;是为人处世不偏不倚、无过无不及的客观中正;是不偏不倚、恰到好处的适当、适中;是前后、左右、上下、内外、阴阳、正负动态之中的平衡

　　另外,中的表现,最重要的还有"中和"和"中行"。

　　"中和",在儒家中庸之道中,认为能"致中和",则无事不达于和谐的境界。

　　所以,《中庸》:"喜怒哀乐之未发谓之中,发而皆中节谓之和,……致中和,天地位焉,万物育焉。"《文选·汉马季长·(融)长笛赋》:"皆反(返)中和,以美风俗。"

　　《荀子·王制》:"中和者,听之绳也。"听,指处理政事。绳,指处理政事的准则。

　　"中行",一是,中等,平常的品行。《荀子·子道》:"入孝出弟,人之小行也。上顺下笃,人之中行也。从道不从君,从义不从父,人之大行也。"二是,中庸之道。《论语·子路》:"不得中行而与之,必也狂狷乎。"等。

　　庸,一是平常;经常。引申为凡庸,不高明。

　　庸,在《说文解字》中:"庸,用也。从用,从庚。庚,庚事也。"钱基博说:"庸"之言,用也。然好自用者,不能和众;而和众者,必依"中庸"。

　　在《辞源》中:"庸,用。常与弗、勿、无等否定词连用。"《尚书·大禹谟》:"无稽之言勿听,弗询之谋勿用。"

　　另外,还有庸言,庸行。

庸言，日常的言语。《易·乾·文言》："庸言之信，庸行之谨。"《荀子·不苟》："庸言必信之，庸行必慎之。"

庸行，日常的事。《易·乾·文言》："庸行之谨。"简而言之：

庸，是用，是持之以恒、不可更改的坚守

中庸，结合《辞源》《辞海》的解释："不偏叫中，不变叫庸。"

儒家以中庸为最高的道德标准。儒家伦理思想中，有中正、中和、不偏不倚等义；庸，有平常、常道、用等义。

《论语·雍也》："中庸之为德也，其至矣乎！"认为处理事情不偏不倚，无过无不及的态度，是最高的道德标准。

儒家在《中庸》中，不仅以"中庸"为美德，而且还作为道德修养和处理事物的基本原则和方法。主张"执其两端，用其中于民"，以求对立两端的统一与中和。

何晏集解："庸，常也，中和可长行之道。"简而言之：

中庸，是用中；是在动态中，恰如其分，不可改变，长期持久的用中；是在动态中持久保持"不偏不倚，无过无不及"状态中的平衡。中庸，是儒家最高的道德标准和行事规则

仅就中庸而言，"中庸之道"，比较好懂，就是长期持久地用中，保持动态中的平衡。但难处、难行、难用、难掌握分寸。所以：

子曰："中庸，其至矣乎！民鲜能久矣！"

孔子认为，"中庸是最高的道德标准了，平民很少能长久实行它！"

孔子的话是中肯的，什么是中庸？中庸的本义是用中，是"不偏不倚，无过无不及"，既不过分，也无不足，就是恰到好处。而恰到好处，是非常难行的。

正如毛泽东所说："一个人做一件好事并不难，而是一辈子做好事不做坏事，是非常难的。"

要求一个人一辈子做到用中，一辈子为人处世完全能够做到不偏不倚，无过无不及，是非常难的。所以说，"中庸之道"是儒家最高的道德标准。

中庸，要求人施行中庸之道，并不是要求每一个人每时每刻都必须行使中庸之道,中庸只是儒家提出的最高道德标准,而最高道德标准,就只能要求人们在日常生活中,在为人处世,安身立命的过程中,尽可能地行使中庸之道。

千里之行始于足下,从小事做起,从身边的具体事物做起,不以善小而不为,不以恶小而为之。天天行何惧千万里,日日做何惧万件事,中庸之道行使的多了,就逐步接近中庸,接近人生的正确道路了。

老子"治大国如烹小鲜"的比喻就很恰当,就很智慧。

能够把小鱼烹饪好,确实不易,火候轻了鱼不熟,火候过了鱼糊了。但好的厨师还是有的,并不是做不到。至于治国,的确很难,那么治大国就更难。记得1973年中国"无产阶级文化大革命"时期,"四人帮"批林批孔批周公时,批判周恩来总理执行的是"中庸之道"。

当时的中庸之道是个贬义名词,儒家道统和孔孟之道是受批判的。

"四人帮"借"评法批儒"批孔子之名,明目张胆的批判攻击人民敬爱的周恩来总理。其实,正是周恩来在艰难危局中,委曲求全,忍辱负重,默默的实行"中庸之道",在毛泽东的支持下,和一大批老干部苦撑危局,才使国家没有崩溃,国家机器没有停止运转,并巧妙地为党和国家保留了许多德高望重的高级干部,为日后粉碎"四人帮"集团和改革开放,留下了以叶剑英、邓小平、陈云、李先念等一大批领袖人物,在党和国家危难的关头起了关键性、决定性的作用。

正是周总理始终坚守中庸,才使他的对手抓不住他的重要把柄,可见中庸之道对于修身治国的重要性。

中庸 不是中立,是"用中";不是折中,是"适中";不是调和,是"变通";不是妥协,是"平衡"

中庸不是没有立场,没有道德标准,没有是非概念的老好人。中庸是坚持人生正途的"择善固执";中庸是人生的最高智慧;中庸是人类最高的道德标准;中庸是对于真理的忠实与忠诚;中庸是好问而好察迩言;中庸是隐恶而扬善,执其两端,用其中于民。

道不远人,中庸之道就在人们的日常生活的琐事中:

如人生长得中庸,则是一个美人;和亲人相处得中庸,则是一个非常和睦之家;和单位的同事处得中庸,则是一个好的同事;和朋友处得中庸,则是一个非常好处、招人喜欢的益友；上下级处得中庸，则是一个好的领导、好部下；自己内心相处得中庸，则有一个良好的心态；把自己的工作做到中庸，则是一个非常优秀的人才。

中庸的关键，是如何运用和实践。中庸的运用和实施，上至修身、齐家、治国、平天下；中至为人处世，安身立命，成家立业；下至日常琐事、夫妻、父子、兄弟、朋友、同事、邻里、上下级关系等等，都是十分重要的和不可少缺少的。

如处理国与国之间的关系，中国坚持中庸之道的外交路线，就是和而不同的不结盟的和平共处，互惠互利，求同存异，共同发展，共赢天下。

中国目前坚持社会主义市场经济的发展思想，既汲取了资本主义的市场经济的调控，又保持了社会主义宏观经济的调控，就是中庸之道。中国古代所提倡的君子"和而不同，和而不流"，就是中庸之道。

形容一个人长得不高不低，不胖不瘦，不黑不白的恰到好处叫好看。如宋玉在《登徒子好色赋》中描写一位绝代美人："东家之子，增之一分则太长，减之一分则太短；著粉则太白，施朱则太赤。"这就是既"不过又无不及"的恰到好处的中庸，也叫中看。

形容一个厨师做得一手好菜，不甜不咸，不酸不辣，不老不生，鲜香可口，恰到好处，叫中吃。形容谁家的孩子有出息、有本事、走正道，叫中用。中，在中国人的心目中，形影相随，不弃不离。

人的衣食住行离不开中庸：

衣，穿衣不要穿得太新，太新则不太方便，也不要穿得太旧，太旧则不太好看，恰到好处的穿衣，叫合适；也不要穿得太大、太小，太肥、太瘦，不大不小不肥不瘦的恰到好处，叫合体；穿得不多不少，不冷不热的恰到好处，叫合时。合适、合体、合时地穿衣，就叫穿衣得中庸。

食，吃饭不要吃得太好，太好则容易三高；太次则容易营养不良；太饱则不易消化，太少则容易饥饿，不多不少、不太好、不太次的恰到好处，就叫吃得中庸。

住，住的不要太大，太大则显得空荡渺小，没有安全感；也不要太小，太小则觉得憋闷，没有舒适感，不大不小恰到好处舒适的住房，就叫住的中庸。

行，你如散步健身，不要走得太快，太快则容易伤身；也不要太慢，太慢则起不到健身的效果。不快不慢、恰到好处、微微出汗的速度，就叫行的中庸。

假如你开一辆中档轿车,行驶在高速公路上,高速公路限速每小时120公里,你就开120公里正好,既省油、好开、又安全,还不违犯交规受处罚。

和朋友相处,既要知心交心,又要尊重对方的空间;既要亲密无间,又要保持各自的独立人格和尊严;既要志同道合,又要群而不党,和而不同,同而不流。

如规劝朋友,根据朋友的关系亲近程度,要适可而止,话要说得恰到好处,否则就会彼此心中不快,或得罪朋友。

如工作要尽力而为,但不要玩命,更不要过于清闲,做到恰到好处,就是中庸。

中庸,用在时间上,如一分钟是60秒,59分99秒也不是一分钟;如一天是24小时,多0.000001秒,就是第二天。

中庸,最好的例子莫过于杂技演员走钢丝的表演,需要保持较长时期的动态中平衡,否则在高空走钢丝表演的人很可能就会掉下来。

中庸之道,在人们的日常生活中举不胜举,所以说"道不远人"。"中庸之道",伴随人们而行,一个人要想有所成就,就尽可能地遵照"中庸之道"而行。

子曰:"道不远人,人之为道而远人,不可为道。"

孔子说:"中庸之道,并不远离我们。如果有人行道时使它远离人们,那就不叫中庸之道了。"

其实,中庸就在我们身边,就在人们的日常生活之中,每一个人都能够做到部分的中庸,或自觉不自觉地生活在中庸之中。

而能够比较好地做到中庸的:比如杂技演员走钢丝的技巧就是中庸;高级厨师做菜技术就是中庸;高级裁缝做衣服的手艺就是中庸;神枪手射击的本领就是中庸;能把卫星送到月球、火星、太空和宇宙空间轨道的技术就是中庸;政治家治国的游刃有余就是中庸。

但是你要求杂技演员走钢丝永不失误,你让厨师做菜永不出差错,你让裁缝给任何人做的衣服永远十分合体,你让神枪手永远射中靶心,你让专家发射的卫星或飞船永远不差毫厘,你让政治家治理国家永远游刃有余,就十分困难了,甚至是不可能的。更何况这些人只是某一方面的专家,其他方面未必能够做到中庸。所以:

子曰:"天下国家可均也,爵禄可辞也,白刃可蹈也,中庸不可能也。"

孔子说："天下国家可以治理平定，官爵俸禄可以辞掉，锋刃的刀刃可以踩踏闯过，中庸之道却不容易做到。"

孔子的意思是说，中庸不容易做到，并不是绝对不能做到，惟其难，才分别出君子和小人。

《中庸》："君子之道，譬如远行，必自迩；譬如登高，必自卑。"《诗》曰："妻子好合，如鼓瑟琴，兄弟既翕，和乐且耽。宜尔家室，乐尔妻孥。"子曰："父母其顺矣乎！"

孔子说：君子实行中庸之道，就像走远路，一定要从近处开始。就像登山，一定要从低处开始。《诗经》上说："和妻子情投意合，如同弹奏琴瑟。兄弟感情融洽，和睦亲热。你的家庭美满，你的妻儿欢乐"。孔子说："像这样的家庭，父母就会心情舒畅了。"

孔子的意思，中庸虽然很难做到，但只要你能够从小事做起，从近处做起，从自我做起，从内心做起，长期持久地坚持不懈，就一定会有收获，一定会做到中庸。

中庸之道，不仅在中国推行，而且远在公元前384年，和孟子同时代的雅典著名哲学家，亚里士多德在《伦理学》中，对于中庸之道的论述也非常清楚。

亚里士多德说："我们的行为必须是在'过'和'不及'之间的中庸之道，这个原则适合于德行的产生和体现。德行与苦和乐有关系，因为苦、乐具有诱惑或者对抗德行的力量。美、利和乐是三个永恒存在的诱因，乐又加入到美与利当中，从某一个角度看，德行是最好的快乐的行动。"（《世界名人语典》）

亚里士多德还说："心灵有三种形式：感情或激情，能力和习性。我们对感情或能力自身不加评判，所以我们认为不可以在感情或能力之中找寻德，应该到习性或制约中去寻找。德的习性或制约能帮助具有德的人完成自己的职能，对人来说，就是灵魂的活动，经过取舍，它就会一直在过与不及之间保持中庸之道。"（《世界名人语典》）

亚里士多德又说："温顺是介于暴戾（包括暴躁、乖张和残忍）和懦弱之间的中庸之道。""友善则是逢迎和粗野之间的中庸之道。""我们知道，在崇尚机智和幽默的社会，在那些玩世不恭、粗野和一本正经的态度之间存在着明显的中庸之道。"（《世界名人语典》）

由此我们可以看出，中庸之道是在人类世界范围内的普世思维标准。

马克思说："在科学的入口处正像在地域的入口处一样,必须提出这样的要求:在这里必须根绝一切犹豫,在这里任何怯懦都无济于事。"(《世界名人语典》)

"中庸之道"是一门科学,要想真正理解运用,就要用毕生的努力去追求它,实施它! 这就是我对中庸的破题和理解,下面讲《中庸》的开篇。

第二讲:天命、率性、修道的天人合一境界

如上所述,《中庸》所倡导的中庸之道,是中国传统思想文化的核心之一,也是人们日常行为和思维方式的重要组成部分,并且具有普世价值。然而,由于当今社会过分强调竞争,无疑给当今人们的贪婪找到了借口,人们显得更加肆无忌惮。

人们为了竞争,忘记了中庸,甚至抛弃了中庸,这种过度的竞争,无形中增强了人们的贪婪,过分地贪婪,从长远的角度来看,是违背人生发展规律,不利于人类的发展,也不利于创造良好的社会秩序。

由此看来,我们要充分认识中庸之道的重要性,是赋予人类智慧的重要途径,对人生规划发展有着极其重要的作用。那么,怎样才能够既充分发挥人的天性,又能有利于人们长期持久地发展,有一个较好的人生轨迹呢?《中庸》的开篇就给我们解决了这个重要问题。

在解读《中庸》之前,为了更好地把握《中庸》的准确度,更深一步地了解《中庸》的内涵,做到承上启下,继往开来,我引用了汉、唐、宋、明四位名家对于《中庸》的解释,也许有利于我们全面系统地了解认识《中庸》有些帮助。请看几位名家的简历:

郑玄:生于 127 年,卒于 200 年,享年 73 岁,东汉经学家。北海高密今山东人。世称"后郑",以有别于郑兴、郑众父子。郑玄自幼入太学学今文《易》和公羊学,又师从张恭祖,学《古文尚书》、《周礼》、《左传》等,最后师从马融,学古文经。游学回归故乡后,聚徒讲学,弟子多达近千人。后因党锢事件被禁,潜心著述,以古文经说为主,兼采今文经,编著群经,成为汉代经学的集大成者,被称之为郑学。在整理古代历史文献上颇有贡献。但喜综合,以《周

官》为真周制，凡不合者皆归入殷制；以《礼》注《诗》，造成许多附会。今通行本《十三经注疏》中《毛诗》、"三礼"注，即采用郑玄注。另注《周易》、《论语》、《尚书》和纬书；又作《发墨守》、《箴膏肓》、《起废疾》，以反驳何休。并撰《六艺论》、《驳五经异义》等，均遗失。

孔颖达：生于 574 年，卒于 648 年，享年 74 岁，唐代经学家。冀州衡水，今河北衡水人。生于北朝，年轻时曾师从刘焯。隋大业（605 年—616 年）初，选为"明经"，授河内郡博士。到唐代，历任国子博士、国子司业、国子祭酒等职，也就是说其最高职位是国家最高学府的校长。奉唐太宗之命主编《五经正义》，融合南北经学家的见解（如《尚书》义疏），形成唐代义疏派。极力主张贵贱尊卑的区别，唐代用其书作为科举取士的标准。

朱熹：生于 1130 年，卒于 1200 年，享年 70 岁，南宋哲学家、教育家。字元晦，一字仲晦，号晦庵，别称紫阳。徽州婺源今江西人，侨寓建阳，今福建。任秘阁修撰等职。主张抗金，并强调准备。师从李侗，为程颐、程颢的四传弟子。博览群书，广注典籍，对经学、史学、文学、乐律以至于自然科学有不同程度的贡献。在哲学上发展了程颐、程颢的关于理气关系的学说体系，集理学之大成，建立了一个完整的客观唯心主义的理学体系，世称程朱学派。认为理气相依而不能相离，"天下未有无理之气，亦未有无气之理"。但有断言："理在先，气在后"，"有是理便有是气，但理是本"。把一理和万理看作"理一分殊"的关系。提出"凡事无不相反以相成"，事物"只是一分为二，节节如此，以至无穷，皆是一生两尔"。强调知先行后，但又认为"知行相须"，注意到行在认识中的重要性。强调"天理"和"人欲"的对立，要求人们放弃"人欲"服从"天理"。朱熹从事教育五十余年，强调启发式教育。积极吸收当时的科学成果，提出了对自然界变化的某些见解，如关于阴阳二气的宇宙演化说，如从高山上残留的螺蚌壳论证地质变迁（原为海洋）等。他的理学一直成为后来封建地主阶级统治人民的理论工具，在明清两代被提到儒学正宗的地位。他的博览群书和精密分析的学风，对于后世学者影响很大。日本在江户时代，"朱子学"也颇流行。朱熹著有《四书章句集注》、《周易本义》、《诗集传》、《楚辞集注》，以及后人编纂的《晦庵先生朱文公文集》和《朱子语类》等多种。

张居正：生于 1525 年，卒于 1582 年，享年 57 岁，明代政治家。字叔大，号太岳，湖广江陵今湖北荆州人，嘉靖进士。嘉靖时由编修官至侍讲学士令翰林院事。隆庆元年(1567年)入阁。穆宗死后,与宦官冯保合谋,逐高拱,代为首辅。万历年初,神宗年幼,前后当国十年,推行改革。执行考成法,提高行政效率;清丈土地,在全国范围内推行一条鞭法,裁汰冗员,减少支出;用名将戚继光等练兵,加强防御鞑靼贵族的攻掠;用潘季驯主持治理黄河、淮河,都有成效。万历十年(1582年)病死,死后被弹劾,尽夺官阶,数十年后又平反。著有《张文忠公全集》,后发现张居正给万历皇帝讲评"四书"。

介绍完几位名家,再让我们回到正文讲解《中庸》正文。

《中庸》开篇说:天命之谓性,率性之谓道,修道之谓教。

《中庸》说:上天所赋予人的本质叫做性,遵循人的本性行事叫做道,按照道的原则修养并施行的就叫做教。

对于《中庸》开篇的解释:

郑玄认为:天命,即上天所赋予人的自然生命。木神则仁,金神则义,火神则礼,水神则信,土神则知。按照天性而行,就是道治而广之,人仿效之,就是"教"。

孔颖达认为:天本物体,亦无言语之命,但人感自然而生,有贤愚吉凶,若天命之赋命遣使之然,故云"天命"。老子云:"道本无名,强名之曰道。"人自然感生,有刚柔好恶,或仁、或义、或礼、或知、或信,是天性自然,故"谓之性"。感仁行仁,感义行义之属,不失其常,合于道理,使得通达。

朱熹认为:天以阴阳五行化生万物,气以成形,而理亦赋焉,犹命令也。于是人物之生,因各得其所赋之理,以为健顺五常之德,所谓性也。又认为:人物各循其性之自然,则其日用事物之间,莫不各有当行之路,是则所谓道也。还认为:性道虽同,而气禀或异,故不能无过不及之差。圣人因人物之所当行者而品节之,以为法于天下,则谓之教,若礼、乐、刑、政之属是也。

张居正认为:这是《中庸》首章,子思发明道之本原如此。命字,解做令字。率,是循。修,是品节裁成的意思。子思说:"天下之人,莫不有性,然性何由而得名也,盖天之生人,既与之气以成形,必赋之理以成性,在天为元亨利贞,在人为仁义礼智,其禀受赋畀,天下之事,莫不由道,然道何由而得名也?盖人物各循其性之自然,则其日用事物之间,莫不各有当行的道路,仁而为父子之亲,义而为君臣之分,礼而为恭敬辞让之节,智而为是非邪正之辩,其运用应酬,不过依顺着那性中所本有的,所以说率性之谓道,若夫圣人敷教以化天下，教又何由名也。盖人之性道虽同，而气禀不齐，习染易坏，则有不能尽率其性者。圣人于是因其当行之道，而修治之，以为法于天下，节之以礼，和之以乐，齐之以政，禁之以刑，使人皆遵道而行，以复其性，亦只是即其固有者之裁之耳，而非有所加损也，所以说修道之谓教，夫教修乎道，道率于性，性命于天，可见道之大原出于天者矣。知其为天之所命，而率性修道之功，其容已乎?"就如天命令他一般，所以说，天命之谓性。

简而言之，郑玄认为：天命，就是上天赋予的自然生命；道，就是按照天性而行；教，就是人仿效之。孔颖达认为：顺其自然为性，不失其常，合于道理为道。朱熹认为：性，是按照上天所赋之理；道，是顺其自然之性；教，是效法圣人的品节。张居正认为：性，是顺其仁义礼智的发展；道，是率性而为；教，是节之以礼，和之以乐，齐之以政，禁之以刑，使人皆遵道而行。

综上所述，"天命之谓性，率性之谓道，修道之谓教"是《中庸》全书的纲领，也是人类修身养性的准则，遵循其规律，就可以达到天人合一的境界。

作者认为，人有一种本质，或者说有一种自然的本能是上天所授，所以叫做性。所有的人，本性大致是相同的，人出生之后，必须遵循这种上天赋予人的本性行事，就叫做道。这种道也是相同的，但人生下来之后，按照宋儒"程朱理学"的解释，因为人的气禀不同，所以有贤愚不肖的区别，过或不及的差异，也就是说人的天性虽不同，但具体的人却有很大的差别，要想取消或缩小这种差别，就必须通过教育。

而教育又有两个方面：一是外在的教育，就是通过读书学习，外出就学，拜师请教；二是内在的修养，就是通过自我的修身养性，达到目的。

儒家认为：通过自身修养，才能自我完善道德的人格；只有终生不懈的努力修养，最后才能够达到修道的目的。

《中庸》全书的宗旨，就是阐明一个人应该如何遵从上天之命，懂得"天命之谓性"的重要性；在"率性之谓道"的同时，既充分率性而为，尽性而作，任性而行，又不违背社会道德规范，这就需要不断地学习和修身养性，这种修身养性的过程，就是"修道之谓教"的过程。

通过这种天生内在所具有的，率性尽性而为的，后天学习修身养性的综合过程，最后达到"天人合一"的境界，以实现《大学》"止于至善"的人生最高境界。

《中庸》一书,不愧为儒家的传世经典,不愧为启迪人生的重要哲学著作;"中庸之道"的思想,不愧为启迪人生智慧,引领人们前行的航塔明灯。

人的一生,如果能够借"中庸"的思想智慧,率性修道悟人生,行施"中庸之道",将会少走很多弯路,享受人生大智慧的同时,将终生受益无穷。

《中庸》的第一章,是全书的重中之重,是统领全书总纲领的警策之语,是指点人生迷津的大智慧。

开篇"天命之谓性,率性之谓道,修道之谓教",短短15个字,画龙点睛,提纲挈领,点出全书的宗旨,告诉人们应该怎样活着! 怎样活得充实自由而有光彩! 怎样活得睿智尊严而有智慧!

"天命"、"率性"、"修道",是人类"天人合一"的最高境界,指明了人生通行大道,点亮了人类智慧人生。

"天命——性;率性——道;修道——教",是"路漫漫其修远兮,吾将上下而求索"的人生之路,是需要人类终生之追求的漫漫长路,不是一朝一夕能够成功的。

在探索人生漫长求索之路上,应时刻遵循人性的规律——性;规划出一个有作为人的成长历程和修养轨迹——道;为了不离其道,就需要终生不断地自我修身养性——教。

明确无误地告诉人们,什么是天命? 什么是率性? 什么是修道? 什么是教? 及其对人生的重要性!

从"天命之谓性",上天赋予并左右人们的力量——性;到"率性之谓道",人类本身顺其自然,遵循人类本性率其性,尽其性,任其性的力量——道;再到"修道之谓教",人类修身养性,教化风俗风气大的社会环境——教。充分显示了《中庸》所提倡的天人合一的精神境界。

一个人应该如何对待天命? 古今中外的哲学思想家众说不一。是坚持客观地认识天命的"天命观",还是顺从天命安排的"知命观"? 是反对听从命运安排的"非命观",还是尽人的本分争取的"立命观"? 是主张人可以主宰自己命运的"造命观",还是稀里糊涂一生的"无命观"? 仁者见仁,智者见智,莫衷一是,我们还是沿着《中庸》内在的轨迹,探索这些人生极为重要的话题。

"天命之谓性","天命"是什么? "天命"的"性"是什么? 人为什么要知天命?

"率性之谓道","率性"是什么?"率性"的"道"是什么?人为什么要懂率性?

"修道之谓教","修道"是什么?"修道"的"教"是什么?人为什么要去修道?

这一连串的人生大问号,需要有人生哲学的智慧,去答疑解惑。这对于人们如何理解、认识、把握、对待"天命"——"性"、"率性"——"道"、"修道"——"教",如何把握自己人生的轨迹,借智慧、悟人生、行大道,如何修身养性,达到自己人生理想的彼岸,有着十分重要的现实价值。正因为如此,我们要细读此章,详解此章。

中国人的天命观:天命之谓性,是按照人本性的自然规律,去发展自由生动的人性

人类最神秘、最难理解和最难弄懂的是什么?恐怕是"天命"和"人性"!

我们首先了解什么是"天"?什么是"命"?什么是"天命"?

天:《辞源》、《辞海》解释:

一是,与地相对,地面的上空。《诗经·唐风·绸缪》:"三星在天。"

二是,犹"颠",人头。《山海经·海外西经》:"刑天与帝至此争神。帝断其首,葬之常阳山,乃以乳为目,以脐为口,操干戚以舞。"刑天,神话人物。

三是,凡自然所成非人力所为的都叫天。如天意,天灾等。

四是,天帝。古人认为天是有意志的神,是万物的主宰。如天意、天助。《尚书·泰誓》:"天佑下民,作之君,作之师。"《诗经·大雅·大明》:"天监在下,有命既集。"

五是,命运。《孟子·梁惠王下》:"吾之不遇鲁侯,天也。"

六是,旧时以"天次之序",比附伦常的关系,以天为至高的尊称。如称君、父、夫为天。《左传·宣四年》:"君,天也。天可逃乎"、"天谓父也"、"夫者,妻之天也"。

七是,仰赖以为生存者称天。《史记·郦食其传》:"王者以民人为天,而民人以食为天。"

八是,天然;出于自然的。如:天工、天灾。

九是,泛指物质的、客观地自然。《荀子·天论》:"列星随旋,日月递照,

— 15 —

四时代御,阴阳大化是之谓天。"

十是,指中国古代唯心主义哲学家所说的世界精神的本原等。如《孟子·尽心上》:"尽其心者知其性也;知其性,则知天矣。"朱熹也说:"心者,人之神明,所以具众理而应万世者也;性则心之所具之理,而天有理之所出者也。"就是说:人心所具之观念(理),皆出于天,把"天",解释为精神实体。

综上所述,天,有两个意思:一是,客观存在的天,如天空、天然、人们赖以生存的客观自然规律;二是,主观认为的天,如人头、天意、天神、天命、天帝、命运、至高的尊称、人们心灵的依存依靠等等。

与"天"相关的还有"天时"。"天时",指自然的顺序。如《易经·乾卦·文言》:"先天而弗违,后天而奉天时。"也指有利于农作、攻战等的天气、气候、阴晴、寒暑的变化。孟子说:"天时不如地利,地利不如人和。"还指"天命",运会。如《三国志·蜀志》:"曹(曹操)遂克绍(袁绍)以弱为强者,非天时,拟亦人谋也。"

综上所述,结合《中庸》本章的意思:天,凡自然所成,非人力所为的都叫做天;凡不可思议的力量,足以支配人命运的就是天。天,一般还指人类所处的大环境。如大的自然环境,大的社会环境,大的人文环境。简言之:

天:凡不可思议,非人力所为,足以支配人命运的力量就是天

命,是生命、性命、天命。《汉书·董仲舒传》:"天令之谓命。"指天命。还指吉凶祸福,寿夭贵贱等命运。

天命,即人对之以为无可奈何的某种必然性。如:《论语·先进》"有颜回者好学,不幸短命死矣"与《论语·颜渊》"生死有命,富贵在天"的主张"知命"。

《墨子》提出"非命",反对听任命运。

《孟子》主张"立命",强调努力尽人的本分。

《庄子》主张"安命","知其不可奈何而安之若命,德之至也"。

明清之际王夫之提出"造命",认为认识和遵循事物的必然性,人就可以主宰命。《左传·僖公三十三年》:"襄公以三命命先且居将中军。"引申为使用。

与命相关联的还有"命途",人生的遭遇经历。王勃《滕王阁序》:"时运不济，命途多舛。"

综上所述：命，也分主观和客观两种命。一是，客观的命，如生命、性命；二是，主观的命，如天命、知命、非命、立命、安命、造命。结合《中庸》本章的意思：

命，凡不可思议，非人力所为，足以左右人命运的力量就是命

天命，《辞源》《辞海》的解释：天命。

一是，上天的意志和命令。能致命于人、决定人类的命运，冥冥中不可逆转的趋势。古代把天当做神，称天神的意旨为天命。《论语·季氏》："君子有三畏：畏天命，畏大人，畏圣人之言。"天命观念最初发生于殷周时期，当时统治者自称"受命于天"，或把自己的意志假托为上帝的命令，称之为"天命"。周人已对天命有怀疑，一些先进的思想家如叔兴、子产等已不信天命。但天命观点仍长期存留。

二是，自然的规律。《荀子·天论》："从天地颂之，孰与制天命而用之？"

三是，先天自然的禀赋。《中庸》："天命之谓性。"宋以后理学家多发挥《中庸》之义，把人性和道德意识看做是"天"所"命"给人的自然禀赋。

程颢说："言天之付与万物者，谓之天命。"（《遗书》卷十一）。

综上所述，天命，也分主、客观两种。一是，客观的天命，如自然规律、自然禀赋；二是，主观的天命，如天神的意旨及上天的意志、命令。

以上的"天命"、"知命"、"非命"、"安命"、"造命"各有其理，各应其时，根据不同情况而定。

"天命观"是要客观地认识天命；

"知命观"是要顺从天命的安排；

"非命观"是反对听从天命的安排；

"立命观"是尽人的本分争取；

"造命观"是人可以主宰自己的命运，也就是人们所说的"人定胜天"。

对于天命的论述，请看如下的论述：

《论语·尧曰》："不知命，无以为君子也。"

孔子说："不知天命只知利害的人，是不可能成为君子的。"

我认为对于"天"和"命"较好的解释是：

《孟子·万章》:"莫之为而为之,天也;莫之致而至者,命也。"

孟子说:"没有人想到会这样做,但却这样做了,这便是天意;没有人叫他来,而竟然这样来了,这便是命运。"

也可以说,没有经过努力奋斗而达到了意想不到的好效果,这就是天命;没有做什么伤天害理的事情,却遭遇到非常不好的效果,这就是自己的命运。

所以,人们在感叹自己的命运不济时,常常有抱怨上天不公的感叹。综上所述,简言之:

天命:一是天赋,指人与生俱来的自然禀赋;二是命运,是人对之无可奈何的某种必然性的命运,是冥冥中不可逆转的趋势

天,有时又指大的自然、社会、人文环境;命,又指大的趋势、潮流、人心向背。

在大的趋势、潮流、人心向背中,你顺势而为,虽努力不多,却可以得到事半功倍的效果,获得意外的收获,这就是命和命运。

趋势如潮汐,形势如潮流。一个人如果能够顺应潮流,借用潮汐的力量,可以"弄潮儿在潮头立,手把红旗旗不湿"。如果你逆潮汐而行,逆潮流而动,弄不好会劳而无功,甚至于命丧大海。

所以,命运,要循天理、应人情、和潮流、遂趋势、顺民意的顺势而成。顺之则成,逆之则败;顺之则事半功倍,逆之则事倍功半。世界潮流浩浩荡荡,顺之则昌,逆之则亡,就是这个道理。

大的趋势,没有人能够逆转,假如你一意孤行,到头来非得碰得头破血流,身败名裂不可。

《尚书·康诰》曰:"'惟命不于常。'道善则得之,不善则失之矣。"

意思是说:"'天命是没有一定的。'做得好便得天命,做得不好,就要失去天命"。

天命,又是指大的趋势,在大的趋势中和大的潮流中,也有小的趋势、潮流,如果你能够把握好趋势,也不是一成不变的,如果你把握得当,就会获得天命的眷顾,如果你丧失机遇,就很难成功,如果你逆天而动,就会得到天命的惩罚。

所以孔子在《论语·季氏》曰:"君子有三畏:畏天命,畏大人,畏圣人言。

小人不知天命，而不畏也。狎大人，侮圣人之言。"

意思是说："君子要害怕三件事：敬畏天命，敬畏和害怕权贵人物，敬畏和惧怕圣人的言论。小人不知道有天命，所以不知道害怕，任意轻视权贵人物，藐视圣人的言论"。

这是说：君子要对大的环境"天"，大的趋势"命"，怀有敬畏之心，惧怕之情，要敬畏大人物的威势，要敬畏圣人言论的威力，就会减少灾难和不测；小人则不然，不知天高地厚，藐视天命、大人物、圣人言，我行我素，倒行逆施，任意胡为，到头来必然碰得头破血流，以失败告终。

《孟子·尽心上》曰："莫非命也，顺受其正，是故知命者，不立于岩墙之下，尽其道而死者，正命也。桎梏死者，非正命也。"

意思是说："吉凶祸福，无一不是命啊！要顺应承受它的是正命。所以懂得命运的人不站在倾斜将要倒塌的危险墙壁之下。尽力行道而死的人，承受的是正命；犯罪戴镣铐而死的人，不是正命。"

这是说，人生的规律是生老病死，吉凶祸福，顺其自然，就是"生死有命，富贵在天"。顺势而为的生死，是"正命"；逆天而胡作非为的死，是非"正命"，叫做"死于非命"。

天下万事万物都有阴阳、正负之分。阴阳、正负都是在不断地变化发展的，而且都有其自身变化的规律和趋势，了解把握这些自然规律趋势和自然法则，了解把握这些变化规律和演变趋势，顺势而为、顺势而变、顺势而动、顺势而做，就是"知天命，尽人力"了。

《孟子·尽心上》曰："尽其心者，知其性也。知其性者，则知天矣。存其心，养其性，所以事天也。夭寿不贰，修身以俟之，所以立命也。"

意思是说：能尽自己最大的能力去行善，这就是懂得了人的自然本性。懂得了人的自然本性，就懂得了什么是天命了。保持人的一颗善良之心，培养人的善良本性，就是对待天命最好的方法。无论生命的长短，我都不三心二意，认真修养好身心，以待那不可知的天命，这就是安身立命之道。

对于"命"和"命运"，有或无的话题的论述，唐代学者赵蕤在《反经》中引用了许多不同的看法，有人认为无，有人认为有，没有一个人说得清楚。

赵蕤认为"善有善报是正理，恶有恶报是偶然"。但报应并不取决于天地鬼神，而取决于个人的行动。祖先积德行善，后代得福；祖先作恶，后代受报。劝人行善积德永远是值得肯定的。命运虽然不可捉摸，但事在人为，只有保持积极乐观的人生态度，总会创造出美好的生活和美好的未来。

赵蕤在《反经·以德论命·命有德定》篇中说："夫天道性命，圣人所希言也。虽有其旨，难得而详。然校之古今，错综其纪，承乎三势，亦可以仿佛其略。何以言之？……"

意思是说："对于天、道、性、命等问题，孔子很少谈及这些。孔子并不是不知道这些道理，但是也难以说得清楚。如果考察古今错综复杂的记载，单凭'三势'，也可以知个大概。为什么呢？……"

《易》曰："有天道焉，有地道焉，有人道焉。"言其异也。"兼三才而两之"。

《易经》上说："有天道、地道、人道"。这只是讲的不同。又说："天、地、人三道兼而有之，即天有阴阳，地有柔刚，人有仁义。"

《易》曰："言其同也。故天地之道，有同有异。居其所以异，而责其所以不同，斯则惑矣。守其所不同，而求所以异，则取蔽矣。迟速深浅，变化错乎其中，是故参差难得而均也。天地人物之理，莫不同之。故君子尽心焉，尽力焉，以邀命也。"

《易经》上说：道的相通之处。所以天地之道，有同有异。如果根据不同的性质，就否定相通之处，也就太糊涂了。如果守相通之处而否定差别，也是有害无利的。道的快慢、深浅等种种变化存在于大道之中，很难表现得那么均衡明显。天、地、人三道都是如此。所以君子应尽心尽力去追求行善，获得善命。

《易》曰："穷理尽性以致命。"此之谓也。

意思是说："要想探求天下之理，一定要尽己所能，以实现最好的命运。"说的就是这个意思。

人人都想做命运的主人，不甘做命运的仆人，但人们面对命运，我们又该如何把握呢？看到别人成功了，便说人家命好；自己失败了，就感叹自己命不如人。

其实，命，就是人生运行的规律；运，就是人生形势的不断推移。规律，要人们去认识、去把握；形势，要人们顺势而为，好好地驾驭。

事在人为，讲的就是人们不能仅听从命运的安排，而是积极主动地创造成功的条件，天长日久，随着时间的推移，命运总是会有改变的时候。

这就告诉我们：命运是可以把握的。当我们身处逆境时，不要气馁失望，不要丧失斗志，只要相信自己、把握自己，成功和胜利早晚会到来的，正所谓"苍天不负有心人"；当我们身处困境之时，也不要忘记命运多变，时刻保持着安贫乐道的精神，时刻保持迎接困难和战胜的准备，我们便不易被突如其来的厄运所击倒。

顺境中考验人的是德行，逆境中考验人的是品行。从困境逆境中走出来的大都是英雄，留下来的不是懦夫就是可怜虫。

至于如何看待"善有善报，恶有恶报"的说法，就不如以司马迁所言为参考：善有善报是正理，恶有不报或报应相反的话，那只是偶然而已，切不可因为偶然的善无善报便不再行善，甚至去胡作非为。

相信积德行善、奉献爱心是赢得天下人们拥护与爱戴的根本，只要坚持行善积德，不断地做好事，总有一天会得到他人的认可并获得相应的回报，而为非作歹，胡作非为之徒，总有被绳之以法的那天，正像陈毅元帅所说："善有善报，恶有恶报，不是不报，时机不到，时机一到，一切全报。"

人的命运不是一成不变的，更不是以人的意志为转移的，所以客观条件就成了机遇，要善于抓住机遇，机遇对任何人大都是平等的，机遇是给有准备人准备的，能否抓住机遇，就要看你自己的主观条件准备得如何。

还有一些人不相信命运，不相信命运的人就不如珍惜当下，珍惜每一天，认真地做好当下应该做的每一件事情，无须为将来的未知而烦恼。活着一天，就是福气，就是享受，就应该珍惜每一天，不要怨天尤人，自找气受，要有比上不足、比下有余的心态。

当有人抱怨自己鞋子破的时候，却发现有人光着脚；当有人哭泣自己没有鞋子穿的时候，却发现还有人没有了脚；当哭泣自己没有了脚的时候，却又发现有人没有了生命。

这一节，我们主要讲了"天"、"命"和"天命"，懂得了"天命"是自然形成的性，是非人力所为的，可以支配人命运的，那么"天命之谓性"，就是要求人们按照人类自然规律，也就是人的本能、本质、本性的规律去自由生动地发展人性。

那么什么是人性？请看第三讲，天命之谓性，人性本欲的解读。

第三讲：天命之谓性，人性本为欲

上面我们讲了什么是"天"，什么是"命"，什么是"天命"。这一节我们主要讲什么是"性"，什么是"人性"。

那么什么是"性"？什么是"人性"？

性，在《辞海》中的解释：

一是，性质，指事物所具有的本质、特点。如：弹性；药性。《孟子·告子上》："是岂水之性哉！"

二是，人物的自然性质，通常指人性。《孟子·告子》："生之谓性。"告子此说为孟子所反对，而赋予"性"以道德属性，提出"性善"说。后荀子提出"性恶"说。《庄子·庚桑楚》："性者，生之质也。"以性为人所具有的素质。《中庸》："天命之谓性。"朱熹注："性，即理也。"宋儒多认为人性体现天理，故"性"与"理"义亦相通。

三是，佛教指事物内在的和不可改变的本质。如火的热性，水的湿性。《大智度论》卷三十一："性名自有，不待因缘。若待因缘，则是作法，不名为性。"

四是，生命、生机。《左传·昭公八年》："今宫室崇侈，民力雕（凋）尽，怨讟并作，莫保其性。"

五是，性情、脾气。如：发性、使性。

综上所述：愚以为：还是告子和庄子的解释比较符合人性，也就是告子所说的"生之谓性"；和庄子所说的"性者，生之质也"。

也就是说，性是与生俱来的本性、本质。所以说性：是指具体事物人物的本质、本性、本能、特点、生命、生机等，如物性、人性、兽性等。

性情，就是指人的本性，人的禀赋和气质，也就是人的秉性脾气。还指人的性格以及性与情的关系。简言之：

性，是指万事万物内在的性质和所具有的特点、本质、本色、本能、本性

性，是本质，而本质中含有规律。如春夏秋冬，四季轮回，日月轮替，风雨雷电,是天的本性;生老病死,七情六欲,食色人性,趋利避害,羡慕嫉妒恨,是人的本性;春生夏长,秋收冬藏,是物的本性;弱肉强食,是动物的本性。

我们了解性的主要目的,是为了了解人和人性。

那么人是什么?《尚书·泰誓》:"惟天地万物父母,为人万物之灵。"

人是万物之灵,人有特别发达善于思维的大脑;并具有制造工具、能动地改造自然的本领。总之,人类是社会劳动的产物。人,就是指现在的人类。

我们了解人,主要是要了解什么是人性?

人性,是区别于其他动物和植物的共性。

对于人性的认识,历史上产生过多种学说。马克思主义认为,人性是人的自然属性和社会属性的统一,它不是抽象的,而是现实的、具体的。一定的社会关系是形成人性的决定因素。它在历史上是不断演变的。在阶级社会里,人性往往打上阶级的烙印。

人,第一,有食色的本能本性;第二,有社会属性;第三,有丰富的感情,也就是人情。

人,是从动物演化而来的,人几乎具备动物所有的本能。所以说,追求生理快感,是人类最基础的生物本能,而控制和约束过多的欲望,才是人类超乎动物之上的根本所在。这正是《中庸》所讲的"天命之谓性,率性之谓道,修道之谓教"的目的所在。

人有"七情"和"六欲"。

"七情"是什么? 是指人的七种感情。

正如《礼记·礼运》中说:"何谓人情? 喜、怒、哀、惧、爱、恶、欲,七者弗学而能。"

佛家以"喜、怒、哀、惧、爱、憎、欲"为"七情"。

还有"喜、怒、忧、思、悲、恐、惊"为"七情"。

总之,"七情",泛指人的各种情感,或者说泛指人的所有情感。人的真实情感,就是人不用学习和教导,就天然存在。也就是人的"七情"是天生的,或者说与生俱来的。

"六欲"是什么? 是指人的六种欲望。

如《春秋·吕氏·贵生》中说:"所谓全生者,六欲皆得其宜也。"就是说,所谓人生的完满,就是使六种欲望得到满足。

那么"六欲"指什么呢? 高诱注:以为"生、死、耳、目、口、鼻"之欲。

这就是说,人有求生的欲望,有贪生怕死的心理,有聆听美好声音的欲望,有欣赏美景的欲望,有大饱口福的欲望,有闻到美好味道的欲望。

佛家以"色欲、形貌欲、威仪姿态欲、言语音声欲、细滑欲,人想欲"为"六欲"。也泛指人的各种欲望。

总之,"六欲",泛指人的各种欲望。人的欲望,也就是人的"六欲",和人的"七情"一样,不用学习教导,也天然存在。

与性相关的还有:一是,性天,犹言天性。《中庸》:"天命之谓性。"古人多认为性由天赋,故曰"性天。"性天,也叫天性,就是天然的品质或特性。

二是,性命:一是指生命。嵇康《养生论》:"导养得理,以尽性命。"这是指性与命的关系。《易·乾》:"乾道变化,各正性命。"

古代哲学家中,有的认为人物之性都是天生的,人性是天道或者天理在人身上的体现。

如《中庸》:"天命之谓性"上天赋予人的本能就是性。

孟子提出:"存心"以"养性"和"修身"以"立命"的主张(《孟子·尽心上》)。

程颐认为:"心即性也。在天为命,在人为性,论其所主为心,其实只是一个道"(《二程遗书》卷十八)都从唯心主义角度来谈性命关系。

王夫之说:"天所命人而为性者,则其一阴一阳之道成之。"(《张子正蒙注·诚明篇》)

戴震《大戴礼记》"分于道谓之命,形于一谓之性",谓"分于道者,分于阴阳五行也"(《孟子字义疏证》)。都从唯物的角度来谈性命关系。

还有:性情,一是,指本性,人的禀赋和气质;二是,指性格;三是,指性与情的关系。

西汉董仲舒认为:性有善有恶,性为仁,性中之恶者为情,情为贪。

刘向认为:性有善恶,情亦有善恶,但"性情相应,性不独善,情不独恶"。(见荀悦《申鉴·杂言下》)。

唐韩愈亦持此说,并将"性"和"情"分为互相应对的上、中、下三品。

李翱则主张："性善情恶论"，认为"人之所以为圣人者，性也；人之所以惑其性者，情也"。（《复性书》）。

北宋王安石主张：性无善恶而情可善可恶，并强调"性情一也"。

对于人性的主张，数千年来争论不休。如：

性善论——孟子的人性论学说，认为人性本来就是善的。

"人之性善也，犹水之就下也，人无有不善，水无有不下"；"仁、义、礼、智，非由外铄我也（不是外来的），我固有之也"（《孟子·告子上》）。孟子认为封建伦理道德是天赋的本性，为其"仁政"学说的伦理根据。"性善"论，后来成为宋明理学正统的人性学说。

性恶论——荀子的人性学说，与孟子的性善论相对。

《荀子·性恶》："人之性恶，其善者伪（人为）也。"荀子认为：人的天性有"好利"、"疾恶"、"好声色"等情欲，所以"从人之性，顺人之情，必须出于争夺，合于犯乱理，归于暴。故必将有师法之化，礼义之道，然后出于辞让，合于文理，而归于治"。为其礼法兼治，政治主张的理论根据。

性三品说——西汉董仲舒和唐韩愈的人性论学说。

董仲舒把人性分为上、下、中（善、恶、中）三等："圣人之性"、"斗筲之性"和"中民之性"。主张"名性不以上，不以下，以其中名之"。"中民之性"可上可下，须"性待渐于教训，而后能为善"（《春秋繁露》卷十）。

到唐韩愈更提出一种严格的"性三品说"，并把"性"和"情"对立起来，各分上、中、下三等。"性"的内容为："仁、义、礼、智、信"是与生俱来的；"情"的内容为："喜、怒、哀、惧、爱、恶、欲"，是"接于物而生"的（《原性》）。

性无善恶论：战国时期告子的人性论学说。

提出了"生之谓性"，"食色，性也"的论点。告子认为：人生来只有求生存和生殖两种欲望，所以性是"无善无不善的"；"人性之无分于善不善也，犹水无分于东西也"。和孟子关于天赋道德的观点对立。他的论点，保存在《孟子·告子上》中。

性有善有恶论——中国古代的一种人性学说。

始于战国早期的周人世硕。认为"人性有善有恶。举人之善性，养而致则善长；性恶，养而致则恶长"（见王充《论衡·本性》），即善恶两性究竟哪方面得到发展，决定于后天的教养。宓子贱、漆雕开、公孙尼子之徒，皆言性有善有恶。西汉杨雄提出"人性也善恶混"的论点,也与此说相近。

性善恶混论:西汉杨雄的人性论学说。

《法言·修身》:"人之性也善恶混,修其善则为善人,修其恶则为恶人。气也者,所以适善恶之马也与?"杨雄认为:人的本性是善与恶相混杂的,肯定"气"是人走向善、恶两条路上所骑的"马"。

西汉杨雄的观点,和距今 2400 多年前古希腊伟大哲学家柏拉图所说的近似。

柏拉图说:"人类灵魂的车夫赶着两匹马,一匹是高尚的,具有高贵的教育,而另一匹却是卑劣的,教育极差。所以,驾驭人类的马车是一件异常困难的艰苦工作。"杨雄与他有同工异曲之妙。

归纳整理以上的观点,愚以为:

人性,指人类的本能、本性、本色、本质;人类的本性是欲;羡慕嫉妒恨,是人性的最好写照

为什么呢? 如人和动物的不学自有的,无师自通的食、色的本性、本能等等。

一个人诞生之前,父母和合的瞬间,有 20 多亿个精子竞相争夺一个卵子,这个争夺的过程,就是人生最初最本能的求生欲望;一个母亲生下双胞胎,同胞兄弟姐妹,竞相吃奶互不相让,也是一个人出生以后最本能求生的欲望。

这种本质本性,就是人最初的本质本性,内在的本质本性,天生的本质本性,这种本质本性的特点就是欲。所以我说,人类本性的特点的欲,是欲望。

人,在没有利害冲突的前提下,大都表现出的是善良。

人,在利害冲突的面前,本能表现出来的大都是欲和欲望,也就是利于自己的欲望。如果有人阻碍和干扰了自己欲望的实现,很可能本能表现出来的就是排除阻碍和干扰,具体采取的手法,根据利害的大小来决定,从争夺、争斗到战争,甚至是世界大战。

这就是我主张的"人类性本欲"的立脚点和理论依据。

要进一步弄清楚什么是人性,首先要知道什么是性。

我们知道,性是指万物万事本身内在的自然性质和所具有的特点、本质、本色、本能、本性。

人性是指人类的自然性质、特点，人所具有的本质、本能、本色、本性。

正如前面所说，战国时期的告子主张：性无善恶论的性学说。告子提出了"生之谓性"，"食色，性也"的论点，认为人出生下来之后，只能本能的追求生存和生殖的两种欲望，所以性是"性无善无不善"、"人性之无分善于不善也，犹水之无分东西也"。和孟子的关于天赋道德的观点对立。人的本能、本色、本质、本性，没有善与不善的区分，就好像水的流向不分东西南北一样。

告子说：人天生下来，不学自有，无师自通的本能、本色、本质、本性，就是人性。追求生存、繁殖和饮食男女人之大欲，就是人道本性、本质、本色、本能。

《孟子·告子》中说："性无善不善。"或曰，"性可以为善，可以为不善。"

意思是说：人的本性无所谓善良，也无所谓不善良。也有人说，本性可以使它善良，也可以使它不善良。

孟子反对告子的说法和观点，而赋予"性"以道德属性，提出"行善"说。孟子认为，人性本来是善的。

孟子曰："乃若其情，则可以为善矣，乃所谓善也，若夫为不善，非才之罪也。恻隐之心，人皆有之；羞恶之心，人皆有之；恭敬之心，人皆有之；是非之心，人皆有之。恻隐之心，仁也；羞耻之心，义也；恭敬之心，礼也；是非之心，智也。仁、义、礼、智。非有外铄我也，我故有之也，弗思耳矣。"

孟子说：从天生的资质看，可以使他善，这就是我说的人性善。至于有些人不善良，不归罪于他天生的资质。同情之心，每个人都有；羞耻之心，每个人都有；恭敬之心，每个人都有；是非之心，每个人都有。同情之心属于仁，羞耻之心属于义，恭敬之心属于礼，是非之心属于智。仁义礼智，不是别人授予我的，而是本来就有的，只不过没有探求它罢了。

孟子认为，封建伦理道德是天赋予人的本性。这是他"仁政"学说的理论根据。孟子的"性善论"，后来成为宋、明理学正统的人性学说。孟子的"性善论"后来受到荀子的批判，荀子认为人性是恶的。

荀子在《荀子·性恶》中说："人之性恶，其善者伪也。"认为人的本性是恶的，善是伪装出来的。他还认为人的天性都是"好利"、"疾恶"、"好声色"等情欲，所以"从人之性，顺人之情，比出于争夺，合于犯分乱理，而归于暴。故必将有师法之化，礼义之道，然后出于辞让，合于文理，而归于治"。荀子为其礼法之政治主张的理论根据。

而庄子认为："性者生之质也"，以之为人性所具有的素质。

对于性的认识和论述，特别是对人性的论述，数千年来争论不休，没有定论。宇宙间万事万物各有自己生存的法则，这就是其本能、本性、本质、本色。

性与生俱来，这种与生俱来的，不用教与学的本能和本性，称之为性，就是天理、天命、天性。

天理，是自然之理；天命，是自然之命；天性，是自然之性。

所以子思在《中庸》中说："天命之谓性。"性，是本能、本质、本色、本性，是自然规律。

万事万物都有自己的本质、本能、本色、本性。人的本质、本能、本色和本性是什么？

告子曰："食色，性也。"就是说：饮食男女人之大欲，是人的本能、本质、本色、本性，是天生之理，是自然之理。饮食男女人之大欲。人若仅仅知道满足饮食男女的本能、本性，那与禽兽和植物有什么区别呢？所以《尚书·泰誓上》曰：人乃"惟天地万物父母，为人万物之灵"。

荀子说："夫人之情，目欲綦色，耳欲綦声，口欲綦味，鼻欲綦臭，心欲綦佚。此五綦者，人情之所必不免也。"

意思是说："就人情来说，眼睛想看最漂亮的美女，耳朵想听最悦耳的音乐，嘴巴想吃最好的美味佳肴，鼻子想闻最好的气味，心里追求最大的安逸。追求这五种极好的享受，是人的性情所决定而不能避免的。"

所以古人说："民情有五，皆生于变，见利择趋，见色则爱，见饮食则贪，见安逸则就，见愚弱则欺，皆便于己故也。"所以我认为：人性是欲。

人性是欲：人之本能，是饮食男女；人之本性，是贪生怕死；人之本质，是贪心贪婪；人之本色，是纵欲懒惰；人之常情，是趋利避害；人之常态，是欺软怕硬；人之常欲，是追求幸福和享受；人之常理，是追求公平和自由；人之常恶，是贫困饥饿和死亡

这是人性的本能、本性，也就是《中庸》所说的"天命之谓性"。人们要尊重和重视这种人类的天命本性，又不能任其发展，所以就要懂得：

— 28 —

"率性之谓道"，依据生命宇宙的规律，顺其人性自然的延伸，遵循人的本性行事，就是道

率，原意是捕鸟网，就是用网捕鸟兽。在此文是遵循、统率、服从的意思。

率性：一是，儒家的伦理思想。"率性"，就是遵循人的本性行事。

郑玄引《孝经说》："性者生之质。"故注："率，循也；循性行之是谓道。"

朱熹认为："性即理也"，故注："人物各循其性之自然，则其日用事物之间，莫不各有当行之路，是则所谓道也。"

二是，平素的性情。《北史·辛庆之传》："庆之位遇虽隆，而率性俭素，车马衣服，亦不尚华侈。"简言之：

率性：是顺其自然之性，尽其性，任其性

地球从46亿年前诞生，6000万年前出现灵长类动物，经过逐步进化，300万年前人类的出现，长期处于丛林规则、自由竞争、弱肉强食的时期，直至数千年前，人类文明才得以实现。

在300万年的人类生存、进化、演变、发展的过程中，人类与兽为伍，人兽共舞。弱肉强食的丛林规则，300多万年漫长的优胜劣汰，适者生存的发展过程，人类在斗争中逐步学会生存进化，在生存进化中逐步学会发展进步，在发展进步中又逐步延续发展到今天有组织、有秩序、有纪律、有规则的人类文明时代。

人类为了生存、延续、发展，需要不断地繁衍，扩充自己人群的数量，以延续人类生命的群体，与野兽有效地抗争，在漫长的与野兽无休止地争夺食物和生存的发展空间、地域、领地的同时，人类文明一枝独秀，逐步进化为"惟天地万物父母，为人万物之灵"。

人类从动物演化为高级动物，得益于人类智慧的不断发展、充实、提高。这种发展、充实、提高，又得益于人类不断地学习和善于学习。人类懂得了学习、提高之后，又懂得了改变、约束、教育、引导、规范自己的本性。

所以，人类才可以区别动物，由动物逐步变成人，独自逐步走进文明时代。这种过程，就是学习、教育、引导、约束、规范等多种形式的过程。

我们研究人类自身，要充分了解、认识人的本能、本性和欲望；要充分尊重人的本能、本性和欲望；要充分发挥人的本能、本性和欲望，这就是所谓的尽

性,或者说尽其性。

尽性,就是尽人之性,充分尊重人的本性,尊重人的"七情"、"六欲"。然而,仅仅尊重人性,使人人尽性是不行的,因为地球的资源是有限的,人类生存的空间有限,满足不了人类无限膨胀的欲望。

对于人的欲望,荀子在《荀子·王霸》中说:"夫贵为天子,名为圣王,兼制人,人莫得而制也,是人情之所同欲也,而王者兼而有是者也。重色而衣之,重味而食之,重财物而制之,合天下而君之,饮食甚厚,乐声甚大,台榭甚高,园囿甚广,臣使诸侯,一天下,是人之所同欲也,而天子礼制如是者也。

"制度以陈,政令以挟;官人失要则死,公侯失礼则幽,四方之国,有侈离之德则必灭;名声若日月,功绩如天地,天下之人应如景向,是又人情之所同欲也,而王者兼而有是者也。

"故人之情,口好味而臭味莫美焉,耳好声而声乐莫大焉,目好色而文章致繁、妇女莫众焉,形体好佚而安重闲静莫愉焉,心好利而谷禄莫厚焉。合天下之所同愿兼而有之,皋劳天下而制若制子孙,人苟不狂惑憨陋者,其谁能睹而不乐也哉!欲是之主并肩而存,能建是之士不世绝,千岁而不合,何也?

"曰:人主不公,人臣不忠也。人主则外贤而偏举,人臣则争职而妒贤,是其所以不合之故也。人主胡不广焉,无恤亲疏,无偏贵贱,唯诚能之求?若是,则人臣轻则职业让贤,而安随其后。如是,则舜禹还至,王业还起。功壹天下,名配舜、禹,物由有可乐,如是其美焉者乎!呜呼!君人者,亦可以察若言矣!杨朱哭衢涂曰:'此夫过举跬步,而觉跌千里者夫!'哀哭之。此以荣辱安危存亡之衢已,此其为可哀,甚于衢涂。呜呼!哀哉!君人者,千岁而不觉也。"

译成白话文,意思是说:荀子在《荀子》中说:"高贵得当上天子,富裕得拥有天下,全面控制所有的人,而别人没有谁能够控制他,这是人们心中所共同追求的,而称王天下的君主则完全拥有了这一切。穿五颜六色的衣服,吃品种繁多的食物,控制多种多样的财物,兼并了天下而能统治它;饮食非常丰富,声乐非常洪亮,台阁非常高大,园林兽苑非常宽广,把诸侯当做臣子来使唤,统一天下,这又是人们心中所共同追求的,而天子的礼俗制度就像这个样子。

"制度已经公布,政令已经完备;群臣百官违反了政令的规定就会处死,公爵、侯爵违背了礼制就会囚禁,四方的诸侯如果离心离德就一定加以消灭,名声像日月一样显赫,功绩像天地一样伟大,普天下的人响应他就像影子追随形体、回响紧随声音一样，这又是人们心目中所共同追求的，而称王天下的君主则完全拥有了这一切。

"所以，从人的性情上来说，人的嘴巴喜欢吃美味的食物，而气味滋味没有比王者吃到的更好的了；耳朵喜欢听悦耳的声音，而歌声乐曲没有比王者听到的更加洪亮了；眼睛喜欢看美色，而极其繁富的色彩花纹和少妇美女没有比王者看到的更多了；身体喜欢安逸，而安稳清闲没有比王者享受的更愉快的了；心里喜欢财利，而俸禄没有比王者得到的更丰厚的了。综合了天下人所共同企求的东西而完全拥有它们，总揽天下之人而控制他们就像控制子孙一样，人如果不是发疯的、糊涂的、愚蠢的、鄙陋无知的，还有谁能看到这些而比之更高兴呢？要想获得这一切的君主多得摩肩接踵地存在着，能够建立起来这种事业的贤人世世代代都没有断绝过，但近千年来这样的君主和这样的贤人却没有能够配合起来，这是为什么呢？

"回答：是因为君主用人不公正，臣下对上不忠诚。君主排斥贤能的人而偏私地提拔人，臣子争夺职位而嫉妒贤能的人，这就是他们不能配合的缘故。君主为什么不广招人才，不去顾及亲疏、不去考虑贵贱、只寻求真正贤能的人呢？如果这样，那么臣子就会看轻职位而把它让给贤能的人，并甘心跟随在他们的后面；如果这样，那么舜、禹会重新到来，称王天下的大业又能建立起来了。取得天下的功绩，名声可以和舜、禹相配，还能像这样美好而值得高兴的事情吗？唉！统治人民的君主也可以考察一下这些话了！杨朱在十字路口哭泣，说：'这是那错误地跨出一步而觉察时已经走错千里的地方了吧！'他为此而悲哀哭泣。用人之事也就是通往光荣或耻辱、安定或危险、生存或灭亡的十字路口啊，在这上面犯了错误所造成的可悲，要比在十字路口走错路更加厉害。唉！可悲啊！统治人民的君主竟然上千年了还没有觉悟啊！"

这里荀子详细具体地描述了人的贪婪和无知，只知道占有和享受，只知道称王称霸满足私欲，而不懂得修身养性的可悲！唉！可悲啊！统治人民的君主竟然上千年了还是没有觉悟啊！荀子的时代有过去两千多年了，人们依然那么贪婪无知，而且日益更甚，也许这就是人的本性，或者说是人的劣根性，人性无穷无尽的欲望不知何时能够满足，"率性之谓道"的道理不知何时能够懂得。人性的贪婪举不胜举。

比如有贪心的男人要娶无数个老婆,上天的自然法则分配生男生女的比例基本上是对等的,一个人娶了若干个老婆,占有了别人的指标,有的男人就娶不到老婆了。

有个最极端的例子,莫过于唐玄宗李隆基,后宫宫女三万多人,供他一个人淫欲玩弄享乐,这等于他占有了三万多个男人娶老婆的指标,或者说有三万多个男人没有老婆可娶。

又比如你想占有好多的房子,你占有的多了,别人就没有地方住了,最极端的例子莫过于北京的皇宫,宫中房子9999.5间,供皇帝老子一家子居住。

还比如你想占有好多的财富,你占有的多了,别人就没有了,因为地球的资源是有限的。最极端的例子,有的人个人的财产拥有数百亿美元,还嫌不够。

最可笑的莫过于西方一个女人,竟然把太阳光注册下来,声称全球所有人类享受阳光,需要给她交使用费,结果被美国副总统给告了,要她赔偿阳光带来的气候变暖的损失,还有一个小伙子要她赔偿因阳光的暴晒,得了皮肤癌的损失。

人心啊人心,为什么你要"人心不足蛇吞象"?

"鼹鼠饮江不过满腹,鹪鸟入林不过一枝"。再多的房子,一个人睡觉不过三尺;再多的食物一顿不过几十口。

人类的无限欲望,破坏了人类自身的和谐,平添了无限的烦恼,害人害己,破坏了人类的和谐共处,和谐共生,和谐发展。

你自己尽性了,侵占了别人生存发展的空间,妨碍了别人的生存和发展,别人也会以其之道,还治以其人之身,这样天下就会无休止的争夺、斗争、争战、掠夺、最后会导致天下大乱,甚至世界大战,毁灭人类。

谁也别想完全尽其性,任其性;也不能完全尽其性,任其性。

因为人类的本性充满着贪欲贪婪,为了在地球上能够共生共存共发展,你活着也要让别人活着,你发展也要让别人发展,你享受也要让别人享受。所以,要节制人的本能本性,这就叫做忍性或者说"忍其性"。

但忍性,又不能听从宋代"程朱理学"家们所推崇"存天理,灭人欲"、"饿死事极小,失节事极大"的混账逻辑。

欲，是社会前进的动力，人没有了欲望，也就没有了动力，没有了动力，人类社会就不会继续发展，就会停止消亡

天理，就是人性，你灭绝了人欲，也就灭绝了天理，你灭绝了人欲，也就灭绝了人性，人没有了人性，人也就不叫人了，所以人欲是灭绝不了的。

所以，吕不韦在《吕氏春秋·仲春纪·情欲》中说："天生人而使有贪有欲。欲有情，情有节。圣人修节以止欲，故不过行其情也。故耳之欲五声，目之欲五色，口之欲五味，情也。此三者，贵贱、愚智、贤与不肖之若一，虽神农、黄帝，其与桀、纣同。圣人之所以异者，得其情也。由贵生动，则得其情矣；不由贵生动，则失其情矣。此二者，死生存亡之本也。"

吕不韦说："上天降生了人就让人拥有了贪念和欲望。欲望之中含有感情，感情应当有适当的限度。圣人修养自己的品德来节制自己的欲望，所以不过分地放纵自己的感情。因此，耳朵想要听五声，眼睛想要看五色，嘴巴想要吃到五味，这是情欲。这三种情况，不论是高贵的还是低贱的，愚蠢的还是聪明的，贤能的还是不肖的，都是一样的。即便是神农氏、黄帝，也是和桀、纣一样的。圣人之所以和别人不一样，是由于他能把握情欲的限度。从珍重生命出发，就能把握适度的情欲；没有从珍重生命出发，就不会把握好情欲的限度。这两种情况，是生死存亡的根本原因。"

吕不韦的论述是十分精辟的，上天降生了人就让人拥有欲望，但要"欲有情，情有节"，"圣人修节以止欲，故不过其情也"。耳、目、口之欲，不分贵贱愚智贤与不肖，神农、黄帝和桀、纣是一样的，所不一样的是从珍重生命出发，把握好情欲的限度，把握得好与不好，是生死存亡的根本原因。

这就又回到了《中庸》"率性之谓道"的主题中来。

"率性"，就是要尽可能地顺应每一个人的本性，尊重每一个人的本性；与此同时，找到一个人类共生、共存、共发展的道路，这就叫做"率性之谓道"的大道。

这个大道，就是你能够率性，别人也能够率性；你能够生存发展，别人也能够生存发展；你能够享受人生，别人也能够享受人生。

在人人尽可能地任其性、尽其性的同时，家庭安定团结，社会不会动荡，天下不会大乱，在充分使人们率性的同时，从中找出共同的规律，找出大多数人能够理解尊重执行的大道，这就是人类共生共存共发展共赢天下的大道，也就

是《中庸》"率性之谓道"的道。

但这种道,是需要休养的,并不是人类天生俱来的,所以要"修道之谓教",要规范人们的行为。

第四讲:修道之谓教,规范人生行为

上一章讲了"率性之谓道",人性本欲;这一章主要讲"修道之谓教",规范人生行为。

我们知道,道是人类共生共存共发展的大道。这个大道,是人类共同生存的道路,需要全人类所有的人去维护它,保养它。所以,每一个人都要对于大道付出一定的努力和贡献,这个贡献就是每一个人的修道。那么什么是修道?

修道,就是通过学习和修身养性,修炼自己,提高自己的综合素质,在"率性"的同时,尽可能地自觉规范约束自己的本性,既遵循人性自然规律,又符合社会道德规范,通过修身养性以提高自身的综合素质。

所以,在弄清"修道之谓教"之前,首先要弄懂"修"、"道"、"教"三个字的含义。请看《辞海》对"修"的解释:

一是,修饰;装饰。《楚辞·九歌·湘君》:"美要眇兮宜修。"

二是,修理;整治。如修房屋;一定要把淮河修好。《左传·宜公十二年》:"郑人修城。"

三是,兴建;建造。如修水库;修公路。

四是,编撰。如修史、修书。

五是,学习;研习。如自修;修业。

六是,善;美好。《文选·张衡〈思玄赋〉》:"伊中情之信修兮。"

七是,长;高。《离骚》:"路漫漫其修远兮,吾将上下而求索。"《国策·齐策一》:"邹忌修八尺有余。"等。另外还有:

修身,谓修养身心,以提高自己的品德。《大学》:"欲齐其家者,先修其身。"

修养,指在政治、思想、道德品质和知识技能等方面经过锻炼和培养而达到一定水平。如政治修养,文学修养。也指逐渐养成的在待人处世方面的正确态度。

简言之,修,是修饰、修理、整治、建造、学习、研习、修身、养性,成为善良美好的品质。

按照《辞海》对"道"的解释:

一是,道路。如:道不拾遗。《论语·阳货》:"道听而途说。"

二是,法则、规律。韩非《解老》:"道者,万物之所然也,万理之所稽也。"把道解为万物生长、变化的总规律。与具体事物的"器"相对。参见"道器"。又与事物特殊规律的"德"相对。参见"道德"。

三是,宇宙万物的本原、本体。《老子》:"有物混成,先天地生……可以为天地母。吾不知其名,字曰道。"北宋张载以气为道、为本。"由气化,有道之名。"朱熹以理为道、为本,"理也者,形而上之道也,生物之本也。"

四是,一定的人生观、世界观、政治主张或思想体系。《论语·公冶长》:"道不行,乘桴浮于海。"又《论语·卫灵公》:"道不同,不相为谋。"

五是,封建伦理纲常。西汉董仲舒提出:"道之大原出于天,天不变,道亦不变。"(《举贤良对策三》)

六是,方法。《左传·定公五年》:"吾未知吴道。"

七是,从;由。《礼记·礼器》:"苟无忠信之人,则礼不虚道。"郑玄注:"道犹由也,从也。"《汉书·淮南王传》:"诸使者道长安来。"

八是,古代诸侯出外事先祭神路。《礼记·曾子问》:"道而出。"孙希旦集解:"道者,祭行道之神于国城之外也。"

九是,治理。《论语·学而》:"道千乘之国,敬事而信,节用而爱人,使民以时。"

十是,通"导"。等等。

道,即是人类共生、共存、共发展、共赢天下的大道。一个人要想终生在这个大道上"不偏不倚,无过无不及"的有次序、有动力、有后劲,可持续发展地勇往直前,就得"修道"。

简言之,道,是道路、法则、规律、方法、治理、封建伦理的纲常、宇宙万物的本原本体,一定的人生观、世界观、政治主张或思想体系等。

"修道",就是通过学习、教育、磨练、醒悟、修身、养性,达到教育的目的,使自己能够达到一定的修养水平,逐步养成了良好的生活习惯,增强涵养的功夫,陶冶高尚的情操,力行良好的操守,培养高尚的道德品质,找到较好的方法,在为人处世,安身立命的过程中,修身于己,造福于人,完成崇高的历史使命。做一个具有高尚道德的人,一个有益于人民的人,一个修身齐家治国平天下的有用之人。

修道,就是修饰整理,兴建建造,修身养性成为美好的东西,而这个东西,就是探求世界的本原和发展变化规律,修养本性,使之符合人类共生共存共发展的规则,遵循道的规律,修身养性而成为具有高尚的道德情操的人。简言之:

修道,是按照人性的规律修身养性,符合人类共生共存共发展的道德规范
按照《辞海》对"教"的解释:

一是,教育,训诲。《荀子·大略》:"诗曰:'饮之食之,教之诲之。'"

二是,政教。《商君书·更法》:"前世不同教。何古之法?

三是,宗教。如佛教、道教、基督教等。

四是,文体的一种。南宋·梁·任昉《文章缘起·教》:"教,汉京兆尹王尊出教告属县。"

另外还有教化、教导、教育等:

教化,一是,指政教风华,也指教育感化。《诗·周南·关雎序》:"美教化,移风俗。"二是,比喻环境影响。《史记·三王世家》:"道生麻中,不扶自直;白沙在泥中,与之皆黑者,土地教化使之然也。"

教导,训诲开导。如教导有方。《淮南子·人间训》:"孔子以三代之道,教导于世。"亦作"教道"。《汉书·郑崇传》:"教道以礼,至于成人。"

教,一般指教育,教诲、教训、教导、教化、教习、教养等等。

教育,主要有广义的教育和狭义的教育。广义的教育,是指以影响人的身心发展为直接目的的社会活动;狭义的教育,是指有专职人员和专门机构进行的学校教育。狭义的教育还包括家庭教育、社会教育、实践教育、困难教育、挫折教育、自我教育、不教之教的教育等等。

徐特立说:"教育的作用是按照一定的社会形式,培养一定的人格,为一定的社会服务","教书不仅是传授知识,更重要的是教人,教育后一代具有高尚思想道德品质的人"。

　　教育随着社会的产生而产生,是作为个体与社会发展不可缺少的手段,为一切社会所必须。教育,又随着社会的进步而发展,受社会政治、经济、文化等方面的制约,也受到社会环境及其多方面的影响。

　　教育还受制于个体的身心发展规律。教育具有阶级性,在阶级社会里,一切统治阶级都利用教育来巩固自己的政权。每一个社会团体、家庭、家族、个人的教育,都具有其明确的目的性,都是为了本团体的利益服务。

　　教育是促进个人的全面发展有力的工具,是提高自己综合素质的重要方法,是通往成功的必经之路。

　　具体的教育一般要有教学纲领,要按照学科以纲要形式规定教学内容、教学活动和基本要求,包括教学目的、任务、知识、技能的范围、深度和结构,教学的进度以及讲授、实习、实验等教学时数的分配等。

　　具体的教学目的就是把受教育者,培养成为一定社会需要的人的总要求。按照一定社会对人的要求和受教育者身心发展状况决定,是教育工作的出发点和最终目标,也是确定教育内容、选择教育方法、检查和评定教育效果的根据。

　　教育的目的,正如卢梭所言:"问题不在于告诉他一个真理,而是教他怎样去发现真理。"

　　《礼记·学记》曰:"凡学,官先事,士先志。"其此之谓乎!

　　意思是说:"凡是学习,做官的人,先要学好管理事情,做学问的人先要坚定志向。"

　　《礼记·学记》:"大学之法,禁于未发之谓豫,当其可之谓时,不陵节而施之谓孙,相关而善之谓摩。此四者,教之所由兴业。"

　　意思是说:"大学教人的方法是,在欲望还没有产生之前就加以禁止,叫做预防;正逢可以教育的时机加以教育,叫做适时;不超越等级进行教学,叫做顺应;互相观摩学习而得到好处,叫做切磋。这四种就是使教育兴盛的方法。"

　　教,分自教、内教、外教三种。

　　自教就是依靠自教读书学习或在社会实践中感悟修身养性;

　　内教,就是依靠家庭、家族的教育,特别是父母祖父母或外祖父母的言传身教;

外教,就是接受外部正规学校或外部教育坏境的教育。

简言之:教,是教育、教导、教诲、政教风华、教育感化、环境影响。通过教化,使之修道,自觉规范约束自己的欲望,成为具有高尚道德情操的人,推而广之,形成一个大的人文社会环境,形成一种人类社会教化的大气候。所以说:

教,是教化,通过人的修养达到的道德境界,从而形成好的社会风气和社会环境

我们懂得了"修",是修身养性,规范约束自己;使其符合"道",这个人类共生共存共发展的道路;形成好的"教",也就是教化和政教风华的社会环境。

就是说:通过修身养性约束规范自己的本性,达到与人共生共存共发展的达道,形成好的社会人文环境,达到和平共处,和谐发展的目的。

正如《中庸》开篇所言:上天赋予人的本质就是命,能够依顺人的本质而行动的就是道,能够依顺人的本性并能够约束、规范自己本性的欲望,去修身养性并勇于实践的就是教。

然而,人性是欲,而人的本性,是贪婪多欲无穷的,如果尽其性,任其性,毫无节制的发展泛滥,不仅害己,也是害人的,所以需要约束和规范,这种约束规范,就需要学习教育和修身养性,使自己达到一个能够融入社会的一分子,从而达到社会的有用人才。

其实,人的成长就像一棵小树一样,任其生长是不会成材的,所以在成长过程中,不仅需要浇水、施肥、锄草等精心的维护,还需要不断地剪枝、打叉、修理、整治、规范、约束它才能够成材。

话又说回来了,《中庸》:"天命之谓性,率性之谓道,修道之谓教"、"天人合一"的命题,就是要人们充分尊重天命,遵循自然规律和人的本质,这就是性,就是天,就是天命。

率性,就是顺其自然的人性,尽其性,任其性,充分发挥人的本性、本能,这就是道,就是天道。

因为人的本性是贪婪的,欲望是无穷无尽的,地球的资源是不够用的,人在自己通过尽其性、任其性的同时,会影响到别人的尽其性和任其性,这就需要人人都要忍其性,通过这种忍其性,就需要修道,需要通过学习教育,提高自己的修养,约束规范自己的行为,这种个体的修道和整体的修道,从而产生人人修身养性的好习惯,好风气,形成一个大的社会环境,使人们能够和谐相处,和谐共生,和谐共发展,这就是"修道之谓教"的"教"。

只有这样,人们才能尽可能地在率其性,尽其性,任其性,忍其性的矛盾统一体中,较好地和平共处,同舟共济,和谐共生,这应该是处世的方法和原则,这就是《中庸》"天命之谓性,率性之谓道,修道之谓教"的宗旨,普世法则,天人合一的境界。

对于"性"和"命"还有好多的解释。如:

性命,其实就是生命。嵇康在《养生论》中说:"导养得理,以尽性命。"

性命,也指性与命的关系。《易经·乾卦》中说:"乾道变化,各正性命。"

古代哲学家中,有的人认为,人物之性是天生的,人性是天道或天理在人身上的体现。如《中庸》的:"天命之谓性。"

孟子有:"存心"以"养性"和"修身"以"立命"的主张。

程颐认为:"心即性也,在天为命,在人为性,论其所主为心。其实只是一个道。"都是从唯心主义的角度来谈性与命的关系。

王夫子说:"天所命人所而为性者,则其一阴一阳之道成之。"

戴震在解释《礼记》中说:"分于道谓之命,形于一谓之性",说"分于道者,分于阴阳五行也"。都从唯物主义的角度来谈性与命的关系。

尽其性,是为了满足人类的基本欲望和人类的基本生存本能、本性;

忍其性,是为了限制人类的过多的欲望,节制欲望,防止纵欲而干扰别人和社会;

率其性,是为了人类在正常的生存条件,要透过恰当地节制、约束、规范自己的本性,而能与别人和社会,求同存异,和平共处,同舟共济,和谐发展,共赢天下。所以:

孟子说:"性也有命焉,命也有性焉。"惟君子为能知命尽性,故能明辨二者之精微。

孟子曰:"口之于味也,目之于色也,耳之于声也,鼻之于臭也,四肢于安逸也,性也,有命焉,君子之谓性也。仁之于父子也,义至于君臣也,礼之于宾主也,知之于贤者也,圣人之于天道也,命也,有性焉,君子不谓命也。"

孟子说:"口舌喜欢美食,眼睛喜欢美色,耳朵喜欢美声,鼻子喜欢美味,四肢喜欢安逸,这都是人的天性,能否得到,得由命决定,所以君子并不认为是天性的必然。仁对于父与子,义对于君与臣,礼对于宾与主,智慧对于贤者,圣人对于天道,有命运的不同,但也是天然的必然,所以君子不要过于强调命运。"

荀子说:"人之所以为人者,何已也? 曰:以其有辨也。饥而饮食,寒而欲暖,劳而欲息,好利而恶害,是人之所生而有也,是无待而然者也,是禹、桀之所同也。"

"然则人之所以为人者,非特以二足而无毛也,以其有辨也。今夫猩猩形笑亦二足无毛也,然而君子啜其羹,食其肉。故人之所以为人者,非特以二足而无毛也,以其有辨也。"

"夫禽兽有父子而无父子之亲,有牝牡而无男女之别。故人道莫不有辨。"

荀子说:"人之所以成为人,到底根据什么来定的呢? 我说:这是因为人对各种事物的界限都有所区别。饿了就想吃饭,冷了就想取暖,累了就想休息,喜欢得利而厌恶受害,这是人生来就有的本性,是无须依靠学习就会这样的,它是禹、桀所相同的方面。"

"然而人之所以成为人,并不只是因为他有两只脚而且脚底没有毛,而是对各种事物的界限都有所区别。猩猩的形状与人相似,也是两只脚而脚底无毛,可是人们却吃它的肉。所以人之所以成为人,并不只是因为他们两只脚底没有毛,而是因为他们对各种事物的界限都有所区别。"

"禽兽有父子,但没有父子之间的亲情;有雌雄,但没有男女之间的界限。而作为人类社会的根本,就在于对所有的事物界限都要有所区别。"

综上所述:孟子、荀子对于人性基本欲望的描述和解读,基本上是大同小异,而不同的是,孟子认为这种欲望能否得到满足是由天命决定。

荀子则认为人的欲望,圣人和暴君也是一样的,尧舜和桀纣并没有什么区别。人和动物都有父子和雌雄,而动物有父子,但没有父子之亲,有雌雄但没有男女之别。人之所以区别于动物,主要是人具有学习的功能,通过学习教育提高,可以自我约束自己,规范自己,对于所有事物的界限都要有所区别,也就是说要有规则界限。

以上我们对于性的研究和探讨,主要是为了了解人类的本能本性、和生存之道,首先要做到知其性,懂得人的本性,尊重人的本性本能,在此基础上,尽可能做到"尽性"、"忍性"、"率性"三者之间的平衡和谐圆融，做到不偏不倚的中庸。

能够了解认识把握人类的共性，在具体环境和处理具体事务中，根据每一个人的个性，因材施教，因势利导，对症下药，尽可能满足其正当的欲望和需求，满足其正当的个人利益，便于团结他人，赢得民心，与人和平相处，和衷共济，和谐发展，共生共存共发展。所以：

要知己性，则懂得如何修身养性；知人性，则懂得如何为人处世；尽其性，则懂得不纵欲不贪婪；忍其性，则懂得不失潇洒自由；任其性，则懂得不固执己见；率其性，则懂得不天马行空

古人云："得民心者得天下，得其心者满其欲。"

统治者要想得到天下，必须取得民心，而取得民心，必须满足人民的正当欲望，正当要求。所以：

管子说："治国不难，爱民而已。"

作为一个执政者，要想治理好国家，就得爱民，爱民是具体措施，就是满足广大人民群众生存的基本欲望和合理要求，过上好日子，并随着社会的发展和进步，逐步提高老百姓生活水平和生活质量，使老百姓的生活、生存、生命，有保证，有情趣，有尊严，有自由，有成就感，有荣誉感，有发展的空间和平台。

人类要想生存和发展，就得发挥人类的天赋，也就是人类的本能本性，在求生存发展的过程中，从某些方面上来说，有意无意之间，推动了社会的发展前进和人类文明进步。

在整个大的社会环境下，人人都在谋取自己更好的生存发展的空间，以满足自己的生存发展的条件和欲望，所以，在人们生存发展的过程中，由于地球或地域环境的限制，开始争夺有利于自己的有效的资源，在争夺有效资源的过程中，有时人们不择手段和巧取豪夺，甚至采取卑鄙无耻的手段，这种手段甚至充满着血腥、恐怖和残忍，并由此而不断地挑起争斗、战争，甚至世界大战，以弥补个人、集体、国家占有的能源的匮乏和社会资源的不足，更有甚者，是为了填补永无休止的欲望和贪婪。

这是人类有史以来战争不断的主要因素，也是一个家庭，一个单位矛盾不断的主要因素。

要想避免战争和世界大战,要想避免矛盾和内部战争,要想避免家庭内部矛盾,和睦共处,和谐共生,就得有一套切实可行的,大多数人接受认可的方法和规则。

这在当今世界,就是联合国宪章;在国家,就是国家宪法;在单位,就是规章制度;在家庭,就是家法、家规;在学校,就是校规等等。

这种宪法、制度、法律、政策、规章、条例、秩序、礼仪等等,只是约束规范人们的一种形式,也是人类共生共存共发展的底线,而指导人类共生共存共发展的思想,每一个国家都有不同的价值观和思想体系,而中国的思想文化和思维方式,则是中庸之道,而中庸之道是需要人们长期持久地修道所得。

中华民族的文化传统、哲学思想、文明发展,则在几千年前,就有一套比较完整的哲学体系,这就是《中庸》中所说的"率性之谓道"。

不违人性,依顺人的本能、本性的行动,自觉接受道德、法律、行为规则的约束行动,就是"率性",这就是中华民族的传统文化的大道。

这个道,就是孔子在《论语》中所说的"己欲立而立人,己欲达而达人"、"己所不欲,勿施于人"的"忠恕之道"。

就是曾子在《大学》中阐述的,用自己合乎礼仪准则的言行,去规范别人的言行的"絜矩之道"。

就是子思在《中庸》所说的"不偏不倚,无过无不及"的"中庸之道"。

就是孟子在《孟子》中所阐述的,只要两个人在一起,就不能没有仁,而仁,只能在人与人之间产生。仁,就是人。人与仁合起来就是道的"仁也者,人也;合而言之,道也"。

这些"忠恕之道"、"絜矩之道"、"中庸之道"、"仁人合之为道"的中华传统文化大道。就是人类共生、共存、共发展、共赢天下的大道。而这个道并不是神秘的,而是"道不远人"。

第五讲:君子依道而行,自察内省慎独,
自我修身养性

上面已经讲过:修道之谓教,规范人生行为。道,是依据规律,规范人们在

人生正确的道路上奋勇前行的轨迹道路。这一节讲君子依道而行，自察内省慎独，自我修身养性的主要性。所以说：

　　"道也者，不可须臾离也，可离非道也。是故君子戒慎乎其所不睹，恐惧乎其所不闻。莫见乎隐，莫见乎微，故君子慎其独也。"

　　这是说："道"是片刻不可以离开的，如果可以离开，那就不是"道"了。所以，君子在别人看不见的地方也是谨慎警戒的；在别人听不到的地方也是畏惧小心的。再隐蔽的东西也会被人发现的，再细微的东西也会显露出来的。所以君子在独处时更要小心谨慎。

　　这里的"须臾"指顷刻之间的极短时间；"睹"，是看见；"闻"，是听见；"戒慎"，是防备警惕，小心谨慎的意思；"见"，体现；"隐"，隐藏在深处看不见的地方，此处指内心深处微小的变化；"微"，是细小、轻微的小事，此处指一般人觉察不到的事情；"独"，是一个人独处的时候。

　　对于上句的解释：

　　孔颖达认为：道者，开通性命，犹如道路开通于人，人行于道路，不可须臾离也。若离道则碍难不通，犹善道须臾离弃则身有患害而生也。孔颖达又说：君子行道，先虑其微。若微能先虑，则必合于道，故君子恒常戒慎之。还说：凡在众人之中，犹之所畏，及至幽隐之处，谓人不见，便即恣情。人皆占听，察见罪状，甚于众人之中，所以横须慎惧如此。以罪过愆失无见于幽深之处，无显露于细微之所也。

　　朱熹认为：道者，日用事物当行之理，皆性之德而具于心，无物不有，无时不然，所以不可须臾离也。若其可离，则为外物而非道矣。是以君子之心长存敬畏，虽不见闻，亦不敢忽，所以存天理之本然，而不使离于须臾之倾也。

　　张居正认为：承上文说：道既源于天、率于性，可见这个道与我身子合而为一，就是顷刻之间，也不可离了他。此心、此身方才离去了，心便不正，身便不修，便是身外之物，不是我心上的道，道绝不可须臾离也。夫惟道不可离，是以君子之心，长存敬畏，不待目有所睹见，而后戒慎，虽至静之中，未与物接，目无所睹，而其心亦常常戒慎而不敢忽。不待耳有所闻，而后恐惧，虽至静之中，未于物接，耳无所闻，而其心常常恐惧而不敢忘，这是静而存养的功夫。所以存天理之本然，而不使离道于须臾之倾也。

　　张居正还认为：这一节说的是君子于戒慎恐惧中，又有一段省察的功夫。

子思说:"人于众人看不见的去处,才叫做著见明显,殊不知他人看着自家,只是见了个外面,而其中纤悉委曲,反有不能尽知者。若夫幽暗之中,细微之事,形迹虽未彰露,然意念一发,则其机已动了。或要为善,或要为恶,自家看得甚是明白。是天下之至见者,莫过于隐,而天下之至显著者,莫过于微也。这个便是人所不知而自己独知的去处,乃善恶之所以由分,最为紧要,所以体道君子,于静时虽已尝戒慎恐惧,而于此独知之地,更加谨慎,不使一念之不善者,得以潜滋暗长于隐微之中,以至于离道之远也。"夫存养省察,动静无闻,道岂有须臾之离哉。

以上诸位主要强调两点:

一是,道的重要性,道不可须臾离开,能够离开的就不是道了,所以,君子要依道而行。

二是,慎独,也就是一个人独处时对于自己严格的要求,不要心存侥幸,不要自欺欺人,不要认为别人看不见自己的所作所为,要想人不知,除非己莫为,再隐蔽的东西也会被人发现,再细微的事情也会被人发现。

这就告诫人们,要时时刻刻依道而行,时时刻刻小心谨慎,在任何时候都要严格要求自己,不要心存侥幸。

我们知道,道,是规律、是万事万物生存运行的法则,是人类共生共存共发展的天下大道,人们当然不能须臾离开,如果能够离开,这个所谓的道就不是道了。

这里强调,万事万物必须按照规律行事,如果不按规律行事,就要受到惩罚;但如果不按这个规律行事受不到应有的惩罚,这个所谓的道就不是真正的道了。

两千多年前的先哲圣贤,就懂得并发现了,实践是检验真理(规律)的唯一标准,真是难能可贵。用此观点检查所谓很多的道、真理、法则,就是看其能否离开,如果能够离得开,且经过时间考验,这个所谓的道就不是道了。由此可见:

道,是人们行走的大路,离开了就会举步维艰;道,是火车运行的轨道,离开了就要车毁人亡;道,是轮船航行的航道,离开了就会触礁翻船;道,是飞机飞行的航道,离开了就会险象环生;道,是飞天航行的轨道,离开了就会盲目航行;道,是自然发展的规律,离开了就会受到天谴;道,是人生的法则规律,离开了就要受到惩罚；道，是生老病死的法则，任何人不能够违背；道，是人心道德的普世准则和标准，离开了就要受到谴责，犯错误、走斜路，一失足成千古恨；道，是率性的结果，离开了率性，伪装自己，弄虚作假，自欺欺人，害人害己。所以"道也者，不可须臾离也，可离非道也。"

所以，君子要顺其自然，依道而行，率性而为，认认真真做事，老老实实做人，光明磊落，坦诚相见，不弄虚作假，不伪装自己，不心存侥幸。

要做君子，就要"吾日三省吾身"，时时处处内省自察慎独，在任何时候，任何场所，都要坦坦荡荡，清清白白，小心谨慎，严格要求自己，提醒自己，警戒自己，不违天道，不违人性。特别是在一个人独处的时候，更要内省于细微之处，自察于独处之时，防微杜渐私心杂念于滋生的瞬间，追求高尚的道德情操，实现完美的自我。这就是"道也者，不可须臾离也，可离非道也。"

这里不仅强调道的重要性，也是区别真"道"和假"道"的区别。辨别"道"真假的唯一标准就是看它是否能够离开，离不开的就是真道，能够离得开的就是假道。这也是区别真理的唯一标准，你说是真理，就不能够离得开，如果能够离得开的真理，就是假真理、伪真理。

正如"文革"时期"四人帮"高喊的"宁要社会主义的草，不要资本主义的苗"。实践证明：草，填不饱中国人民长期饥饿的肚子，人民自然选择了能够填饱肚子的苗。

辨别道的真伪之后，紧接着强调道在细微之处的必要性和重要性。

"莫见乎隐，莫显乎微，故君子慎独也。"

在人的意念之中，没有比幽暗时更为明显，没有比细微时更为显著，所以君子应该谨慎地对待自己的独处之时。

这里强调的是做人的道德标准，也是区分君子和小人的具体标准。

你要做君子，就要光明磊落，坦坦荡荡，在你自己独处的时候，在别人看不见你的所作所为时，听不到你的所言所语时，你一个人独处时的内心活动，你的言语行动是否合乎道德标准。你要做君子，就要严格要求自己，时时处处小心谨慎，特别是在你一个人独处时，提醒自己，告诫自己，严格要求和约束规范自己，这样对你做一个堂堂正正的君子的身心都有好处。

这里所说的慎独，并不是让人没有私心杂念，像"文化大革命"时期的"狠斗私字一闪念"和"斗私批修"，假如是这样，也就违背了"天命之谓性，率性之谓道"的哲学观点,同时也违背了笔者主张的"人性本欲"的观点。

这里所说的,是在你"率性"——"尽其性"、"任其性"的同时,要懂得"修道之谓教","忍其性"的重要性。

这里不是让你违背人性取消私心杂念,私心杂念是取消不了的,而是在一个人有私心杂念的同时,能够按照"修道之谓教"的标准,克制自己,约束自己,警惕自己,修养自己,规范自己,不要出格。

譬如"人性本欲",当你"率性"欲望得到满足的时候,是否危害和侵犯了别人的利益,假如没有,合乎道德伦理标准,就光明磊落尽情地去做。如果你觉得自己的"率性"见不得人,需要偷偷摸摸地去做,这就说明你的行动已经超越了道德范畴,你的思想还有道德的约束,是欲望的膨胀突破了道德的底线。

常言道:"为人别做亏心事,头上三尺有神灵",一个人假如做了不好的、损人利己的、伤天害理的事,早晚是会被人发现的,就是当时不被人发现,你头上的神灵也心知肚明,早晚会得到报应的。

正如陈毅元帅说:"恶有恶报,善有善报,不是不报,时间不到,时间一到,一切全报。""手莫伸,伸手必被捉。"

这里的"神灵",既有迷信的色彩,又有客观的色彩。迷信的色彩,也是警告缺德的人不要丧尽天良,无法无天,让他们对上天和神灵产生敬畏和恐惧;客观的色彩是,神灵其实就是广大的人民群众,群众的眼睛是雪亮的,明察秋毫之末,没有什么可以隐蔽的事情。发现是早晚的事,不要做坏事、做缺德的事情,假如你天良没有完全泯灭,良心的谴责会伴随你终生。

"莫以善小而不为,莫以恶小而为之",一个人在独处的时候,一定要严格要求自己,不要认为别人看不见你做的坏事,不要认为别人听不到你说的坏话,不要认为你的私心杂念和不好的心思别人不知道。"世上没有不透风的墙",其实一个人的一举一动,一言一行,别人看得清清楚楚,听得明明白白,因为任何事物都有其端倪和其他的表现方式。

大至宇宙深处河系恒星的演变,高空风云气象的变迁,地下深处矿藏的发现,大海深处油气田的探寻;小至人类身体的细微变化,自然界微生物的基因变种,无不有迹可循,更何况一个大活人的种种迹象。

譬如一个人贪污受贿是十分隐秘的,为什么会被人发现?譬如一个人搞不正当的男女关系，是十分隐秘的，为什么也会被人发现？又譬如一个小偷偷别人家的东西是十分隐秘的，为什么也会被人发现？又譬如一个人内心喜欢或恨一个人是十分隐秘的，为什么会被别人发现？

据说美国一个叫莫菲的航空科学家，发现了一个"墨菲定理"，说航空的飞机、航天的飞船或航天飞机，最隐蔽、最小的缺陷，大都是在最关键的时候爆发；最隐蔽、最小的缺陷，往往是大空难的关键。后来无数空难的事实证明了"墨菲定理"的正确性。

据说古代一个所谓的清官，有人弹劾他的贪腐又找不到证据，就派人收集他们家的垃圾，结果在垃圾中发现了很多贪腐的痕迹和证据。本拉登懂得垃圾的重要性，所以他们家的垃圾就地烧毁，就是这样，还是被美国情报局发现。

这正如《中庸》所说："莫见乎隐，莫显乎微。""要想人不知，除非己莫为"，越是隐蔽的东西，有时候反被别人发现得容易，是因为你的故意隐藏，反倒引起别人的注意，没有什么比所隐蔽起来的东西更能够显示出来，因为你隐蔽的神态，已经准确无误地告诉人们，你有不可告人的目的，有见不得人的事情。为什么有的人的眼睛不敢直视别人，很可能他心虚或心里有鬼。

综上所述：回归到主体"道也者，不可须臾离也，可离非道也，是故君子戒慎乎其所不睹，恐惧乎其所不闻"。

真正的"道"是不可须臾离开的，假如能够离开就不是道了，所以君子要时时刻刻心存敬畏之心，在慎独之处下功夫。特别是在一个人独处之时，别以为别人看不见，听不着，你就可以胡作非为，忘乎所以，欲望膨胀，其实只要你有私心杂念的苗头，有不善的念头，就会表现出来。

所以说，不要欺人，不要自欺，不要侮辱别人的智商，你的一举一动，一言一行，别人都会看得清清楚楚，听得明明白白。要做一个真正的君子，就必须严格要求自己，长存敬畏之心，一日三省吾身，加强自身道德修养，在慎独上下功夫，不敢做离经叛道的事情。

这一节，主要讲了两个问题：一是，"道不远人"；二是，"慎独"。"慎独"，是一个人要在道德层面上慎独的警戒；下一节，主要讲一个人在情感层面上发之"中节"的要求和重要性。

致中和的人生智慧

"喜怒哀乐之未发,谓之中;发而皆中节谓之和。中也者,天下之大本也;和也者,天下之达道也。致中和,天地位焉,万物育焉。"

就是说:人的喜怒哀乐没有表现出来的时候叫做中,表现出来以后合乎法度礼节的叫做和。中是天下万物的大根本,和是天下通行的大原则。人们达到中和的境地,天地就会各就其位,万物就会在中和中发育生长。

"中"、"中和",是儒家思想文化的核心。对于"中"、"和"、"中和"的解释,历代儒学大家都有详细的解释:

西汉"罢黜百家,独尊儒术"的董仲舒认为:"中"为已发之情保持在无过无不及的状态,"喜怒止于中,忧惧反之正"。(《春秋繁露·循天之道》)

后来的儒者都把"中"解释为"发而中节",强调将人的思想感情容纳在社会伦理道德的规范之中。

孔颖达《中庸》疏曰:"未发之时,澹然虚静,心无所虑而当于理,故谓之中。"

"发而皆中节",意味着情绪可以发泄表现出来,但要有一个度,不能够激烈冲撞,不能够任性而为,不能够只管自己一时畅快淋漓的尽性任性的痛快,独自过瘾快乐,不顾别人的死活,伤害别人的感受,别人的情面,别人的感情,别人的自尊,这种有控制,既不伤人,又不伤己,还能够合情合理地表达自己情感的良好状态就是"和"。

朱熹认为:"喜怒哀乐,情也。其未发,则性也,无所偏倚,故谓之中。发皆中节,情之正也无所乖戾,故谓之和。"大本者,天命之性,天下之理皆由此出,道之体也。

朱熹认为:"喜怒哀乐"是属于情的部分,在没有发出、表达出来的时候属于性的范畴,能够达到不偏不倚的,就叫做中。发出、表达出来完全合乎法度,情感的表达完全合情合理的,就叫做"和"。

张居正认为:子思承上文发明道不可离之意所说:"凡人每日间与事物相接,顺着意思便喜欢,拂着意便恼怒,失其所欲便悲哀,得其所欲便快乐,这都是人之常情。当其事物未接之时,这情未曾发动,也不着在喜一边,也不着在怒一边,也不着在哀与乐一边,无所偏倚,这就叫做中。及其与事物相接,发动出来,当喜而喜,当怒而怒,当哀而哀,当乐而乐,一一都合着当然的节度,无所乖戾,(合情合理)这就叫做和,然这中即是天命之性,乃道之本体也。虽是未发,而天下之理皆具,凡见于日用彝伦之际,礼乐刑政之间,千变万化,莫不以此为根底,譬如树木的根本一般,枝枝叶叶都是从这里发生,所以说天下之大本也。这和,即是率性之道,乃道之用也。四达不悖,而天下古今之人,皆所共由,盖人虽不同,而其处世皆当顺正,其应物皆当合理。譬如通行的大路一般,人人都在上面来往,所以说天下之达道也。"夫道之体用,不外于心之性情如此。若静而不知所以存之,则失其中而大本不立,动而不知所以察之,则失其和而达道不行矣。此道之所以不可须臾离也。

这里的"中",是"不偏不倚,无过无不及"的意思。其实就是恰到好处的适中、用中。也就是老百姓所说的"正好"的意思。河南人大都爱说"中",与"不中",这里的"中",就是可行、正好;"不中",就是不可行,不好。中,是儒家思想的核心之一。

《中庸》:"喜怒哀乐之未发,谓之中。"指人的情感未被激发时,不喜不怒、无哀无乐、无所偏倚、平静平和的心境。

"中节",是符合法度礼节。"和",是多样性的统一。"大本",是天下万事万物万象的根本。"达道",人的感情和谐,这是天下共同遵循的道理。故称"达道"。

"中和",儒家伦理思想。指不偏不倚不乖戾,即合情合理地恰到好处。

《中庸》:"喜怒哀乐之未发,谓之中;发而中节,谓之和。"

认为人的修养能够达到中和的境界("致中和"),就会产生"天地位焉,万物育焉"的神秘效果。

综上所述:这里的"中",是不偏不倚,恰到好处的适中,用中;是天下万事万物的根本;"中节",是符合法度适当而恰到好处的节度,就是合情合理的表达;"本",天下事物的根本;"达",是通行天下的意思;"道",是道路;"达道",天下通行的大道;也就是天下共同遵守的道理;"和",是通行天下的准则;"中和",是符合天下万事万物的根本和通行天下的准则;"致",是达到、实现的意思,这里指推到极处的意思;"位",是所在或所占的地方;"育",生育、孕育、培育的意思。

"中",是天下的大本,就是天下万事万物万象的根本,既然"中"是天下的根本大本,"喜怒哀乐之未发,谓之中",这里关键的字是"未发",就是"喜怒哀乐"处在萌芽状态,在酝酿的过程中,还没有表达出来的时候。那就是说中不是不发,不能发,不能够表达,大的"喜怒哀乐"不发,是要伤心伤身憋死人的,这就违背了"率性之谓道"的道理。

"喜怒哀乐"是人之常情。正如张居正所说:"当喜而喜,当怒而怒,当哀而哀,当乐而乐,一一都合着当然的节度,无所乖戾(合情合理),这就叫做和"。

适当适中合情合理的表达出来,即达到自身的平衡,又不伤及于人,做到合情合理,是需要有极高的修养。

"和也者,天下之达道也。"喜怒哀乐发而有节制,合情、合理、合法、合度、合时的就是适中的和。

"和",是人的感情和谐,是天下共同遵循的原则、道理,所以说"和"是天下通行的"达道"。

"和",是多样性的统一,其达道,就是与天和谐,与地和谐,与人和谐,于己和谐。

综上所述:"中"是体,"和"为用。所谓喜怒哀乐之未发谓之"中",是指人与外物接触时的一种自然平衡的状态,与外物接触之后就要发生喜怒哀乐的感情,这是自然而然的事情,关键是要求这种感情的表达要合乎节度、合乎人们约定俗成的常规常理常情,叫做"和"。

怎样才能够达到这种和呢? 就是要体认未发之中,未发之中就是人的天性,包含着喜怒哀乐感情之如何表现和发出,这样表现和发出而后必然中节,达到和,所以说中是人们行为的大根本,和是人们行为的通行大道。

"致中和,天地位焉,万物育焉"。

就是说:人们能够达到中和的境界,天地就会在中和之中各安其位,万物就会在中和之中发育成长。

张居正认为:这一节是体道的功效。致,是推到极致;位,是安其所;育,是遂其生。子思说:"中固为天下之大本,然使其所存者少有偏倚,则其中和犹有所未至也。和固为天下之达道,然使其所发者少有乖戾,则其和犹有所未至也。故必自不睹不闻之时,所以戒慎恐惧者,愈严愈敬,以至于至静之中,无有一些偏倚,是能推到中极之处,而大本立矣。尤于隐微幽独之际,所以慎其善恶之者,愈精愈密以至于应物之处,无有一些差谬,是能推到和之极处,而达道行矣。由是吾之心正,而天地之心亦正,吾之气顺,七政不愆,四时不忒,三川岳渎,各得其常,而天地莫不安其所矣。少有所长,老有所终,动植飞潜,咸若其性,而万物不遂其生矣。"盖天地万物,本吾一体,而中和之理,相为流通,故其效验至于如此,然则尽性之功夫,人不可不勉哉?

综上所述:所谓致中和,就是人们达到了最理想的中和境界。

其方法是于感情未发生之时,必须感受其本性的中道,达到极致,毫无偏倚。发而中节,也必须在意念萌发时,去恶存善,达到极处而没有一点差错,不要让一丝一毫的不善之念在细微处隐藏下来,这样天地就会各得其位和谐运行,万物就会和谐地发育生长。因为儒家把天道与人道视为一体。他们认为天道运行很有规律,如日出日落,昼夜更替,周而复始地运行;万物春生夏长,秋收冬藏,年年如此,宇宙的一切都是和谐的,宇宙万物在和谐之中发展,人的行为也应该是和宇宙一样,和谐的发展。

"致中和",就是达到中与和的境界,符合天下万事万物的根本和通行准则,就能够使"天地位焉,万物育焉"。

"天地位焉",就是天地各安其自身规律运行;"万物育焉",就是万物各安其规律发育成长。从而达到天地和谐共处,万物和谐共生,万事万物万象,各就其位,各司其责,各安其分,各得其所,各遂其性,各适其度,按照自身的规律本性,和衷共济,和谐共处,和谐共生,和谐共发展,和谐共赢天下。

"和",是儒家思想核心的核心,是具有包容多样性的统一。

"和",是平和、和缓、温和、柔和、和蔼、和气、和颜、和睦、和美、和乐、和畅、和风、和顺、和衷、和善、和平、和风、和谐。所以:

追求内心平和,有利于身心健康;遇事态度和缓,有利于为人处世;

对人温和有加,有利于团结同志;对人柔和有度,有利于安身立命;

对人和蔼可亲,有利于接近别人;对人和和气气,有利于和气生财;

家庭和和睦睦,有利于兴家立业;夫妻和和美美,有利于子女成长;

家人和乐无穷,有利于家庭团结;说话和风细雨,有利于说服别人;

对人和颜悦色,有利于结交朋友;追求惠风和畅,有利于安定团结;

一生和和顺顺,有利于颐养天年;团队和衷共济,有利于共谋发展;

处世态度和善,有利于事业发展;追求世界和平,有利于人类幸福;

和风细雨润物,有利于万物生长;万物和谐共处,有利于宇宙运行。

追求"中和",是追求"天人合一"的境界,是享受人生的最大智慧。

把握"中和"的最佳途径,就是一生坚持中庸之道,最终达到与天和谐,与地和谐,与人和谐,于己和谐的天下达道。

"中"是天下的大本;"和"是天下的达道。"中"的根本目的,是保持万事万物的根本,以求稳固;"和"的根本目的,是保持天下通行的达道,以求通达;"中和"的根本目的,是为达到"天地位焉,万物育焉"

上节讲"道也者,不可须臾离也,可离非道也",强调"道"的重要性,以及检验"道"真伪的办法,就是能否离开;紧接着"是故君子戒慎乎其所不睹,恐惧乎其所不闻",强调"慎独"的重要性,从道德层面上告诫一个人要时时处处心怀谨慎,严格要求自己,特别是在一个人独处时,在别人看不到听不到的地方也要有敬畏之心,畏惧之情。"不以善小而不为,不以恶小而为之",善恶大小最终都会有人知道。从道德层面上,杜绝摒弃外部利益的诱惑,抑制和规范内心私欲的膨胀,能够规范自己的"尽其性,忍其性,率其性"。

此节讲"喜怒哀乐之未发谓之中,发而皆中节谓之和。中也者,天下之大本也,和也者,天下之达道也",强调在感情层面,要求约束规范中正自己,人的情感不是不能发,而是要发得合情合理合法,人的"七情"、"六欲"的表达要恰到好处,要适中。

最后提出"中也者,天下之大本也;和也者,天下之达道也。致中和,天地位焉,万物育焉"的重要性。要时刻不要忘记"不偏不倚,无过无不及"的"中",是"天下的大本";多样性的统一的"和"是天下通行准则的达道;只有把"中和"推至极致,才能达到"天地位焉,万物育焉"的最佳境界。

《中庸》在论述了天命——性;率性——道;修道——教;慎独——谨慎之后,进入人的情感和心理部分。

即从"天命之谓性",上天赋予人的本质——性,上天不可违背的力量——天的层面;到"率性之谓道",遵循人的本质行事,人类尽其性,任其性的——道——自然层面;再过渡到"修道之谓教",按照人类规律修养——教——人为层面;再过渡到"慎独",一个人独处时的私心杂念——道德层面;再过渡到"发而中节",合情合理恰到好处表达内心深处的"喜怒哀乐"——情感层面。

这五个层面,从而形成一个人从里到外,从上到下,从天到人,从事到物,从道德情操,到情感的表达、多角度、全方位、立体、鲜活、光辉的人格形象,充分体现了《中庸》的天人合一精神,道出了天人合一之下智慧人生的君子的光辉形象。

人有"七情"、"六欲"。"七情"是人类表达情感的主要方式;"六欲"是人类欲望追求的主要方式。

"喜、怒、哀、乐"是"七情"、"六欲"的重要组成部分,也是"七情"、"六欲"的省略用语。

《中庸》,要求人们在表达"喜、怒、哀、乐"的时候,也就是表达和追求"七情"、"六欲"的过程中,努力做到"喜怒哀乐之未发,谓之中;发而皆中节,谓之和"的境界。

人的"七情":"喜、怒、哀、乐、爱、恶、欲",是人类的主要情感。

"七情"是人们表达正当情感的主要渠道和方式,也是人们自然发泄和排毒的主要方式,更是人们修身养性的主要方式。

长期压抑人们正常情感的表达,是会憋死人的,朱熹的所谓"存天理,灭人欲",是违背"天命之谓性,率性之谓道",人性自然规律的,也是违背天理人情,是根本不可能做到的事情。

所以,正常表达人的"七情"、"六欲"是人们正当的生理需求和情感需求,符合天理人情人性,天经地义,无可非议。

但随着人类社会的文明发展,在当代人类文明社会中,表达情感的方式要求要符合社会规范要求。每一个民族,每一个国家,每一个地区,每一人种表达的方式不同,都有一定的道德准则,其最低标准是,不能有悖社会风俗,不能扰乱社会秩序,不能破坏社会安定团结。

中华民族的表达方式,要基本上符合儒家礼仪道德的标准,就是《中庸》所说的"喜怒哀乐之未发,谓之中;发而中节,谓之和"。这"率性"和"修道"的原则,符合天理人情,符合人性规律,不仅有利于个人的修身养性,而且有利于家国天下安定团结。

"喜怒哀乐之未发",说的是人的本性"喜怒哀乐",在内心孕育产生的过程中,要发而未发出的瞬间。此时较好的心理素质和高尚的道德修养,能够使人恰到好处的控制引导,使之在温润平和、恰到好处、不偏不倚、无过无不及的状态中,适当的表达出来,这就是"中";而温润流畅的表达出来,又能恰如其分,恰到好处,不偏不倚,合乎礼节法度,合情合理合法的中节就叫做"和"。

喜,是快乐、高兴的表达,人们在遇到快乐、高兴事的时候,喜在心中,笑在脸上。至于如何表达,要表达的适中和恰到好处,不要过分,也不要不足。过分,会被人说你轻狂、张狂、浅薄、没修养;不足,会被人说你虚伪、作秀、圆滑、不真诚。

所以,要因时因势,表达得恰到好处、适中、中节,就是和。喜的过分表达,对于身心都不利。人们在表达快乐、高兴、喜悦、疯狂的时候,往往会造成高血压、心脏病、脑血管破裂,轻者住院,重者当场休克死亡。

古今中外,有多少人因为不能制怒,造成了人间悲剧。最典型的莫过于吴三桂一怒为红颜,使大明亡国,江山易姓。多少人因不能制怒,闯下大祸,轻者身陷囹圄,重者家破人亡;多少人因不能制怒,导致脑血管破裂身亡。

喜,喜伤肺,怒伤肝,哀伤心,气伤脾,乐伤身,过度的喜怒哀乐,会危及健康和生命。

怒,是冲动,冲动是魔鬼,魔鬼缠身,哪来的修身养性? 怒会急不择言,急不择言,会祸从口出!

人们怒气冲天,冲掉了明天的前程;怒发冲冠,冲掉了头上的乌纱桂冠;怒火中烧,烧掉了钞票,烧掉了前程,甚至烧掉了自己宝贵的生命。

哀,是悲伤、悲痛、悲哀。有人哀痛欲绝,轻者哀毁骨立,伤其身心;重者哀痛过分,悲痛欲绝,休克死亡。

乐,是快乐、开心。有人乐极生悲,伤心伤身;有人乐不思蜀,被人耻笑。

如果说"知识,改变命运;智慧,点亮人生"。

那么《大学》的人生大学问,大知识,可以使人求学问,悟人生,行大道,改变一个人的命运。

那么《中庸》人生大智慧,智慧点亮人生,使一个人光彩夺目,给人一个好的前程。

《中庸》是一套完整的人生知识的科学体系,科学设计人生天人合一最佳的精神状态。

《中庸》是一套完整的人生智慧的系统工程,科学构建人生多角度全方位的光辉形象。

第六讲：中庸的智慧，君子中庸，小人反中庸

上一章讲了"君子依道而行，自察内省慎独，自我修身养性"的重要性。这一章主要讲中庸之道的智慧，君子中庸，小人反中庸。

仲尼曰："君子中庸，小人反中庸。君子之中庸也，君子而时中；小人之反中庸也，小人而无忌惮也。"

> 孔子说："君子的言行符合中庸的道理，小人的言行违背中庸的道理。君子之所以能够做到中庸，是因为君子随时随地按照中庸之道行事，能够做到恰如其分的适中；小人之所以违背中庸，是因为小人不知天高地厚，不知畏惧，肆无忌惮，无所顾忌，任意胡为。"

这里的适中，基本上和中庸相似。时是时时处处无处不在，中是居中、适中。

适中，是时时处处追求动态中的居中、适中

这是《中庸》的第二章，对于这章的解释：

郑玄认为：庸，常也。用中为常，道也。反中庸者，所行非中庸，然亦自以为中庸也。

还说："君子而时中"者，其容貌君子，而又时节其中也。"小人而无忌惮"，其容貌小人，又以无为难为常行，是其"反中庸"也。

孔颖达认为：庸，常也。君子之人用中为常。小人则不用中为常，是"反中庸也"。

还说：君子之为中庸，容貌为君子，心行而时节其中，谓喜怒不过节也，故云君子而时中。小人为中庸，形貌为小人，而心行无所忌惮，小人将此以为常，亦以为中庸。

程颢、程颐认为：中则不偏，常则不易，惟中不足以尽之，故曰中庸。理则极高明，行之只是中庸也。天地之化，虽廓然无穷，然而阴阳之度，日月寒暑昼夜之变，莫不常有，此道所以为中庸。

还说：君子而时中，无时不中。中无定体，惟达权然后能执中。

朱熹认为:中庸者,不偏不倚,无过不及而平常之理,乃天命所当然,精微之极也。惟君子为能体之,小人反是。

还说:君子之所以为中庸者,以其有君子之德,而又能随时以处中也。小人之所以反中庸者,以其有小人之心,而又无所忌惮也。盖中无定体,随时而在,是乃平常之理也。君子知其在我,故能戒慎不睹,恐惧不闻,而无时不中。小人不知有此,则肆欲妄行,而无所忌惮也。

张居正认为:"中庸是不偏不倚,无过无不及、平常的道理,虽为人所同有,然惟君子为能体之,其日用常行,无不是这中庸的道理。若彼小人便不能了,其日用常行,都与这中庸的道理相违背矣。"

还说:时中,是随时处中,子思解释孔子之言说道:"中庸之理,人所同得,而惟君子能之,小人不能者何故? 盖人之体道,不过动静之间。君子所以能中庸者,以其戒慎不睹,恐惧不闻,既有了君子之德,而应事接物之际,又能随时处中,此其所以能中庸也。小人之所以反中庸者,以其静时不知戒慎恐惧,所存者既是小人之心,而应事接物之际,又肆欲妄行,无所忌惮,此其所以反中庸也。"君子小人,只在敬肆之间而已。

综上并结合第一章所述:

不偏不倚叫中,持久不变叫庸。

中庸,是在动态中,恰如其分地、不可改变、长期持久地用中;是在长期持久地保持"不偏不倚,无过无不及"动态中的平衡。

中庸,是追求动态中的持久平衡,长期不偏不倚,无过无不及,恰如其分地用中。

中庸,是儒家最高的道德标准和行为规则,是人们日常生活中的常理,是人们在日常生活中的行为规则。

君子,通过多年的修身养性,不断地自省自己,修正自己,规范自己,才能够成为君子。

君子,有很高的道德修养和学识水平,懂得人生需要大学问、大道理、大智慧、大精神,依靠大学问、大道理、大智慧、大精神,悟人生、走正路、行大道,到达理想的彼岸。

小人,不愿意长期持久的修身养性,不具有大学问、大道理、大智慧,大精神,所懂得的只是小学问、小道理、小精明、小精神,悟不出人生的真正要义,所以不懂得走正路，行大道的好处，只好剑走偏锋、走邪路、走小路、走捷径，虽能取得一些小的成果，成精、成怪、成妖孽，但终究修不成正果，到达不了人生美好理想的彼岸。

从人性出发，人性本欲，率性之谓道，尽其性、任其性，满足人们的欲望并没有什么错误；从人情着眼，人有"七情"、"六欲"，"七情"、"六欲"需要正常表达和满足也没有什么错误；从人生着手，人生趋利避害，追求幸福和享受也没有什么错误。

所以，人们不应该一味地咒骂批评庸人的行为，君子也有庸俗的行为。扪心自问，一个人的内心深处，谁不充满着无限的欲望，体现着人性的本质。

人类数亿年来的进化，在寻找着天下共同的准则，在漫长的历史进程中，人们苦苦寻觅，两千多年前，儒家终于找到了人类共生共存共发展的大道——中庸之道。

所以说，中庸之道，并不能够要求每一个人都能够完全达到，正如此，才有君子小人之分。君子有君子的艰难，小人有小人的好处，如果做小人没有半点好处，我相信最迫切做君子的一定是小人，因为小人追求当下的利益。

所以说，人们不要一味的强调一个人非得做君子，不能够做小人，如果做小人真正能对一个人一生的发展、享受、生活、尊严、自由、幸福有好处的话，为何不能够做？何乐而不为呢？我们要向人们讲清楚为什么要做君子！为什么不能够做小人！讲清楚了道理，供人选择！

讲清楚道理，是为了让人心服口服。使更多的人认为：做君子，走正路，行大道，对于人生有好处，有帮助，能够实现人生的价值；做小人，剑走偏锋、走邪路、走小路、走捷径对于人生有坏处，不能够实现人生的价值。

两项相比取其优，这是一个学者的使命和任务，只会骂小人的学者，又指不出小人是没有大的出息的学者，是否该检讨一下自己。

世上有谁是真君子？又有谁自认为是小人？小人，有时也做君子的事；君子，有时也有小人行为。请扪心自问一下自己的良心，有没有小人的想法。在名利地位诱惑的面前，特别是在巨大的利益面前，自己的思想有没有动摇，有没有小人的想法。又有几个人能够在巨大的利益面前，内心没有动摇和斗争。

这里，子思引用其祖父孔子的话，用是否能够坚持中庸之道，为人处世的言行是否符合中庸之道的道理，来区分君子和小人。

对于君子和小人,孔子在《论语》中多次提到,君子好义,小人好利。

君子坚持修身养性,光明正大走正道;小人,自私自利,贪婪狂妄,阴谋诡计走邪道。君子,光明正大的大道,走得可能远些辛苦些;小人,阴谋诡计的邪道,可能走得近些轻便些。所以说,做小人容易,做君子难。

君子意气风发,畅行在光明大道上,虽然路途远些,但能和志同道合的人并肩前行,内心充满着喜悦、幸福和自豪,看到的是前途、光明和曙光,内心充满着喜悦和信心,追求的是自我价值的实现与成功。

小人所走的邪道小路,虽然看似近些,但一人独行在荆棘横生的险路、弯路、小路、甚至是不归路上,担惊受怕地独行,跋涉艰难,步履维艰,内心充满着恐惧和迷茫,检到些小利,看到的是悬崖峭壁,找不到光明,实现不了自我价值与成功。

君子之所以能够行施中庸之道,是因为君子懂得,坚守中庸之道,是人生最大的智慧,懂得中庸之道,是人生共生共存共发展共赢天下的天下智慧达道。

中庸之道是君子修身养性,须臾不能离开的智慧之道,遵循中庸之道,为人处世,安身立命,就能够恰如其分做到,得体、适中、用中、自得。

这种中庸之道的坚守,自然导致人生道路的通达,受到人们的尊重,获得事业上的成功。

小人则不同,小人急功近利,利益熏心,私欲膨胀,忘乎所以,心中只有利益没有道义,只有自己没有集体,不懂得中庸之道,是人生共生共存共发展共赢天下的天下智慧达道,不懂得中庸之道,对于人的修身养性的好处。

无知导致了无耻,无耻的小人根本不懂得中庸之道,或懂得中庸之道又不愿意遵循。所以,小人肆无忌惮,无所顾忌,招人厌恶,招人厌恶的小人,怎么会得到人们的信任和帮助,一个独行的人又怎么能够取得大的业绩?小人剑走偏锋,远离了得体、适中、用中、自得,所以享受不到中庸之道带来的智慧和享受。

君子懂得慎独,懂得在人所看不见,听不到的地方,会感到敬畏和恐惧,会时时刻刻提醒自己,警戒自己,谦虚谨慎,戒骄戒躁。

而小人则不同,小人违背中庸,没有信仰。只懂得"千里做官,为的吃穿"、"人为财死,鸟为食亡"。为了一己私利,不顾尊严,抛弃了人格,什么事都可以干得出来，根本不会享受得体、适中、用中的自得的中庸之道带来的智慧的享受。

所以：君子，享受中庸之道，小人，反对中庸之道。

上一节，我们讲了君子中庸，小人反中庸，以及君子为什么坚持中庸，是看长远利益；小人为什么反中庸，是只看到眼前的利益。下一节，我们接着讲为何中庸其至，民鲜能久。

中庸其至，民鲜能久

《中庸》的前两章，"天命之谓性，率性之谓道，修道之谓教"，讲了"天人合一的境界"；"中也者，天下之大本也。和也者，天下之达道也。致中和天地位焉，万物育焉"，讲了"中和"的重要性；"君子中庸，小人反中庸"，讲了君子和小人的区别。

这一章，继续阐述"中庸"的高度和难度。

子曰："中庸其至矣乎！民鲜能久矣。"

　　孔子说："中庸大概是最高的德行了吧！普通人很少有能长久实行它的！"

这里的至：是极致，顶峰。鲜能：就是很少有人能做到。

对于这句的解释：

郑玄认为：中庸之道为至美，故人罕能久行。

孔颖达认为：叹中庸之美，人寡能久行，其中庸之德至极美乎！

程颢、程颐认为：不极天理之高明，不足以道中庸。

朱熹认为：过则失中，不及则未至，故为中庸之德为至。然亦人所同得，初无难事，但世教衰，民不兴行，故鲜能之，今已久矣。

张居正说，子思因孔子言说："天下之事，但做得过了些，便为失中，不及些，亦为未至。皆非尽善之道。惟中庸之理，既无太过，亦无不及，只是日用常行，而其理自不可易，乃天理人情之极致，尽善尽美而无以复加者也，然这道理，人人都有，本无难事，但世教衰微，人各拘于气禀，囿于习俗，而所知所行，不流于太过，则失之不及，少有能此中庸者，今已久矣。"这里的郑玄、孔颖达、程颢、程颐、朱熹、张居正，都异口同声地附和孔子所说的中庸之道，是人生至高无上最美的道德境界，正因为至高无上的完美，而很少人能够坚持。

而张居正又附和朱熹"世教衰,民不兴行,故鲜能之"的观点,认为孔子崇拜文武周公之政,春秋时王室衰微,诸侯纷争,所谓的礼崩乐坏,人们做事都不守中庸之道,所以说民鲜能久已。

朱熹和张居正,把不能坚持中庸之道归结于"世教衰微",其实并不具有说服力。请问,中华民族五千年的悠久历史,包括孔子崇拜的文武周公时期,哪个时期的人们能够普遍行施中庸之道?回答是否定的。

"中庸其至矣乎!民鲜能久矣"归罪于"世教衰,民不能行"是没有道理的。但张居正还把不能行使中庸之道的原因归于"人各拘于气禀,囿于习俗……少有能此中庸者"的观点是有道理的。

正因为中庸之道,是人生至高无上的道德境界,所以人们才很少能够做到。

最完美的道德,人们难以企及;最高尚的道德,人们难以施行。这正如全国高考一样,满分假如是 750 分,全国数百万个考生没有一个能够考取满分。君子只能尽可能地向中庸之道靠拢,考生只是尽可能的多考些分。

其实中庸之道之难于持久,最重要的原因,还是人性使然,就是"率性之谓道"容易,"修道之谓教"难。

"率性"容易,因为率性,不用付出艰苦的修炼去修身养性,并能够满足人们本能"七情"、"六欲"的要求,能够本能地享受尽其性,任其性,其中畅快淋漓的快感享受;"修道"难,是因为修道,需要付出艰苦的修炼去修身养性,修身养性之后,约束、规范了人们的"七情"、"六欲"的本能,需要忍其性,忍其性的结果,就是限制了"七情"、"六欲"和尽其性畅快淋漓快感的享受。

这就说明,人们在通往中庸之道的大道上,还需要付出极其艰辛的修养,才能够成为履行中庸之道的君子。一个人高尚的道德品质,是需要长期持久的修养的,是需要付出艰辛修炼的,如果能够轻而易举地修成正果,成为圣人,那么圣人还有什么值得崇拜、崇敬和学习的呢!

妖孽,之所以为妖孽,是因为它们不愿意付出艰辛的修炼;小人,之所以为小人,也是因为他们不愿意付出艰辛的修炼。假如他们愿意付出艰辛的修炼,同样可以修炼成正果。

正所谓"放下屠刀,立地成佛"、"悬崖勒马,回头是岸"。

问题是,嗜血成性的屠夫,杀人有一种快感,这痛快淋漓快感的享受,使他们难以放下手中的屠刀，立地成佛，不得不沦落为魔鬼；纵马飞驰的人们，享受着奔驰的快感，不愿意悬崖勒马，回头是岸，不得不被摔得粉身碎骨。

其实，人生的好多行为，也就是放弃不了某种快感的享受，放弃了做君子的机会，不得不沦落为小人。

"中庸其至矣乎，民鲜能久矣"的论点和名言，给有信心成为君子的志士仁人，提出了一个十分艰巨而伟大的任务，也是一个诚恳而明白的告诫，成为君子不易，它需要付出毕生的努力，不要半途而废。这既是警戒，又是勉励，并且是激励！

"中庸之道"之高大，如珠穆朗玛峰，令人仰望叹之，攀登它需要付出极大的勇气和毅力，它不同你家门前的土丘，随随便便就可以攀登；

"中庸之道"之深广，如浩瀚无际的海洋，令人无限神往，跨越它需要付出极大的勇气和毅力，它不同于谁家门前的小河，随随便便就可以跨越；

"中庸之道"之完美，如晶莹剔透、雕镂极致、精妙绝伦的稀世珍宝，令人叹为观止，完成它需要稀世的美玉和精妙绝伦的工艺，它不是谁家门口的瓦块，随随便便就可以制作。

"中庸之道"之豪华，如金碧辉煌的皇宫，巍峨庄严，令人敬仰神往，修建它需要有栋梁之才和高超的技艺，它不同于谁家的茅屋，随随便便可以搭建。

"中庸之道"要想持久，需要从小事做起，从身边事做起，有"不以善小而不为，不以恶小而为之"的持之以恒地修身养性做好事，天长日久的"修道之谓教"；需要终生艰苦不懈的努力！

有志者，将领略珠穆朗玛峰顶的美景；将感受浩瀚无际海洋的神秘；将欣赏精妙绝伦、稀世珍宝的满足；将享受金碧辉煌、巍峨庄严皇宫的壮丽。

坚持"中庸之道"，享受道德的极致，把玩举世绝品，体验圣人内心的神圣！

这一章，子思继续引用孔子的话，对于中庸进行更深度地阐述。这里孔子把"中庸"的境界推到了极致。

天下之事，有那么多的巧合相似。东方的圣人孔子认为：中庸，是人生至高无上的道德境界。西方的圣人，古希腊哲学家亚里士多德认为：中道而行是至上的美德。每一个极端都是一种罪恶。

这充分说明，天下人类的人性是相通的，天下人的智慧是通用的。东西方同时代的两位圣人,都用几乎同样的语气阐述中庸、中道,如出一辙。

亚里士多德认为:每个极端都是一种罪恶。这一点可以由考察各种不同的德行而得到证明。勇敢是懦弱与鲁莽之间的中道;磊落是放浪与猥琐之间的中道;不卑不亢是虚荣与卑贱之间的中道;机智是滑稽与粗鄙之间的中道;谦逊是羞涩与无耻之间的中道。跨越半分,就越过了中道,也就产生质的变化。

正因为中庸之道,是道德的最高的德行,所以其分寸难以把握。如何在动态中"执其两端",保持动态中的平衡,做到恰如其分,的确是一件很不容易的事情。

亚里士多德,生于公元前384年,卒于公元前322年,比孟子(前372—前289年)大12岁,按照中国人的属相,属于同一个属相。他是古希腊伟大的哲学家、科学家、教育家、思想家,是古希腊哲学的集大成者,欧洲哲学史上"百科全书式"的大哲学家。

亚里士多德说:"求知是人类的本性。"这符合笔者曾论证的"人性本欲"的观点,求知是人类本质的本性。

欧洲人和中国人一样,也是热爱知识和智慧的民族,而这是同他们对人类本性的看法密切相关的。亚里士多德这句名言,把人类的本性规定为求知,对西方人认识自我具有重要的意义。从此以后,追求真理,追求知识,成为人们的最大使命和崇高目标,这对促进西方哲学和科学的发展有着深远的影响。

亚里士多德还说:"遵循理智的生活是最幸福的生活。"

在亚里士多德的时代,许多人沉湎纵情于声色的感官享乐之中,并把外在的财富、美女、艳服视为人生的最大幸福。针对此种状况,他提出了如上观点,强调要用人的理性力量调节人的各种情欲,只有在身心协调之中才能达到幸福的生活。这一名言左右了西方人几千年对于幸福的理解,影响极其巨大。

东西方的先哲圣贤,对于人性和美好幸福生活的追是一样的,这说明人类的人性是一样的。

感性的人生比较容易,但他享受的层次较低;理性的人生看似艰难不易,但他享受的层次较高。追求什么样的人生,由每一个人去具体选择,路在脚下,每一个人一串串的脚印,构成了你自己的人生之路。

上一节,主要讲中庸其至,民鲜能久,这一节,主要讲中庸之道,人鲜能行。

中庸之道,人鲜能行

子曰:"道之不行也,我知之矣。知者过之,愚者不及也。道之不明也,我知之矣。贤者过之,不肖者不及也。人莫不饮食也,鲜能知味也。"

孔子说:"中庸之道不能实行的原因,我知道了,聪明的人超过了中庸的限度,愚蠢的人智力达不到中庸的标准。中庸之道不能弘扬的原因,我知道了,贤能的人做得太过分,不贤的人根本做不到。就像人们每天都要吃喝,但却很少有人能够真正品尝出滋味。"

这里的行:是实践、实行。知者:是智慧超群的人。知,同"智"。过:超过一定限度。明:是彰显,凸显。不肖者:指不贤的人。知味:品出味道。

对于这句的解释:

郑玄认为:过犹不及,使道不行,惟礼能为之中。

孔颖达注:饮食,易也;知味,难也。犹言人莫不行中庸,但鲜能久行之。言知之者易,行之者难,所谓愚者不能及中庸也。

朱熹认为:知贤愚不肖之过不及,则生禀之异而失其中也。知者知之过,既以道为不足行;愚者不及知,又不知所行,此道之所以不常行也。贤者行之过,既以道为不足知;不肖者不及行,又不求所以知,此道之所以常不明也。道不可离,人自不察,是以有过不及之弊。

张居正认为:子思引孔子之言以明中庸鲜能之故,说道:"这中庸的道理,就如大路一般,本是常行的,今乃不行于天下,我知道这缘故,盖人须是认得这道路,方才依着去行。而今人的本质,有生得明智的,深求隐僻,其知过乎中道,既以中庸为不足行;那生得愚昧的,安于浅陋,其知不及乎中道,又看这道理是我不能行的。此道之所以常不行也。这道又如白日一般,本是常明的,今乃不明于天下,我知道这缘故,盖人须是行过这道路,方才晓得明白,而今人的资质,有生得贤能的,好为诡异,其行过中道,既以中庸为不足知;那生得不肖的,安于卑下,其行不及乎中道,有看这道理是我不能知的。此道之所以常不明也。"

张居正又说,孔子又说:"那知愚贤不肖之过不及,虽是他资质如此,却也是不察之过。盖道率于性,乃人生日用不能外者,其中事事物物都有个当然之理,便叫做中。但人由之而不察,是陷于太过不及而失其中。譬如饮食一般,人每日间谁不饮食,只是少有能知其滋味之正者。"若饮食而能察,则不出饮食之外而自得其味之正，由道者而能察，则亦不出乎日用之外，而自得乎道之中矣。

上一节，主要讲"中庸之道"，民"鲜能久"。民"鲜能久"，主要是人们不愿在"修道之谓教"，也就是在修身养性上下功夫，充分暴露了人性懒惰的本性，说明不能行施"中庸之道"，是人们主观上不勤奋努力的结果。

这一节，主要讲"中庸之道"人"鲜能行"。主要是人的智、愚的区分，人的智和愚，也有主观和客观上的区分。人从客观上讲，真的有智、愚之分，也就是人的天资禀赋不同，有的人天才、聪明、智慧，有的人愚昧、迟钝、顽劣。但人的智和愚，也有后天是否勤奋努力的结果。

孔子极力赞美中庸之德，又对中庸之德发出"民鲜能久矣"无可奈何的感叹；孔子非常羡慕"中庸之道"，又对"中庸之道"发出"道之不行也，我知之矣"无可奈何的叹息。

孔子知道："道之不行也，我知之矣；智者过之，愚者不及。道之不明也，我知之矣；贤者过之，不肖者不及也。人莫不饮食，鲜能知味也。"

孔子十分清楚，中庸之道不能实行的原因就是"智者过之，愚者不及也"。

聪明的人认为自己高明，不值得去行中庸之道，愚昧的人则认为自己没有能力去行使中庸之道，所以聪明的人故作聪明，其行为超过了中庸的限度，愚昧的人自认愚昧，其行为又觉得没有能力达到。

总之，聪明与不聪明的，都没有正确认识到中庸之道的意义，不从主观上去努力修养自己的品德，克服自身的不足。所以聪明的人做得了过头就离开了中庸，不聪明的人又达不到中庸。"过"与"不及"这二者都离中庸之道相差甚远。

这就如在中国的高速路上开车，每小时最高限速 120 公里，开玛莎拉蒂、兰博基尼、保时捷、法拉利、宾利、奔驰、宝马等跑车的，觉得自己开的是高档跑车，自觉不自觉地超速，每小时 120 公里的时速，显示不出自己高档跑车的价值，不超速就觉得憋屈、窝火、不过瘾；而开奥拓、夏利等车的觉得自己开的是低档轿车，要么低速行驶，占轧别人的车道，要么跟玛莎拉蒂、兰博基尼、保时捷、法拉利、宾利、奔驰、宝马等车斗气，行驶速度超过了自身汽车应有的限度。

接着孔子又把中庸之道比作吃饭说："人莫不饮食，鲜能知味也。"

孔子说：没有一个人不喝水吃饭的，但很少有人能够真正品尝出其中的滋味。孔子认为中庸之道就在每一个人的身边，就像喝水吃饭一样，天天不能离开。中庸之道虽然在你身边，但很少有人能够去省察和自律，所以言行失中，不是超过就是不及，好像人们喝水吃饭一样，每天都离不开，但很少有人能够细细咀嚼，仔细品味，只是为了填饱肚子，解渴解饿而已，不会欣赏饭菜的形色味美，不会品尝饭菜的真正滋味，这不是不知，而是心不在焉的结果。

我有时看到有的人喝 XO、茅台、五粮液，像喝白开水一样，一饮而尽，不知道仔细欣赏、品尝、体味其中内在的美好品质，有点心疼惋惜，白白浪费和糟蹋了名酒内在的品质。

这就是说，道不远人，而人自远之。其实中庸之道就在每一个人的身边，在你的日常生活中，只要你检查自己的思想行为、就能够做到。

孔子，对中庸之道怀有很深的感情，先是感叹中庸之道"民鲜能久矣"，后又叹息对中庸之道人们"道之不行也，我知之矣"后来又绝望地认为"道其不行矣夫"！对于中庸之道的行施，好像有点像鲁迅对于中国人的"哀其不幸，怒其不争"的感叹。

子曰："道其不行矣夫！"

意思是说："中庸之道恐怕不能实行于世了吧！"

这里的"其"：是大概，恐怕的意思。

对于这句的解释：

孔颖达认为：夫子既伤道不行，又哀闵伤之，云时无明君，其道不复行也。

朱熹认为：由不明，故不行。

张居正认为：孔子说："中庸之道因是不明于天下，是以不行于天下。"子思引之，盖承上章启下章之意。

从孔子深深的哀痛感叹之中，似乎体味出孔子内心深处的无奈、无望与无助！孔子这哪里是感叹中庸之道，分明是借感叹中庸之道，感叹自己身世，自己仁政的政治主张，自己的施政纲领难以施行于世。

孔子的感叹，分为三个层次：

第一，人们不能从主观上去行施中庸之道，发出"民鲜能久矣"的感叹；

第二，从人的智愚禀赋资质客观、主观发出"道之不行也，我知之矣"的叹息；

第三，从社会风气，不容于中庸之道，发出"道其不行矣夫"的绝望哀闵和无奈。

孔子认为,中庸之道和自己的施政纲领不能施行,是因为世道衰微、礼崩乐坏、世风日下、人心不古的结果。

孔子两次周游列国达十多年,终生传经布道,广施教化,历尽艰辛坎坷困苦,受尽种种委屈,"累累若丧家之犬",苦苦的向各国君主推行自己的政治主张,没人采用,无人问津,不免有些灰心丧气,无奈无助的失望导致绝望,故发出"道其不行矣夫"的绝望哀悯。

其孙子思,同情爷爷的遭遇,并有同感,知其不可而为之,故再次极力推行其爷爷的中庸之道政治主张和施政纲领,难能可贵,可谓孔子的贤孙。

第七讲:持之以恒,中庸可行

孔子对于中庸之道的感叹,可见中庸之道在天下实在难行的程度。但孔子认为难行,并非不能行。天下无难事,只怕有心人,一个人只要有信心和恒心,那些善于学习的大知者就能行。

按照孔子的说法,其实在上古时期,从尧帝禅让开始,中庸之道便开始实行了。所以:

惟大智者,故能行中庸之道

子曰:"舜其大知也与!舜好问而好察迩言,隐恶而扬善。执其两端,用其中于民,其斯以为舜乎!"

孔子说:"舜应该是最聪明睿智的人吧?舜遇事喜欢请教和咨询别人,又善于详审那些看似浅近的话。他隐去别人的缺点,宣扬别人的优点,把握好坏两个方面极端,运用中庸之道去治理百姓,这就是舜之所以被称为'舜'的原因吧!"

这里的知同"智",是智慧的意思。大知,具有大智慧的人。好问而察迩言:好,指喜欢。好问,指喜欢请教别人。察:是审察。迩言,浅近的言语。隐:是隐匿。扬:宣扬。执:是持。执其两端:掌握两个方面的极端。中:是恰好处的道理。民:人。

对于第六章的解释：

郑玄认为：近言而善，易以进人，察而行之也。

孔颖达认为：既能包于大道，又能察于近言，即是"大知"也。

朱熹认为：舜之所以为大知者，以其不自用而取诸人也。迩言者，浅近之言，犹必察焉，其无迁善可知。然于其言之未善者则隐而不宣，其善者则播而不匿，其广大光明又如此，则是孰不乐告以善哉。

张居正认为：前章说道之所以不明不行，此章举大舜之事，以见其能知能行也。

子思引孔子之言说："人非明知无以见天下的道理，然有大知有小知，若古之帝舜，其为大知也与！何以见之，盖天下之理无穷，而一人之知识有限，若自用而不取诸人，其知便小了。舜则不然，但凡要处一件事，不肯自谓这件事情我已知道了，必切切然访问于人，说这事该如何处，问来的语言，不但深远的去加察，虽是极浅近的，也细细的审察，恐其中亦有可采处，不敢忽也。于所问所察之中，虽有说得不当理的，只是不用他便了，初未尝宣露于人，恐沮其来告之意。若说得当理，则不但用其言，又向人称述嘉奖他，以坚其乐告之心。然其言之当理者，故在所称许，而其中或有说得太过些的，或有不及的，未必合于中也。于是就众论不同之中，持其两端而权衡度量以其至当归一者而后用之，这至当归一处，就叫做中；然这中亦只是就众人所说的，裁择而用之，舜未尝以一毫之己意与其间也，所以说用其中于民。夫舜，大圣人也，今之言舜者，必将谓其聪明睿智，有高天下而不可及者。今观舜之处世，始终只是用人之常，无所意必。盖不持一己之聪明，而以天下之聪明为聪明，故其聪明愈广。不持一己之智识，而以天下之智识为智识，故其智识愈大。舜之所以为舜者，其以是乎？"此知之所以无过不及，而道之所以行也。

孟子说：舜自耕稼陶渔，以至于为帝，无非取诸人者，亦是此意。

此一章书于治道尤切，万世为君者所当法也。

上一章，主要讲中庸之道"鲜能久"、"鲜能行"、"不能行"的主要原因是，中庸之道"知者过之，愚者不及也"、"贤者过之，不肖者不及也"。

这一章，主要讲中庸之道能行的条件，并举出舜是能够施行中庸之道的典范。

能行的条件是，只有大智者，才可以行施中庸之道！舜，就是行施中庸之道的典范。为什么呢？是因为"舜其大知也与"，是因为舜是大智者！

那么什么是大智者？就是具有大智慧的人！

按照孔颖达所说的"既能包于大道，又能察于近言，即是'大知'也"。

那么什么是包于大道？

笔者认为：就是融会贯通中庸之道，圣人之道，为人处世，安身立命之道，修身、齐家、治国、平天下之道。

而能懂得这些大道的前提条件是，"舜好问而察迩言，隐恶而扬善。执其两端，用其中于民，其斯为舜乎"。

就是说，舜，谦虚谨慎，勤学好问，不自以为是，不刚愎自用，善于请教别人，善于质询别人，善于迁善改过，善于取长补短，善于听取不同意见和反面意见，善于接受群众的监督与评判，善于发现众人的优点和长处，善于容忍别人的缺点和不足，善于发现问题和解决问题，善于运用执其两端取其中的技巧。

这就是舜的大知，也就是大智慧，大智慧的前提是，谦虚谨慎，博取众长，广泛汲取广大人民群众的智慧，广泛听取人民群众的不同意见。一个人有了这样的大智慧，施行中庸之道就比较容易了。所以，具备有大智慧的舜，能够很好地坚守施行中庸之道。

前面讲了舜是大智慧的人，所以舜能够行使中庸之道。然而古今中外，又有几个人认为自己是愚蠢的人呢？很多人都认为自己是聪明的，就是这些聪明人，往往在利益的陷阱面前，为了追逐利益，丧失了自身。所以有"人为财死，鸟为食亡"，举不胜举的例子。

"人为财死，鸟为食亡"的启示

子曰："人皆曰予知。驱而纳诸罟擭陷阱之中，而莫之知辟也。人皆曰予知，择乎中庸而不能期月守也。"

　　孔子说："现在的人都认为自己很聪明，但如果把他们驱赶到捕捉野兽的捕网、木笼和陷阱中，他们却不知道如何躲避这些危险。人人都说自己聪明，叫他们去选择中庸之道，他们却连一个月也不能坚持实行。"

这里的予：是我。驱：是逐。纳：落入的意思。诸："之于"的合音。罟擭：罟，捕捉鸟兽的网。擭，装有机关的捕兽的木笼。陷阱：是掩盖着的深坑。期月：一整月。辟：同"避"。

对于第七章的解释：

郑玄认为：凡人自谓有知，人使之入罟，不知辟也。

孔颖达认为：禽兽被人所驱，纳于罟网、攫陷阱之中，而不知违辞，似无知之人为嗜欲所驱，入罪祸之中而不知辞。

张居正认为，子思引孔子之言说："如今的人，与他论利害，个个都说我聪明有知，既是有知，则祸机在前自然晓得避了，却乃见利而不见害，知安而不知危，被人驱逐在祸败之地，如禽兽落在网罟陷阱一般，尚自恬然不知避去，岂得为知？如今的人，与他们论道理，也都说我聪明有知，既然有知，便有定见，有定见便有定守，今于处世之时，才能辨出个中庸的道理来，却又持守不定，到不得一月之间，那前面的意思就都遗失了。如此，便与不能择的一般，岂得为知？"惟其知之不明，是以守之不固，此道之所以不明也。

这一章也就是第七章，主要讲一个自然界和社会的"人为财死，鸟为食亡"的普遍现象。

人们都认为自己聪明，都认为自己知利害，但在真正的利害关头，往往却陷于其中；人们都认为自己聪明，但叫他们选择中庸之道，他们连一个月也坚守不了。

这究竟是为什么？孔颖达认为是"嗜欲所驱"，也就是人们的欲望所驱使，我同意这种论点，也应了民间"人为财死，鸟为食亡"的俗语。

飞禽走兽为了觅得食物，陷落猎人布好的捕网和陷阱。人们为了获得利益，陷落社会法网和陷阱。人们都说自己聪明，聪明就应该有主意、有定见、有定守、有原则，然而在利益面前，往往会丧失原则，陷入利益的灾祸之地浑然不知。人们大都知道坚守中庸之道有好处，然而叫他坚持中庸之道，连一个月也坚守不了，这是为什么？这实际上是在利益面前丧失了自我，找不到自我。

人们为什么会丧失自我，主要是本性使然，欲望过剩，利欲熏心，见利忘义，感性有余，理性不足。为什么会见利忘义？主要是利益的驱动，盲目追求利益的好处，忘记了利益带来的害处。只看到贼吃肉的享受，忘记了贼挨打的痛苦。只知道利益诱惑的兴奋，不知道利益背后陷阱的死伤。只知道投机取巧的便利，不知道坚守中庸之道的好处。

人们为什么会丧失理智？也是本性使然，往往是见利忘义，被利益所驱使，利欲熏心心渐黑，泯灭天良难自拔，失去了自我，找不到自我，没有自知之明的结果。

丧失理智,上当受骗,还有另一层原因,就是设置陷阱的人,往往是理智的,甚至是经过深思熟虑的谋划的,而被欲望驱使的人们,往往是非理智的,感性的,只见利益不见陷阱的人们。

所以,人要不要丧失了自我,失去了自我。要常怀警惕之心,有知人之明,知物之明,自知之明。常言说,自知者明,知人者智。

做人先要自知和自制,要做到自知,就得认识你自己;要做到自制,就要控制和约束私欲。对于这方面的论述,莫过于苏格拉底认识得清楚。

苏格拉底生于公元前 469 年,卒于公元前 399 年,享年 70 岁,古希腊伟大的哲学家。与耶稣基督、释迦牟尼、孔子一起,被称之为世界四大圣哲。

苏格拉底认为,一个人要不断认识自己,向自己内在的心灵世界求索,这样获得的认识就是善的认识,按照这种善的认识行事,就是善的行为。善是理性的原则,美德就是知识。就这样,苏格拉底为迷途的雅典人提供了一个完整的价值体系。

苏格拉底以自己的理论不知疲倦地教导雅典人,而且,他以自己的一生实践其理论主张。在西方思想史上,苏格拉底一直以其崇高的道德彪炳千秋。

苏格拉底的名言:"认识你自己。"

这一名言是苏格拉底哲学思想的集中表达。他的意思是:人应该关心自己的灵魂,去认识"真正的自我"。人之区别于动物,是因为人具有能动的理性心灵。认识自己,从内心求索理性,就能获得认识的真理,就能成为一个具有善的品德的人。

苏格拉底还说:"美德就是知识。"与"认识自我"相联系。

苏格拉底教导人们关心自己的灵魂,掌握善的知识,只有这样才能成为具有美德的人,做出善的事情。苏格拉底这一名言,把伦理和知识结合起来,在欧洲思想史上产生了重大影响。

苏格拉底又说:"自知自己无知。"

德尔菲的神谕说苏格拉底是最聪明、最富有智慧的人,苏格拉底为了证实神谕,就到处找有知识的人谈话,去考察他们是否比自己聪明,结果发现这些人不过是空有虚名。于是,苏格拉底反省自己,认为神谕的意思是在告诉他:自知自己无知正是他的聪明所在。因此,他不把自己成为有智者,而成为爱智者。

孔子眼中的舜,是大智者;西方人们眼中的苏格拉底,是大智者。只有大智者,才不会丧失自我,失去理智,被局部的利益所诱惑驱使,以至于忘记了自我,最后丧失了自我。

以上,孔子列举从善如流的大智者舜,能够坚守中庸之道;而下面孔子有列举其弟子颜回,在平凡的日子里,能够坚守中庸之道。

选择中庸,贵在坚守

子曰:"回之为人也,择乎中庸,得一善,则拳拳服膺而弗失之矣。"

  孔子说:"颜回就是这样的人,他选择了中庸之道,领悟到一个好的道理,便牢牢记在心里,不把它忘记。"

这里的"回"指孔子的得意弟子颜回。择,是辨别。善,即中庸之理。拳拳:形容恳切,恭敬奉持的意思;如情意拳拳。服膺:指牢记在心里;如衷心信服。服,放,搁,着。膺,胸口。弗:不;如自愧弗如。

对于第八章的解释:

孔颖达认为:颜回选择中庸而行,得一善事,则形貌拳拳然奉持之。奉持守于善道,弗敢弃失。

朱熹认为:奉持而著之心胸之间,言能守之。颜子盖真知之,故能择守如此,此行之所以无过无不及,而道之所以明也。

张居正认为:孔子说:"天下事事物物都有个中庸的道理,只是人不能择,那能择的,又不能守。独有颜回之为人,他每日间就事事物物上仔细详审,务要辨别个至当恰好的道理,但得了这一件道理,便去躬行实践,拳拳然恭敬奉持着在心胸之间,守得坚定,不肯顷刻忘失了。"

这是颜回得知中庸道理明白,故择之精而守之固如此。此行之所以无过无不及,而道之所以明也。

以上连续几章,讲中庸之道的"君子中庸,小人反中庸";"中庸之道","民鲜能久"、"鲜能行"、"不能行",说明中庸之道坚守的不易和难度。

然而,作者话锋一转,接着又讲到,具有大智慧的舜,"能行"中庸之道;以及人们,要不不能够坚持中庸之道,要不坚守"中庸之道"不能持久;再到赞美颜回坚守中庸之道,从多角度,全方位,论证中庸之道的重要性、必要性和坚持中庸之道的复杂性和艰巨性。

子思引用其祖父孔子,对其得意弟子颜回的赞美,论述施行中庸之道,并非只具有大智慧者如圣君、圣王的舜帝才能够做到,只要一个人肯用心去做,并能够持之以恒,就是普通人如颜回者,依然能够做到,说明中庸之道并非难行,而是你去不去行,并非难守,而是你去不去守。

孔子赞赏了弟子颜回,并赞美颜回,行施中庸之道,坚守中庸之道。我们知道,颜回是孔子最得意的弟子,那么颜回是什么样的人呢?

颜回,据《史记·卷六十七·仲尼弟子列传第七》记载:颜回者,鲁人也,字子渊。少孔子三十岁。

颜回问仁。孔子曰:"克己复礼,天下归仁焉。"

孔子曰:"贤哉,回也! 一箪食,一瓢水,在陋巷,人不堪其忧,回也不改其乐","回也如愚;退而省其私,亦足以发,回也不愚","用之则行,舍之则藏,唯我与尔有是夫"。

回年二十九,发尽白,蚤死。孔子哭之恸,曰:"自吾有回,门人益亲。"鲁哀公问:"弟子孰为好学?"孔子对曰:"有颜回者好学,不迁怒,不贰过。不幸短命死矣,今也则亡。"

就是说:颜回是鲁国人,字子渊,比孔子小三十岁。

颜回问孔子什么是仁? 孔子说:"克制自己。使自己言语行动都合于礼,天下的人就会称赞你是仁人。"

孔子说:"颜回的德行多好啊! 一竹筐饭,一瓢凉水,住在狭小简陋的巷子里,别人不能忍受那种困苦,颜回却不改变他自己的快乐","听讲时,颜回像个蠢人;退下去观察他私下复习研读,却也能发挥,颜回不愚蠢","国家用我,就去干,不用我,就隐藏起来,只有我和你颜回才能这样吧"。

颜回二十九岁,头发全白了,死得很早。颜回死后,孔子哭得很伤心,说:"自从我有了颜回,学生们更加亲近我。"有一次鲁哀公问孔子:"你的学生中哪个最喜爱学习?"孔子回答说:"有一个叫颜回的最喜爱学习,他不向别人发泄怒气,不重犯同样的错误。他不幸短命死了,现在再也没有这样的人了。"

孔子把从善如流,具有大智慧的圣君舜帝,谦虚谨慎,乐天知命的颜回,奉为实行中庸之道的典范,说明孔子对于能否行施中庸之道,并不在乎一个人的地位高低,是否圣君圣王,而在乎你是否领会到中庸之道的内涵和真谛。

从赞扬颜回"一箪食,一瓢水,在陋巷,人不堪其忧,回也不改其乐",安贫乐道的精神;到赞美"回也愚,退而省其私,亦足以发,回也不愚",为人诚实,做事认真,谦虚谨慎的作风;到欣赏"用之则行,舍之则藏,唯我与尔有是夫",孔子和颜回的进退自如的通达的人生态度;到佩服"有颜回者好学,不迁怒,不贰过",持之以恒,勤奋好学,不怨天尤人,不贰过,始终如一的高尚品德。不仅道出孔子自身高尚的道德品质和家国情怀,还充分阐述了"中庸之道","道不远人"的普世价值和行为准则。

道不远人,中庸之道就在每一个人的身边,只要你肯坚守,并能够持之以恒,每一个人都能够施行中庸之道。

行施中庸之道的关键,在于你知行合一的理念,在于你理论联系实际的过程,在于你对待人生的态度,在于你追求真理的信念,在于你坚持真理的恒心,在于你坚守安贫乐道的精神,在于你保持为人处世不违背自己的良心的准则。

只要能够持之以恒坚持下去,就能够坚守中庸之道,就能够行施中庸之道。所以说:

中庸难行,贵在持之以恒

子曰:"天下国家可均也,爵禄可辞也,白刃可蹈也,中庸不可能也。"

　　孔子说:"天下国家可以平定治理,官爵俸禄可以辞掉不受,锋利的刀刃可以冒死踩踏闯过,中庸之道实行起来却是很难啊!"

这里的天下国家:在周代,天下,指周天子统治的各国;国,指受周天子分封的诸侯国;家,指诸侯分封给卿大夫的领地。今天,天下国家乃泛指国家而言。

均:这里指平治;也就是治理天下国家要公平公正。爵:被君王所封的爵位。禄:官员的俸禄即工资待遇。辞:放弃。蹈:践履的意思。中庸不可能:指中庸之道实行起来很难。

对于第九章的解释:

郑玄认为:中庸难为。

孔颖达认为:白刃虽利,尚可履蹈而行之。惟中庸之道不可能也。

朱熹认为:三者亦知仁勇之事,天下之至难也,然不必其合于中庸,则质之近似者皆能以力为之。若中庸,则虽不必皆如三者之难,然非义精仁熟,而无一毫人欲之私者,不能及也。三者难而易,中庸易而难,此民之所以鲜能也。

张居正认为:孔子说:"天下国家,事体繁难,人民众多,虽是难于平治,然人有资质明敏,近于知的,也就可以平治得,这个不为难事。爵禄人所系恋,虽是难于辞却,然人有资质廉洁,近于仁的,也可以辞得,这个亦不为难事。白刃在前,死生所系,虽是难于冒犯,然有资质强毅,近于勇的,他也能冒白刃而不惧,这个也不为难事。惟中庸的道理,不偏不倚,无过不及,本是人日用常行的,看看恰是容易,然非义精仁熟,而无一毫人欲之私者,则知之未真,守之未定,不是太过,便是不及,求其不偏不倚,而至当精一,岂易能哉!所以说中庸不可及也。"

惟其难能,此民之所以鲜能,而有志于是者,不可不实用其力矣。

以上两章,借用大知的舜帝和安贫乐道的颜回两个例子,阐述中庸之道只要坚守就可以行施。而这一章,又强调中庸之道施行的艰难和不可能。这是为什么?

天下国家可以平定治理,靠的是智;官爵俸禄可以辞掉不受,靠的是仁;锋利的刀刃可以冒死踩踏闯过,靠的是勇;而中庸之道的行施,靠的是锲而不舍的持之以恒的精神。

常言道:"君子立长志,小人常立志"。

立志不难,一个人只要能够确立人生目标,甚至是远大的人生目标也不难,难的是守志,终生坚守自己的志向,追求自己人生的目标。

守志如行路,有行十里者,有行百里者,有行终生者。行十里者众,行百里者寡,行终生者鲜。一个人只有终生的锲而不舍,坚持不懈,持之以恒,才有可能取得巨大成就,获得巨大成功,坚守中庸之道,亦是如此。

孔子用此激励的方式和言语,告诫和激励有心行施中庸之道的志士仁人:

惟其难能,才难能可贵;惟其难行,才需要锲而不舍;惟其不能久,才需要持之以恒;惟其不可能,才需要志在必得;惟其繁杂,才需要具有大智慧;惟其难舍,才需要具有大仁爱;惟其艰险,才需要大仁大义。

这种"天下国家可均也"的治理天下国家错综复杂大事,才需要栋梁之才的高超智慧;

这种"爵禄可辞也"的自身巨大利益艰难舍弃,才需要毫无私心杂念大公无私的品德;

这种"白刃可蹈也"的生死所系的大无畏英雄气概，才需要有志于献身于天下的勇气；

这种"中庸不可能也"的天下最难施行的中庸之道，才需要矢志不渝君子的持之以恒。

这是儒家义无反顾为天下苍生的献身动力；这是明知不可为而为之积极进取的入世意识；

这是明知山有虎偏向虎山行的大英雄气概；这是不惧千难万险勇于实践的恒心和毅力；

这是儒家治理天下国家的知行合一的智慧；这是儒家心系天下的国家责任感的担当精神。

二、君子之道,中国人的做人准则

第八讲:君子之强与坚守中庸

以上几章,主要阐述了中庸之道,中国人的思维准则,以及中庸之道,"民鲜能久","人鲜能行","大知能行","难行","不能行"等。而第八章,开始讲述君子之道,中国人的做人准则。首先阐述什么是强?

子路问"强"。子曰:"南方之强与? 北方之强与? 抑而强与?"

子路问孔子怎样才算"刚强"? 孔子说:"你问的是南方的刚强,还是北方的刚强呢? 或者说你认为的刚强呢?

这里的强,指勇敢刚毅。抑,还是。而,你。与,疑问语气词。

对于第十章的解释:

郑玄认为:强,勇者所好也。又认为:三者所以为强者异也。

孔颖达认为:夫子将答子路问,且先问子路,言强多种,女汝今所问,问何者之强,为南方,为北方,为中国,女汝所能之强也。子路之强,行中国之强也。

朱熹认为:子路好勇,故问强。

张居正认为:此承上章中庸不可能而言,须是有君子之强,方才能得。子路,是孔子弟子,平日好勇,故问孔子说:"如何叫做强?"

孔子回答他说:"这强有三种,有一种是南方人的强;有一种是北方人的强;不知你所问的,是南方人之强与? 是北方人的强与? 拟或是汝学者之所当强者与?"

子路何许人也? 子路,是孔子最有名的弟子,以勇敢著称,为了更进一步了解本章的内容,特引用司马迁的《史记》,对子路做一个全面的了解。

子路:据《史记·卷六十七·仲尼弟子列传第七》记载:仲由,字子路,卞人也。少孔子9岁。

子路性鄙，好勇力，志伉直，冠雄鸡，佩豭豚，陵暴孔子。孔子设礼，稍诱子路，子路后儒服委质，因门人请为弟子。

子路问政。孔子曰："先之，劳之。"请益。曰："无倦。"

子路问："君子尚勇乎？"孔子曰："义之为上。君子好勇而无义，则乱；小人好勇而无义，则盗。"

子路有闻，未之能行，唯恐有闻。

孔子曰："片言可以折狱者，其由也与！""由也好勇过我，无所取材。""若由也，不得其死然。""衣敝缊袍与衣狐貉者立而不耻者，其由也与！""由也升堂矣，未入于室也。"

利康子问："仲由仁乎？"孔子曰："千乘之国可使治其赋，不知其仁也。"

子路喜从游，遇长沮、桀溺、荷蓧丈人。

子路为季氏宰，季孙问曰："子路可谓大臣与？"孔子曰："可谓具臣矣。"

子路为蒲大夫，辞孔子。孔子曰："蒲多壮士，又难治。然吾语汝：恭以敬，可以执勇；宽以正，可以比众；恭正以静，可以报上。"

初，卫灵公有宠姬南子。灵公太子蒉聩得罪南子，惧诛出奔。及灵公卒而夫人欲立公子郢。郢不肯，曰："亡人太子之子辄在。"于是卫立辄为君，是为出公。出公立十二年，其父蒉聩居外，不得入。子路为卫大夫孔悝之邑宰。蒉聩乃与孔悝作乱，谋如孔悝家，遂与其徒袭攻出公。出公奔鲁，而蒉聩入立，是为庄公。

方孔悝作乱，子路在外，闻之而驰往。遇子羔出卫城门，谓子路曰："出公去矣，而门已闭，子可还矣，毋空受其祸。"子路曰："食其食者不避其难。"子羔卒去。有使者入城，城门开，子路随而入。造蒉聩，蒉聩与孔悝登台。子路曰："君焉用孔悝？请得而杀之。"蒉聩弗听。于是子路欲燔台，蒉聩惧，乃下石乞、壶黡攻子路，击断子路缨。子路曰："君子死而冠不免。"遂结缨而死。

孔子闻卫乱，曰："嗟乎，由死矣！"已而果死。故孔子曰："自吾得由，恶言不闻于耳。"是时子贡为鲁使于齐。

以上这段翻译如下：仲由，字子路，又称季路，生于公元前542年，卒于公元前480年，享年62岁，鲁国卞地人，就是说今山东泗水县人，比孔子小9岁。

子路性情质朴，爱好勇力，志气刚强直率，戴着雄鸡似的帽子，佩戴着用猪皮装饰的宝剑,欺侮孔子。孔子用礼义廉耻的道理来规范诱导子路。在孔子的教育规劝下,子路后来穿着儒服,带着拜师的礼物,通过孔子的学生冉求介绍作了孔子的弟子。

有一次,子路问老师孔子,怎样治理好政事,管理好国家? 孔子说:"要自己以身作则,率先垂范,还要不辞劳苦。"子路请求多讲一点。孔子接着说:"处理政事要坚持不懈。"

子路问老师孔子:"君子崇尚勇敢吗?"孔子说:"义是最可贵的。君子喜爱勇敢而没有义,就会犯上作乱做乱臣;小人喜爱勇敢而没有义,就会铤而走险做强盗。"

这里的"君子"和"小人"是一组对立的概念。西周春秋时期,君子指统治阶级,小人指被统治的劳动人民。春秋末年以后,君子与小人逐渐成为"有德者"和"无德者"的称谓。

子路虽然听到了老师孔子所讲的道理,但没有真正的理解执行,又怕听到新的道理。

孔子说:"根据单方面的言辞就可以判决案件的,大概只有仲由吧"、"仲由除了好勇的精神超过了我,就没有什么可取的了"、"像仲由这样的人,会不得好死"、"穿着破烂的旧丝绵袍子和穿着狐皮大衣的人站在一起,而不感到羞愧的,恐怕也只有仲由吧"、"仲由的学问么,好像登上了正庭,还没有进入内室呢"。

季康子问:"子路是个有仁德的人吗?"孔子回答说:"仲由呀! 如果在一个拥有一千辆兵车的国家里,是可以让他管理军政工作,不过,我不知道他能否够格称得上是有仁德的人,就不清楚了。"

子路喜欢跟孔子出游,有一次遇到长沮、桀溺和扛着锄草竹器的老头。

子路担任季孙氏的总管。季孙氏问:"子路可以说是大臣吗?"孔子说:"可以说是具备一般臣子的素质。"

子路去做蒲邑的大夫,(就是卫国的一个城邑,在今天河南长垣县)临行前去辞别孔子。孔子说:"蒲邑壮士多,又难于治理。然而我告诉你:恭谨谦敬,可以制服勇猛;宽大清正,可以使众人亲近;恭谨清正,士民安静,就能够借此报效上司。"

当初,卫灵公的宠姬叫南子。卫灵公的太子篑聩因谋杀南子夫人不成,出奔宋国，后又跑到晋国。后来卫灵公去世，南子夫人要立公子郢为君主。公子郢不肯，说："有逃亡太子蒯聩的儿子辄在，我当不合适。"于是卫国立了蒯聩的儿子辄做了国君，这就是卫出公。卫出公登位十二年，他的父亲蒯聩一直在国外流亡。后来，子路担任卫国大夫孔悝采邑的长官。

蒯聩和姐姐伯姬密谋，并胁迫伯姬的儿子孔悝（三人分别是卫出公的父亲、姑姑、表兄弟）一同作乱，率领其党徒袭击卫出公。卫出公逃往鲁国，蒯聩入朝为君（子出逃，父为君），就是卫庄公。

当孔悝作乱时，子路在外面，听到这个消息就急忙赶去。路上正好碰上同为蒯聩家臣的子羔从卫国城门出来。子羔对子路说："卫出公出走了，城门已经关闭，您不要去了，不要白白地遭受祸殃去送死。"子路说："吃了人家的饭，就不能逃避人家的灾祸。"子羔只好独自离开了。正巧有个使者要进城去，城门打开了，子路就混了进去。来到蒯聩处，蒯聩和孔悝都在台上，孔悝已被蒯聩控制。子路为了借机营救主人孔悝，故意说："大王怎么任用孔悝呢？请让我捉住他把他杀掉。"蒯聩不听子路的谎言。于是子路就要放火烧台，欲烧死蒯聩。蒯聩害怕，急忙叫石乞、壶黡率人攻打子路，在敌众我寡的乱军之中，子路被箭射中，并被砍断了帽带。子路说："君子死而冠不免。"于是从容地系好了帽带，很有尊严地死在乱军中。

孔子听说卫国发生政变，说："唉，仲由死了！"不久，果真听到仲由真死了。因此孔子说："自从我有了仲由再也没有听到过别人侮辱的话了。"因为子路勇猛，谁侮辱孔子他就揍谁，所以自从孔子有了子路，就没有人敢对孔子出恶言了。这正是子贡替鲁国出使齐国的时候。

惜墨如金的司马迁的《史记》，用大幅篇章，对子路其人其行做了较详细的记载，说明子路在司马迁心中的分量。

子路的从善自新，令人欣赏；子路的勇敢无畏，令人赞叹；子路的忠信义气，令人钦佩；子路死得尊严，令人敬畏。

所以，子路问强，把内心深处对于强的理解，要弄个清楚明白，无疑子路是非常值得敬佩的强者。

特别是子路听了同事子羔对于城内形势的介绍，并劝阻子路不要进城白白遭殃送死，明明知道进城凶多吉少，九死一生，但其"食其食者不避其难"忠信勇敢，活脱脱地成就了子路高大威猛强悍忠义的鲜活形象。

子路在面对时局突变,明知进城九死一生,毅然城中救主,不失其信;乱军之中,镇定自如,巧用计谋,不失其智;身处绝境,敌众我寡,孤身救主,不失其忠;面对死亡,大义凛然,视死如归,不失其义;"君子死而不免冠",大义凛然地最后结缨而死,不失其礼。

子路这种忠、信、礼、智、义的高尚品质,令人可敬!可叹!可赞!用子路有血有肉鲜活勇猛的例证,加深了人们对于强的认识和理解,佐证了孔子对于强的阐述和论证。

我想,子路是强者!试问古今中外,有几人能够像子路一样死得尊严,死得轰轰烈烈,死得流传千古!

子路在问老师孔子什么是强的同时,其实他自己的内心基本上有了定义!他认为自己就是强的化身!不过想得到老师孔子的认同而已,但经过孔子的解释,又加深了对于强的了解和认识:

"宽柔以教,不报无道,南方之强也,君子居之。"

孔子说:用宽厚温和的精神感化别人,对蛮横无理的人也不报复,这是南方人的刚强,君子乐于这种刚强。

这里的宽,是包容。柔,是温和。无道,是蛮横无理的意思,居,是处。

对于这句的解释:

郑玄认为:南方以舒缓为强,北方以刚猛为强,此抑女汝之强也。

孔颖达认为:南方,谓荆阳之南,其地多阳。阳气舒散,人情宽缓和柔,假令人有无道加之,已以不报,和柔为君子之道。

朱熹认为:宽柔以教,谓含容巽顺以诲人之不及也。不报无道,谓横逆而来,直受之而不报也。南方风气柔弱,故以含忍之力胜人为强,君子之道也。

张居正认为,孔子告子路说:"如何是南方之强,彼人有不及的,我教诲之,就是他不率教,也只含巽顺慢慢地化导他。人有以横逆加我的,我但直受之,虽被耻辱,也不去报复他,这便是南方之强。盖南方风气柔弱,故其人能忍人所不能忍,而以含忍之力胜人为强,然犹近于义理,有君子之道焉,故君子居之。这一强,是不及乎中庸者,非汝之所当强者。"

以上几位,对于孔子南方之强的解释是有道理的,孔子当然懂得环境对于人的影响和改造,南方气候湿润,风气柔弱,造就了南方人苗条弱小的身材和那能够容忍容人的性格。

所以,南方之强的特点是,忍人之所不能忍,以忍舍之力胜人为强,对于强横蛮不讲理的人,予以宽容,不去报复,主张以柔克刚,用包容的胸怀去感化人。

这种南方的刚强,虽然合乎大多数人的义理,但从中庸的观点来看,就是偏于不及,太忍让了。南方之强偏于不及,那么北方之强如何呢? 北方之强是:

"衽金革,死而不厌,北方之强也,而强者居之。"

孔子说:以兵器甲胄作为卧席,在战场上冲锋陷阵拼杀而死无怨无悔,这是北方人的刚强,强悍的人属于这种刚强。

这里的衽,指坐卧的席子。金,指刀枪武器之类。革,指盔甲之类。衽金革:以金革为卧处,指英勇善战。

对于上句的解释:

孔颖达认为:北方沙漠之地,其地多阴,阴气坚急,故人生刚猛,恒好斗争,故以铠甲为席,寝宿于中,至死不厌,非君子所处,而强梁者居之。

朱熹认为:北方风气刚劲,故以果敢之力胜人为强,强者之事也。

张居正认为,孔子又告诉子路说:"如何是北方之强,那刀枪盔甲是征战厮杀的凶器,人所畏惧,今乃做卧席一般,恬然安处,就是战斗而死,也无厌悔之意,这便是北方之强。盖北方风气刚劲,故其人能为人所不敢为,而以果敢之力胜人为强。然纯任血气,不顾义理,乃强者之事也,故强者居之。这一样强,是过于中庸者,亦非汝之所当强也。"因为北方气候干燥,寒风凛冽,朔风劲吹,高山大川,造就了北方人强悍豪放的性格和高大魁梧的身材。北方人能为人之不敢,以果敢之力胜人为强,强对强,硬碰硬,怒气冲冠,气冲斗牛,不惜拿着刀枪棍棒去找人拼命厮杀,大气凛然,死而无憾。

从中庸来讲,这就是超过了限度,全凭血气之勇,杀伐定夺,不够理性,不顾义理,有些过分。

所以,南方之强是不及,北方之强是过分,过犹不及,都达不到中庸的标准。正如《手机信息报》上所调侃的男友:"太刚强不温柔,太温柔又矫情,太浪漫是花心,太本分是木头。"这两种强都有其优点,都有可取之处,但都达不到中庸的标准。那么怎样才能够达到中庸的要求,合乎中庸的标准呢? 那就是君子之强:

君子之强,和而不流的精神价值

"故君子和而不流,强哉矫!中立而不倚,强哉矫!国有道,不变塞焉,强哉矫!国无道,至死不变,强哉矫!"

"所以君子能与人和睦相处而不随波逐流,这才是真正的刚强!君子坚持中庸之道而不偏不倚,这才是真正的坚强!国家政治清明,君子虽然富贵而不改变贫穷时的操守,这才是真正的坚强啊!国家政治黑暗,君子宁死也不改变操守,这才是真正的坚强啊!"

这里的和而不流:平和而不随波逐流。矫:是强健的模样。倚,是偏着。变,是改变。塞,是未达。不变塞,不改变志向。

对于上句的解释:

郑玄认为:国有道,不变以趋时。国无道,不变以避害。

孔颖达认为:不为北方之强,故性行和合而不流移,心行强哉,形貌矫然。若国有道,守直不变,德行充实,志意强哉,形貌矫然。若国无道,守善至死,性不改变,志意强哉,形貌矫然。

朱熹认为:国有道,不变未达之所守;国无道,不变平生之所守也。

张居正认为:这一节是说学者之强。子思引孔子的话说:"常人之谓强者,在能胜人,而君子之谓强者,在能以义理自胜其私欲,使义理常伸,而不为私欲所屈,才是君子之强,而非如北方之囿于风气者可比也。且如处人贵和,而和者易至于流,而君子之处人,和蔼可亲,而其中自有个主张,决不肯随着人做一些不好的事。此非以义理自胜其私欲者不能也,所以说强哉矫。处己贵于中立,而中立易至于倚。君子处己卓然守正,而始终极其坚定,决不致欹邪倾侧,倚靠在一边,此非以义理自胜其私欲者不能也,所以说强哉矫。人于未达时,也有能自守的,及其既达,便或改变了。君子当国家有道,达而富贵,只以行道济时为心,不肯便生骄溢,变了未达时的志行。此非以义理自胜其私欲者不能也,所以说强哉矫。人处顺境时,也能有自守的,及至困厄,便或改变了;君子当国家无道,穷而困厄,只以守义安命为主,便遇着大祸至于死地,也不肯改变了平生的节操,此非以义理自胜其私欲者不能也,所以说强哉矫。君子之强如此,天下之物无有能屈之者矣,岂非汝等学者之所以当强者哉!"

子思引孔子之言如此,以见必有此强然后能体中庸之道也。

孔子最后所说的强:是君子之强。君子之强:

是和而不流，既能够与人和睦相处，又能够坚持原则不动摇，有自己的立场，有自己的信念，不人云亦云，不随波逐流；

是时时处处坚守中正，坚持正义，主持公道，不争功，不诿过，不推诿，不退缩，不争名，不夺利，不越界，不不及，又不超过限度，不被利益所诱惑，不被权势所左右，在任何时候，都坚持客观公正的立场，不偏不倚，无过无不及；

是处于顺境之时，能够不失自我，不头脑膨胀，不忘乎所以，不随心所欲，始终保持谦逊谨慎的态度，保持清醒冷静的头脑，知道天高地厚；

是处于逆境，能够找到自我，坚持原则不动摇，咬定青山不放松，不达目的誓不罢休；

是遇有疑难之时，能够超越自我，环顾人生，追求忘我，抓住根本，理清头绪，认清方向，不偏离志向；

是穷且益坚不坠青云之志，老骥伏枥不负白首之心；是富贵不能淫，贫贱不能移，威武不屈；是穷则独善其身，达则兼济天下。

按照孔子的观点，要做到这些，才是真正的强者，才算达到了中庸之道。

孔子所追求和欣赏的强，是君子之强。君子之强，是孔子宣扬的人生之强，也是中华民族精神之强。

坚守中庸，持之以恒，无怨无悔

子曰："素隐行怪，后世有述焉，吾弗为之矣。"

　　孔子说："有些人追求隐僻的道理，故意标新立异，做些荒诞怪异的事情，后世也许会有人来记述他们的行为和学说，但我是绝不会这样做的。"

这里的素隐：素，《汉书》应为"索"。隐：隐僻之理。怪：荒诞怪异。述：记述。弗为之：不肖于这样做。

对于第十一章的解释：

孔颖达认为：无道之世，身乡幽隐之处，应须静默。若行怪异之事，求立功名，使后世有所记述焉。如此之事，我不能为之，以其身虽隐遁而名欲彰也。

朱熹认为：深求隐蔽之理，而过为诡异之行也。然以其足以欺世盗名，故后世或有称述之者。此知之过而不择乎善，行之过而不用其中，不当强而强者也，圣人岂为之哉！

张居正认为,子思引孔子之言说:"世间有一等好高的人,于日用所当行的道理,以为寻常不足知,却别求一样深僻之理,要知人所不能知。于日用所当行的道理,以为寻常不足行,却别做一样诡异之行,要行人之所不能行,以此欺哄世上没有见识的人,而窃取名誉。所以后世也有称述之者,此其知之过而不择乎善,行之过而不用乎中,不当强而强者也。若我则知吾之所当知,行吾之所能行,这素隐行怪之事,何必为之哉!所以说吾弗为之矣。"

"君子遵道而行,半途而废,吾弗能已矣"。

有些品德不错的人按照中庸之道去做,但是半途而废,不能坚持下去,而我是绝不会停止的。

这里的遵,是遵循的意思。道,是中庸之道。途,是路。废,是弃。弗能,不能。已,是止,停止。半途而废:做事情没有完成而终止,形容前功尽弃的意思。

对于上句的解释:

孔颖达认为:"君子之人,初既遵循道德而行,当须行之终竟。今不能终竟,犹如人行于道路,半途而自休废。汲汲于行道无休也。"

朱熹认为:"遵道而行,则能择乎善矣;半途而废,则力之不足也。此其知虽足以及之,而行有不逮,当强而不强者也,"又认为,"圣人于此,非勉焉而不敢废,盖至诚无息,自有所不能止也。"

张居正认为,孔子说:"那素隐行怪的人,固不足论,至于君子,择乎中庸之道,遵而行之,己自在平正的大路上走了,却乃不能实用其力,行到半路里,便废弃而不进,此其智虽足以及之,而仁不逮,当强而不强者。若我则行之于始,必要其终,务要那尽头的去处,岂有半途而自止乎?所以说吾弗能已矣。"

"君子依乎中庸,遁世不见知而不悔,唯圣者能之。"

"真正的君子遵循中庸之道,即使一生默默无闻不被世人知道也不后悔,这只有圣人才能做得到。"

这里的依:是依从,遵循的意思。遁,是隐遁的意思。遁世:避世;避开现实社会而隐居。如避世空门(出家);隐居山林等。见知:被知道。悔,是怨悔。圣者:圣人。

对于上句的解释:

孔颖达认为:"君子依行中庸之德,若值时无道隐遁于世,虽有才德,不为时人所知，而无悔恨之心，如此者非凡人所能，惟圣者能然。"

朱熹认为："不为素隐行怪，则依乎中庸而已。不能半途而废，是以遁世不见知而不悔也。此中庸之成德，知之尽、仁之至、不赖勇而裕如者，正吾夫子之事，而犹不自居也。故曰惟圣者能之而已。"

张居正认为，孔子说："前面太过不及的，都非君子之道。若是君子，他也不去素隐，也不去行怪，所知所行，一惟依顺着这中庸的道理，终身居之以为安，又不肯半途便废了，虽至于隐居避世，全不见知于人，他心里确然自信，并无怨悔之意，此乃智之尽，仁之至，不赖勇而裕人者，这才是中庸之成德，然其我之所能哉！惟是德造其极的圣人，然后能之耳。"然夫子既不为素隐行怪，则是能依乎中庸矣。既不半途而止，则自能遁世不知而不悔矣。虽不以圣人自居，而其实岂可得而辞哉！

在第十一章里，孔子批评了两种人的行为：

一种人是自视甚高，瞒天过海，欺世盗名，标新立异，哗众取宠，追求邪僻之理，推行怪诞之事，口是心非，好话说尽，坏事做绝，贬低别人，抬高自己，高喊马列主义，干着不可告人的勾当，幻想技压群雄，妄想一鸣惊人。这种人古今中外举不胜举，最典型的莫过于中国"无产阶级文化大革命"时期的林彪、"四人帮"两个集团，极左极右，造成中国"文革"十年动乱，搅得八亿中国人民十年不得安宁。这种人偏激而不守中和之道，执拗而不按规矩出牌，说话偏激，剑走偏锋，做事极端，行为鬼怪，这是中庸之道的太过。

另一种人是浅尝辄止，半途而废的人。他们在别人看来是好人，他们也想行施中庸之道，然而立场不坚定，思想不纯正，信念不足，经不起诱惑，不能坚持正道，不能持之以恒，遇到困难就畏缩不前，遇到阻力就思想动摇，修不成正果，有始无终，半途而废，功亏一篑，按照中庸之道就是不及。

第十一章孔子表扬了一种人，这种人就是遵循中庸之道的圣人。

真正遵循中庸之道的君子，为了行施中庸之道，不为名，不为利，不计身前身后事，不计身前身后名，谋国不谋身，一心为国家，一心为人民，鞠躬尽瘁，死而后已，甘愿默默无闻地奉献，任劳任怨地坚守，无怨无悔恪守中庸之道的精神。

以天行健君子以自强不息的精神，去行施中庸之道，努力做到锲而不舍金石可镂。以地势坤君子以厚德载物的精神，去行施中庸之道，努力做到始终如一,善始善终。

真正做到"不偏不倚,无过无不及"。

第九讲:君子之道的广大与精微

上一章,主要阐述了君子之强,与坚守中庸。这一章,主要阐述君子之道的广大与精微。

《中庸》第十二章:

君子之道,费而隐。

> 君子实行的中庸之道,其效用广大而又微妙精深。

这里的费而隐:费,指广大。隐,指精微。

君子,是古今中外普遍使用的一个重要名词和称谓。在中国传统文化中,君子的形象备受关注,君子的言行备受推崇,那么什么是君子? 君子应具备什么条件?

君子,按照《辞海》的解释:君子,西周时对于贵族的统称。《书·无逸》:"君子所其无逸。"

孔颖达疏引郑玄曰:"君子之谓在官长者。"《国语·鲁语上》:"君子务治,小人务力。"

君子,指当时的统治者;小人,指当时的被统治者。

春秋末年后,"君子"与"小人",逐渐成为"有德者"与"无德者"的称谓。

古时妻对夫的敬称。《诗·召南·草虫》:"未见君子,忧心忡忡。"

显然,在这章中的君子,借用的是春秋末年后"有德者"的解释。

"有德者",就是具有高尚道德品质的人。也就是说,只有具有高尚道德品质的人,才能够称得上君子,只有有德的君子,才能够行施中庸之道,而君子行施的中庸之道,是广大而又精微的。

我国古代对于君子的阐述,举不胜举,"诸子百家"中,莫过于荀子论述的最详细,如荀子在《荀子·修身》中对君子的阐述:

荀子曰:君子位尊而志恭,心小而道大,所听视者近,而所闻者远。是何邪? 则操术然也。

故千人万人之情，一人之情是也；天地始者，今日是也；百王之道，后王是也。君子审后王之道，而论于百王之前，若短拱而议。推礼义之统，分是非之分，总天下之要。治海内之众，若使一人。

故操弥约而事弥大。五寸之矩，今天下之方也。故君子不下室堂，而海内之情举积此者，则操术然也。（《荀子·不苟》）

荀子说：君子的地位尊贵而内心恭敬；心虽小，但理想却很远大；能听到、能看到的很近，而听见、看见的东西又因其类同而可以达到很远。这是为什么呢？这是由于君子掌握了一定的方法。

所以那成千上万人的心情，和一个人的心情是一样的；天地开辟时的情况，和今天是一样的；上百代帝王的统治之道和后代帝王的是一样的。因此君子考察了当代帝王的统治方法，从而再去考察上百代帝王之前的政治措施，就像端正身体拱着手来议论一样，从容不迫。推究礼义的纲领，分清是非，总揽天下的要领，用来治理天下的民众，就像役使一个人一样。

所以掌握的方法越简约，能办成的事业就越大。就像拿着只有五寸长的曲尺，能够画出天下所有的方形一样。所以君子不用走出厅堂，而天下的情况就都聚集在他这里了，这是因为他掌握了一定的方法。

荀子在这里强调天下事由此及彼，人同此心，心同此理，提纲挈领，治理天下的方法论。

荀子曰：君子之求利也略，其远害也早，其避辱也惧，其行道理也勇。（《荀子·修身》）

荀子说：君子对于个人得失从不斤斤计较，他能早早地远离祸患，他能警惕地防范侮辱，他能勇敢地去做合乎道义的事情。

荀子在这里强调君子只要坚守道义，不计个人得失，就可以远离祸患，防范侮辱。

荀子曰：君子贫穷而志广，富贵而体恭，安燕而血气不惰，老勌而容貌不枯，怒不过夺，喜不过予。（《荀子·修身》）

荀子说：君子贫穷而不志气不断，富贵而行为谦恭，安逸时精神不懈怠，疲倦时容貌不苟且，发怒时不过分处罚别人，高兴时也不过分赏赐别人。

荀子在这里强调，君子保持一颗平常心，面对贫、富、安、倦、怒、喜，不以物喜，不以己悲。

荀子曰:君子易知而难狎,易惧而难胁,畏患而不避义死,欲利而不为所非,交亲而不比,言辨而不辞。荡荡乎！其有以殊于世也。(《荀子·不苟》)

荀子说:君子容易结交而态度端庄,小心谨慎而不怕威胁,畏惧祸患但不逃避为正义而死。求取物质利益但不采取不正当手段,和亲朋往来但不结党营私。能言善辩但不讲求辞藻华丽。这就是君子心胸开阔,不同于常人的地方。

荀子在这里强调,君子为人处世,安身立命的方法,正确对待交友、威胁、利益、祸患的态度等。

荀子曰:君子宽而不慢,廉而不刿,辩而不争,察而不激,直立而不胜,坚强而不暴,柔从而不流,恭敬谨慎而容。夫是谓文。(《荀子·不苟》)

荀子说:君子性情宽松而不懈怠,言语犀利而不刺伤别人,好辩是非而不争吵,明察秋毫而不激切,品行正直而不盛气凌人,性格坚强而不暴虐,柔和听从而不随波逐流,恭敬谨慎而且大度宽容。这可以说是德行完美了。

荀子在这里强调,君子的美德应该如此。

荀子曰:君子崇人之德,扬人之美,非谄谀也;正义直指,举人之过,非毁疵也……与时屈伸,柔从若蒲苇,非慑怯也;刚强猛毅,靡所不信,非骄暴也。以义变应、知当曲直故也。(《荀子·不苟》)

荀子说:君子崇拜别人的美德,赞扬别人的好处,而不是阿谀奉承。公正无私的评论,坦率地指明别人的过失,而不是诽谤。……顺应时代潮流,像蒲苇草一样柔顺听从,而不是怯懦。刚强勇猛有毅力,正直不屈,而不骄傲和横暴。这是以正义应付时变,知道当屈便屈,当直便直的缘故。

荀子在这里强调,君子的美德、君子的公正、君子的正义、君子的勇毅、君子的应变等。

荀子曰:君子行不贵苟难,说不贵苟察,名不贵苟传,惟其当之为贵。故怀负石而赴河,是行之难为者也,而申徒狄能之;然而君子不贵者,非礼义之中也。山渊平,天地比,齐、秦袭,入乎耳,出乎口,钩有须,卵有毛,是说之难持者也,而施惠、邓析能之;然而君子不贵者,非礼义之中也。盗拓吟口,名声若日月,与舜、禹俱传而不息;然而君子不贵者,非礼义之中也。故曰:君子行不贵苟难,说不贵苟察,名不贵苟传,惟其当之为贵。《诗》曰:'物其有矣,惟其时矣。'此之谓也。"(《荀子·不苟》)

这里的申徒狄：殷朝末年人，因恨世道不行而抱石跳河自杀。比：相等。袭：合。钩：妇女。钩有须：妇女生出来的儿子长胡须，说明她体内有胡须的基因，所以说妇女有胡须。惠施：战国中期宋国人，曾任魏相，名家的代表人物之一。邓析：春秋时郑国人，刑名学家。

荀子说：君子的行为，不以做了不合乎礼仪的难事为可贵；君子的学说，不以不合乎礼仪的明察为可贵；君子的名声，不以不合乎礼仪的流传为可贵；君子的所作所为，一切只以符合礼仪为可贵。

所以，怀抱石头投河自杀，这是一般行为所难以做到的事情，但是殷末的申徒狄能够做到；可是君子并不推崇这种行为，因为这是不符合礼仪的。高山和深渊是相平的，天和地是一样高，齐国和秦国是相连的，从耳朵里进去从嘴巴里出来，妇女长出胡须，蛋上有羽毛，这是学说中难以承认的事情。然而施惠和邓析却能这么说；君子不这么说，是因为它不符合礼仪。盗拓为民间所传颂，名声好比日月，与舜、禹齐名流传不息；然而君子不看重这样的名声，因为它不符合礼仪。

所以说，君子的行为，不以做了不合乎礼仪的难事为可贵；君子的学说，不以不合乎礼仪的明察为可贵；君子的名声，不以不合乎礼仪的流传为可贵。《诗经》上说："多么丰富的物产啊！都是适时而生的啊！"说的就是这种道理。

荀子在这里强调君子之行，下面再说君子之道。

荀子曰：先王之道，人之隆也，比中而行之。曷谓中？曰：礼义是也。道者，非天之道，非地之道，人之所以道也，君子之所道也。（《荀子·儒效》）

荀子说：古代圣明帝王的治国之道，是仁德的最高体现，因为他们是顺着中正之道来实行它的。什么叫中正之道呢？回答：礼义就是中正之道。这里所说的道，不是指上天的运动规律，也不是指大地的变化规律，而是指人类所要遵行的准则，是君子所遵循的原则。

荀子曰：君子之所谓贤者，非能遍能人之所能之谓也；君子之所知者，非能遍知人之所知之谓也；君子之所辩者，非能遍辩人之所辩之谓也；君子之所谓察者，非能遍察人之所察之谓也；有所止矣。

荀子说：君子所说的贤能的人，并不是能够全部做到别人所能做到的一切；君子的所谓的智慧，并不是能够知道别人所知道的一切；君子所谓的善辩，并不是能够全部分析别人所辩论的一切；君子的所谓的明察，并不是能够详察到别人所观察的一切。其实,君子的能力也是有一定限度的。

"相高下,视薄肥,序五种,君子不如农人;通财货,相美恶,辨贵贱,君子不如贾人;设规矩,陈墨绳,便备用,君子不如工人;不恤是非,然不然之情,以相荐撄,以相耻怍,君子不若施惠、邓析。若夫塙德而定次,量能而授官,使贤不肖皆得其位,能不能皆得其官,万物得其宜,事变的其应,慎、墨不得进其谈,施惠、邓析不敢窜其察。言必当理,事必当务,是然后君子之所长也。"(《荀子·儒效》)

观察地势的高低,识别土质的贫瘠与肥沃,安排各种庄稼的种植季节,这个方面不如农民;使财物流通,鉴别货物的好坏,区别货物的价值,君子在这个方面不如商人;使用圆规和矩尺,弹画墨线,完善各种器具,君子在这个方面不如工匠。不顾是与非,对与不对的实际情况,互相贬抑,互相侮辱,君子实在不如能说会道的施惠、邓析。至于评估德行来确定等级,衡量才能来授予官职,使有德与无德的人都得到应有的地位,有才能与没有才能的人都得到应有的职分,使各种事物都各归其位,妥善处置各种突发事件,使慎到、墨翟不能退出他们的言论,施惠、邓析貌似明察的诡辩没有立足之地,说话必定合理,做事符合要求,这些才是君子所擅长的方面。

以上,是荀子对君子的详细的阐述。对于君子的阐述,还有如下其他的观点:

"博闻强识而让,顿善性而不怠,谓之君子。"。(《曲礼上》)

《曲礼上》说:"知识渊博,记忆力强,对人还是那么谦逊;替人们已经办了许多好事,仍然毫无倦怠的去做。这样的人,可以称得上品德高尚的君子。"

这里强调,君子谦虚谨慎,坚持不懈的精神。

许衡曰:庸人之目,见利而不见害,见得而不见失,以纵情极欲为益己,以存心养性为桎梏,不丧德殒身而不已。惟君子为能见微而知著,遏人欲于将萌。(元·许衡《语录上》)

许衡说:平庸之人的眼光比较短浅,只看到有利的一面而看不到有害的另一面;只看到得到的一面却看不到失去的一面。所以,他们把纵情极欲看成是对自己有益的行为,把存心养性看成是约束自己的坏事。因此,不到丧失品德和损坏身体的程度,他们不会停止。只有君子才能够把问题看得清楚,并且知道得全面具体。因此,就能够在人的欲望即将萌发的时候加以遏制。

许衡在这里强调，君子能够修身养性，对于事物一分为二的把握，能够在欲望萌动之前加以约束控制。

王守仁曰："君子之学务求在己而已。毁誉荣辱之来，非独不动其心，且资之以为切磋砥砺之地，故君子无入而不自得，正以其无人而学也。若夫闻而喜，闻毁而戚，则得惶惶于外，惟日之不足矣，其何以为君子?"（明·王守仁《答友人书》）

王守仁说：德行高尚的人，读书治学总是反求之于自我，外界荣辱毁誉的到来，非但不能动摇他的意志，而且还有助于他努力研讨，磨练品格。因此，德行高尚的人无论做什么都会有所收获，这正是因为他无论做什么都认真学习。如果听到称赞就欣喜，听到诽谤就悲戚，那么他只会终日表现出惶惶不安的神情，又算得上什么君子?

王守仁在这里强调，君子修身的重要性，坦然正确地面对荣辱誉谤。

王守仁曰："是故君子之学，惟求得其心，虽至于位天地，育万物，未有出于吾心之外也。孟氏所谓"学问之道无他，求其放心而已矣"者，一言以蔽之。……于父子尽吾心之仁，于君尽吾心之义，言吾心之忠信，行吾心之笃敬，惩心忿，窒心欲，迁心善，改心过。"（明·王守仁《紫阳书院集》）

王守仁说：因此，君子的学问，只求发现那颗善良仁义之心，虽然君子的学问与天地并列，能养育万事万物，也没有超出我的心灵之外。孟子所说的"学问之道没有别的，就是把那颗丧失的善良之心找回来罢了"，一句话就概括完了。……在父子关系上，要尽到心中的仁义；在君臣关系上，要尽到心中的道义。讲出我心中的忠实信用，执行我心中的忠厚敬重。警戒我心中的恼怒，阻塞我心中的欲望；顺从我心中的美好，改正我心中的过失。

王守仁在这里强调孟子的，君子"学问之道无他，求其放心而已矣"的治学原则。

孔子曰："君子成人之美，不成人之恶。"（《论语·颜渊篇》）

孔子说：道德高尚的人，帮助他们成其好事，实现美好的愿望，而不是去促成他人的坏事，帮助他人干坏事。

以上用了很大的篇幅，阐述了何为君子的定义，接下来我们回归本章，对于第十二章这句"君子之道，费而隐"的解释：

孔颖达认为："君子之人，造值乱世，道德违费则隐而不仕。若道之不费，

— 91 —

则当仕也。"

程颢、程颐认为:"此一节,子思吃紧为人处,活泼泼地,读者其致思焉。"

张居正认为:道,中庸之道,惟君子能体之,所以说君子之道。费,是用之广。隐,是体之微。子思说:"君子之道,有体有用,其用广大而无穷,其体则微密不可见也。"

综上所述:

"君子之道,费而隐",这里的费,是强调的是中庸之道的普遍性以及广泛的适用性;这里的隐,是强调的是中庸之道的隐秘性和精微性。

"君子之道,费而隐"是讲中庸之道的博大精深。其博大之处,在于它时时处处,无时无刻不表现在人们的日常生活之中,它的无处不在,无时不有,人们须臾不能离开它;其精深之处,是因为它的道理隐藏在各种纷乱复杂的事物之中,其真正面目的认识,人们必须拨开纷繁的迷雾,细心体察道德的精微之处,透过现象看本质,才能够有所认识,有所了解,有所发现,有所收获。所以说"君子之道,费而隐"。

"君子之道,费而隐"还有另一层意思,就是作为君子,欲行君子之道,需要懂得如何处世,安身立命。政治清明时,要积极地建功立业,造福人民,当仕则仕,当仁不让,方显出英雄本色;政治混乱时,要自觉地退居山林,修身养性,明哲保身,当隐则隐,当舍则舍,识时务者为俊杰。

以下是"君子之道,费而隐"更详尽的阐述:

夫妇之愚,可以与知焉。及其至也,虽圣人亦有所不知焉。夫妇之不肖,可以能行焉。及其至也,虽圣人亦有所不能焉。

> 普通的男女虽然无知,也可以知道一些中庸之道。但要达到道的最高深境界,即便是圣人也有智所不能及的地方。普通男女虽然不才,也可以实行一些君子的道。但要达到道的最高深境界,即便是圣人也有力不从心之处。

这里的夫妇:普通男女,普通百姓。及其至也:到了精神微妙之处。

孔颖达认为:天下之事,千端万绪,或细小之事,虽夫妇之愚,偶然与知其善恶,若刍荛之言有可听用。道之至极,如造化之理,虽圣人不知其所由。天地至大,无物不养,无物不覆,载于冬寒夏暑,人犹有怨恨之,犹如圣人之德,无善不包,人犹怨之,是不可备也。

朱熹认为：盖可知可能者，道中之一事，及其至而圣人不知不能。则举全体而言，圣人固有所不能尽也。

张居正认为，子思承上文说："这中庸之道，虽不出乎日用事物之常，而实通极乎性命精微之奥。以知而言，虽匹夫匹妇之昏愚者，也有个本然的良知，于凡日用常行的道理，他也能知道，若轮到精微去处，则虽生知的圣人，亦不能穷其妙也。以行而言，虽匹夫匹妇之不肖者也有个本然的良知，于凡日用常行的道理，他也能行得，若论到高远的去处，则虽安行的圣人，亦不能造其极也。"

"夫妇之愚，可以与知焉。及其至也，虽圣人亦有所不知焉"。这里的"夫妇"指普通男女，普通老百姓，被儒家认为是无知的劳力者。在古代，老百姓被称之为匹夫、匹妇的劳力者，不被统治者和儒家认可。

孟子说："劳心者治人，劳力者治于人。"就是说劳力者是被劳心者统治治理，是天经地义的事。

这里所说的普通的男女虽然无知，但也可以懂得一些中庸之道的道理，但是要达到中庸之道的最高境界，就是圣人也难于弄得明白清楚。

这充分说明，中庸之道普遍性与精微性，普及性与极致性。中庸之道的易懂，说明他的普遍性；中庸之道的难懂，说明中庸之道精微性；中庸之道极致性，就是圣人，也有智不从心，不能够全部弄通弄懂。紧接着又说：

"夫妇之不肖，可以能行焉。及其极致也，虽圣人亦有所不能焉。"

这里进一步说明，普通男女虽然不才，也可以施行一些中庸之道，但要达到极致处，就是圣人也有些力不从心，不能全部做到。

这里的"可以能行焉"，说的就是中庸之道的易行性和普及性；"亦有所不能焉"，说的是中庸之道难行性和精英性。

中庸之道的懂得，在于深与浅之间；中庸之道的行施，在于难与易之间。

人们不能因为其容易懂，就忽视了对于中庸之道体察和认识；人们不能因为其难以懂，就放弃对于中庸之道体味和研究。人们不能因为中庸之道的易行，就放松了应有警惕，马马虎虎，敷衍了事，不去认真履行；人们不能因为中庸之道的难行，就产生了畏难情绪，畏手畏脚，退避三舍，丢弃中庸之道。

"天地之大也，人犹有所憾。故君子语大，天下莫能载焉；语小，天下莫能破焉。"

天地如此之大，但人们仍不能满足的地方。所以君子把中庸之道往大处说，天下没有可以承载的；说到中庸之道的小处，天下没有能够剖析透彻的。

对于这段的解释：

孔颖达认为："中庸之道，于理为难，大小兼包，始可以备也。君子语说先王之道，其事既大，天下之人无能胜载之者。若说细碎小事，谓语不肖，事即纤细，天下之人无能分破之者。言事似秋毫，不可分破也。"

朱熹认为："人所憾于天地，如覆载生成之偏，及寒暑灾祥之不得其正。"并说："盖可知可能者，道中之一事，及其至而圣人不知不能。则举全体而言，圣人固有所不能尽也。"

张居正继承发展了孔颖达和朱熹的观点，说："虽天地如此之其大也，然而或覆载生成之有偏，或寒暑灾祥之失正，亦不能尽知人意，而人犹有怨憾之者。夫近自夫妇知所能所能行，远而至于圣人天地之所不能尽，可见道无所不在矣。故就其大处说，则其大无外，天下莫能承载得起。盖虽天地之覆载，亦莫非斯道之所运用也，岂复有出于其外而能载之者乎？就其小处说，则其小无内，天下莫能剖破得开，盖虽事物之细微，亦莫非斯道之所贯彻也，又孰有入于其内而能破之者乎？"

君子之道如此，可谓费矣，而其所以然者，则隐而莫之见也，所以说君子费而隐。

张居正解释子思的这段话：这中庸之道，虽然没有超出人们日常生活常见常理的行为规范，而实际上是贯通于人类性命精微的极致之处。仅从认识中庸之道而言，虽然没有知识文化的普通百姓，凭着他们天生的良知，在日常的生活和为人处世安身立命的过程中，他们也能够懂得和行施，但要到中庸之道的精微处，就是生而知之的圣人，也不能够完全懂得其中精微奥妙。

以行施中庸之道而言，普通男女虽然不才，凭着自己的良知，在日常的生活中，也可以实行一些中庸之道，但要达到极致处，就是圣人也难以做得到。天地虽大，因为覆盖生成的偏颇，寒暑灾祥的失正，也不能够满足人们要求，人们也对于天地有所抱怨和遗憾。

从普通百姓能够懂得、行施中庸之道，到圣人天地之所不能尽其中庸之道，可见道的普遍、广泛及道的博大精深的无处不在、无时不有。

所以说，中庸之道往大处说，则其大得无边无际无外，天下也不能够能承载得起。所以说天地能够覆载万物，承载化育万物，也没有用尽中庸之道的全部，用到中庸之道的极致，没有超出中庸之道规律；中庸之道往小处说，则其小无内，天下没有谁能够剖析透彻的，所以说，万事万物的精微之处，也没有使中庸之道的贯穿到极致，又有谁能够真正懂得行施中庸之道？

中庸之道如此之易知、易懂、易行，真可谓它具有非常的广泛性和实用性，然而真正能够知其所以然的人，能够弄通弄懂知行合一的人，还真没有看见谁能够做到，所以说君子之道既非常容易广泛地知行，又不能够完全真正懂得行施。这就君子实行的中庸之道，效用广大，道理却十分隐微。

张居正的点评是比较详细和中肯的。中庸之道，既易又难。

易，贯穿在人们日常的生活琐碎的事物之中，贯穿于人们日常为人处世安身立命的常理中；难，它又体现在天地万物万象之间至深至微的道理中，天地万事万物依据它的规律而行。

所以说，中庸之道不难，它浅显易懂易行，就连普通没有文化知识的老百姓，也能够体味中庸之道其中的一些道理，并能够在日常的生活中实行它。但要从中庸之道的精微之处而言，完全体味中庸之道的精华所在，完全依照中庸之道行施，就是生而知之者的圣人，也不能够完全了解体味它，因为中庸之道博大精深，它蕴含天地间万事万物万象的道理。人们只能够逐步了解、认知、体认它，不能够全部了解、弄通、把握它。

这正如"语大天下，莫能载焉；语小天下，莫能破焉"的中庸之道。

它"大而无外，小而无内"，其博大精深，穷理之极，无穷无尽，无处不在，无所不包，取之不尽，用之不竭，须臾不可离开的真理，是不可分割的极其完整的科学理论体系。

对于这段的理解和解释，孔颖达、朱熹、张居正的见解基本相同，他们一致认为：

一是，认为中庸之道的大，以至于达到"大无外"的境地，天地如此之大，仍然不能够满足中庸之道，它的广大超越了宇宙的限制；

二是，认为中庸之道的承载性和包容性，以至于它能够承载包容天地日月星辰和整个宇宙，甚至超越我们所认知的宇宙空间的限制；

三是，认为中庸之道的精微处，它的精微之处，以至于达到"天下莫能破

焉"的地步,天地宇宙无人能够剖析透彻它精微的道理;

四是,认为中庸之道的广泛性和普遍性,以至于它贯穿到人们日常的生活琐事,它无处不在,无时不在,人们言行须臾不可离开它;

五是,认为中庸之道的易知易行性,以至于"夫妇之不肖,亦可能行焉"容易,普通老百姓,都能够在日常生活中理解它,实行它;

六是,认为中庸之道的难懂难行性,以至于"虽圣人亦有所不能焉"的地步,就是先知的圣人,也不能够完全体认、认知、弄懂、实行它。

以上,对于中庸之道的费而隐,阐述得淋漓尽致,但作者似乎还不过瘾,作者引用《诗经》的诗句,进一步阐述中庸之道的费而隐:

《诗》云:"鸢飞戾天,鱼跃于渊。"言其上下察也。

《诗经》说:"鹞鹰翱翔于浩渺的太空,鱼儿遨游于浩淼的大海。"这就是上至高深莫测浩渺无际的太空,下至一望无垠深不可测的大海,都能够尽收眼底,详察得清楚明白。

这里的《诗》云所引文字是《诗经·大雅·旱麓》篇中的诗句。这是一首歌颂周文王祭祖得福、知道培养人才的诗。鸢飞:鸢,是一种鸟,叫老鹰,也称鹞鹰,性情十分凶猛,飞得极高,可以飞越于云天。戾:至,到。戾天:云天。

对于这句诗的解释:

孔颖达认为:"圣人之德上至于天,则'鸢飞戾天',是翱翔得所。圣人之德下至于地,则'鱼跃于渊',是游泳得所。言圣人之德,上下明察。"

张居正认为,《诗经》说:"至高莫如天,而鸢之飞,则至于天。至深莫如渊,而鱼之跃,则在于渊。"

这句比较好懂,这里用鸢鸟,也就是雄鹰可以飞到极高的天空,鱼儿可以跃入极深的海底,来说明上至于云天的雄鹰,下至于深海极处的鱼儿,盖指万事万物万象的无处不在,无不体现中庸之道的存在和左右。

作者最后归纳了中庸之道费而隐的论断:

君子之道,造端乎父母。及其至也,察乎天地

君子之道,造端乎夫妇。及其至也,察乎天地。

君子所奉行中庸之道,是从普通夫妇之间的日常小事开始的。能够从家庭的日用小事做起,并能够把它推行到极致,达到最高境界,就能够明白天下的大道理。

这里的造端:就是开始。与:就是参与。语:就是说,论及。破:就是分析的清楚明白。

对于上句的解释:

孔颖达认为:"君子行道,初始造立端绪,起于匹夫之所以所知所行者。虽起于匹夫所知所行,及其至极之时,明察于上下天地也。"

朱熹认为:"子思引此诗以明化育流行,上下昭著,莫非此理之用,所谓费也。然其所以然,则非见闻所及,所谓隐也。"

张居正认为,引用子思解说法:"天地之间无非物,天地之物无非道,《诗》所谓鸢飞戾天者,是说道之昭著于上也。鱼跃于渊者,是说道之昭著于下也。盖化育流行,充满宇宙,无高不届,无深不如,举一鸢,而凡成象于天者皆道也。举一鱼,而凡成形于地者皆道也。道无所不在如此,可谓费矣。"

而其所以然者,则非见闻所及,岂不隐乎。

对于这句的解释,孔颖达,朱熹、张居正的解释基本上是一致的,就是君子所奉行的中庸之道,看似博大精深,高不可攀,其实就在人们的日常生活中的小事之中,他们从夫妇之间及其细微的小事开始,并不神秘,并不艰难,并非不能够行,而是只要能够从身边小事做起,由小及大,由近及远,由浅及深,由低及高,继而推至于无穷无尽的天地宇宙之间。

所以,中庸之道的难与易是相对的,费而隐也是相对的,一个有志于中庸之道的君子,只要愿意去实行中庸之道,就有可能达到理想的效果,就有可能步入中庸之道极高的境界。中庸之道,就在我们日常的生活之中。

第十讲:道不远人,人皆可以为道

《中庸》第十二章,是作者子思自己的言论。阐明了中庸之道的"难与易"、"费而隐"、"大与小",使人能够感觉到中庸之道,就在人们的日常生活中,它无处不在,无时不有,伴你而行,充分印证了《中庸》开篇所提出的"道不可须臾离也"的观点。

第十二章以后的八章,作者子思,大量引用其祖父孔子的言论,对这一观点进一步加以说明、阐述和论证。让我们一起解读第十三章：

道不远人，人之为道而远人，不可以为道

子曰："道不远人，人之为道而远人，不可以为道。"

孔子说："中庸之道并没有远离人们，人若修道时好高骛远远离了中庸之道，那就不可以称作为道了。"

这里的道，指的是中庸之道。

对于上句的解释：

孔颖达认为："中庸之道不远离人身，但人能行之于己，则中庸也。人为中庸之道，当附近于人，谓人所能行，则己所行可以为道。若违理远离，则不可施于己，又不可行于人，则非道也。"

孔颖达和孔子的观点是一致的，他认为中庸之道就在每一个人的身边，只要你能够施行，就是中庸之道。人们认为的中庸之道应当不能离开于人，要人们能够行施，才可以称之为道，如果违背中庸之道，好高骛远，则不可施于人，又不可让人施行，就不是中庸之道了。

朱熹认为："道者，率性而已，固众人之所知所行者也，故常不远于人。若为道者，厌其卑近以为不足为，而反务为高远难行之事，则非所以为道矣。"

朱熹的观点：中庸之道，是人们顺其自然率性的结果，应该大多数人都能够所知所行，所以中庸之道就在每一个人的身边。如果你所坚持的中庸之道，不愿从不从身边的小事琐事做起，做些不切实际、好高骛远的事情，就不是中庸之道了。

张居正认为，子思引孔子之言说："所谓率性之道，只在君臣、父子、夫妇、长幼、朋友之间，固众人之所以能知能行而未尝远于人也。人之为道者，能即此而求，便是道了。若或厌其卑近，以为不足为，却乃离了君臣父子夫妇长幼朋友之间，而务为高远难行之事，则所知所行，皆失真过当而不由夫自然，岂所谓率性之道哉！所以说，不可以为道。"

张居正的观点：中庸之道，就在君臣、父子、夫妇、兄弟、朋友，人之"五常"相处的过程中，所以中庸之道就在每一个人的身边，人人都能知能行。

人们若要坚持中庸之道，能够从身边的小事琐事做起做好，能够将君臣、父子、夫妇、兄弟、朋友的关系处好，便是中庸之道了。如果认为身边的小事琐

事不是中庸之道,不足以为,不屑于去做,不注重君臣、父子、夫妇、长幼、朋友之间"五常"的关系,而盲目追求一些不切实际,好高骛远的事情,你的所行所知脱离了社会实际,脱离了自身的客观条件,不能够顺其自然,故意做作,失去了本真,怎么能够符合《中庸》开篇的纲领"率性之谓道"的宗旨呢? 所以说,这种人不可以行施中庸之道。

以上所说,道不远人,实行中庸之道,就是要从自我做起,从身边小事做起,不要好高骛远。以下是作者引用《诗经》的诗句,进一步阐述中庸之道就在人们的身边:

诗云:"'伐柯伐柯,其则不远。'执柯以伐柯,睨而视之,犹以为远。故君子以人治人,改而止。"

《诗经》上说:"'砍斧柄啊砍斧柄,斧柄的样式就在自己手中。'拿着斧柄当样式砍制斧柄,斜着眼睛就可以看见斧柄,还觉得很远。所以君子按照自己为人处世的道理来治理他人,要他能够改正就可以适可而止了。"

这句诗来自《诗经·豳风·伐柯》篇。是一首描写婚姻的诗,说娶妻必须有媒人,就如同伐木做斧柄必须有斧头一样。

这里的睨:指的是斜视。伐柯:砍削斧柄。则:法则,这里指斧柄的样式。以人治人:就是由近及远,由此及彼的道理来治理人。改而止:改正错误即可。

对于这句的解释:

孔颖达认为:"欲行其道于人,其法亦不远,但近取法于身,何异伐柯以伐柯? 人犹以为远,明为道之法亦不可以远。即所不原于上,无以交于下;所不原于下,无以事上。况是在身外,于他人处,欲以为道,何可得乎? 明行道在于身而求道也。"

孔颖达的观点:要实行中庸之道的人们,其效法的样子并不远,要从身边小事做起,就像伐木做斧柄,伐木做斧柄,斧柄的样子就在你手中,你手中的斧柄,就是你要做斧柄的样子,只要你比葫芦画瓢就可以了;就如在每一个人自身和身边的事情,人们还认为很远,其实了解中庸之道的办法不可以从远处去找,从自身去找就可以了。

这就是,从你自身的体会出发,正如《大学》中的"絜矩之道"所说的一样:厌恶我的上级这样对待我,我就不去这样对待我的下级;厌恶我的下属这样对待我,我就不去这样对待我的上级……

中庸之道源自于自身,舍近取远,取自于他人,欲以行施中庸之道,怎么能够得到呢? 要想行施中庸之道的人们从自身做起,就可以了。

朱熹认为:"人执柯伐木以为柯者,彼柯长短之法,在此柯耳。然犹有彼此之别,故伐柯者视之犹以为远也。若以人治人,则所以为人之道,各在当人之身,初无彼此之别。故君子之治人也,即以其人之道,还治其人之身。其人能改,即止不治。盖责之以其所能知能行,非欲其远人以为道也。"

朱熹的观点:人们拿着伐木的斧柄作斧柄的人,斧柄的样式,就是你手中拿的斧柄。因为斧柄有长短大小之别,所以做斧柄的人认为差距太大,不完全一样,就认为很远。

如果用来比喻以人治人,其治人的道理就在你自身,并没有什么不同。所以君子的治人之道,就是用自己的感受和接受的程度,来治理别人,自己接受不了的,就不要用在别人身上。如果别人有了错误,能够改正,就不用再抓住不放了。要求自己做力所能及的事情,从自身做起,并非不切实际,好高骛远的事情就不是中庸之道。

张居正认为,孔子说:"手执着斧柄去砍斧柄,法则虽是不远,然必经手里执的是一件,木上砍的又是一件,自伐柯者看来犹以为远。若君子治人则不然,盖为人的道理就在人身上,是天赋他原有的,所以君子就用人身上原有的道理,去责成人,如责人之不孝,只使之尽他本身上所有的孝道。责人之不弟,只使之尽他本身上所有的弟道,其人改而能孝能弟,君子就罢了。更不去分外过求他。推之凡事,莫不如此。这是责之以其所能知能行,非欲其远人以为道也。"

张居正的观点:孔子说:手中拿着斧柄去砍斧柄,样式虽然相差不远,但毕竟不完全一样,做斧柄的人就认为相差太大不完全一样,看上去相差很远。

如果是君子治理人就不一样了,为人的道理就在自身,人的秉性脾气和天赋是天生固有的,所以君子要用自身的感受程度去责成别人,己所不欲勿施于人,不要过分地苛求他人,以此类推,莫不如此。

这是要求他力所能及所能够做到的,并非要求别人做些不切实际,好高骛远的事情,才是中庸之道。

综合以上的点评,"道不远人,人之为道而远人,不可以为道"的中心思想是：

中庸之道就蕴含在我们日常的生活之中，与我们每一个人紧密相连，息息相关，无处不在，无时不有，并非遥不可及好高骛远的大道理。所以孔子说"道不远人"。

道，就在我们身边；道，就在我们自身。如果我们每一个人，只要按照自己的禀赋和天性，"率性之谓道"，顺其自然，不故作姿态，不好高骛远，认认真真做事，老老实实做人，不断地根据自身和具体情况修正自己，人人就能够知行中庸之道。

相反，如果不能够从自身做起，从身边的小事做起，从自身的修养做起，一味地好高骛远，故弄玄虚，不切实际，就会远离中庸之道。

中庸之道，就是从自身做起，从身边的小事做起，千里之行，始于足下。

正如荀子所说："积土成山，风雨兴焉；积水成渊，蛟龙生焉；积善成德，而神明自得，圣心备焉。故不积跬步，无以致千里；不积小流，无以成江海。骐骥一跃，不能十步；驽马十驾，功在不舍。锲而舍之，朽木不折；锲而不舍，金石可镂。"

中庸之道的知与行，在于从自身做起，从身边的小事做起，不要认为中庸之道高不可攀，能够处理好身边日常的小事，就接近于中庸之道了。

作者借用"《诗》云：'伐柯伐柯，其则不远。'执可以伐柯，睨而视之，犹以为远。故君子以人治人，改而止"的道理来说服人们。

君子只要根据自身为人处世，安身立命的道理来治理别人，做到"己所不欲，勿施于人"、"己欲立而立人，己欲达而达人"的"忠"、"恕"之道，和将心比心的"絜矩之道"，不强加于人，不苛求于人，凡事从自身做起，严于律己，宽以待人，不退缩，不冒进，实事求是，言行一致，就能够知行中庸之道。

其实，这里所说的中庸之道，就是孔子所说的"忠恕之道"、曾子所说的"絜矩之道"。所以：

忠恕违道不远，己所不欲，勿施于人

"忠恕违道不远，施诸己而不愿，亦勿施于人。"

"一个人能够做到忠恕，离道也就不远了。别人施加给自己的言行，自己不高兴不乐意接受的事情，类似这样的事情也不要施加给别人。"

这句比较好理解,实际上讲的就是,孔子在《论语》中所讲的"己所不欲,勿施于人"、"己欲立而立人,己欲达而达人"的"忠恕之道"和曾子在《大学》所讲的"絜矩之道"。

孔颖达认为:"忠者,内尽于心,叫忠。恕者,外不欺物。身行忠恕,则去道不远也。他人有以不善之事施之于己,己所不愿,亦勿施于人,人亦不愿故也。"

孔颖达的观点:内尽于心者,叫忠;不欺外物者,叫恕。一个人如果能够身体力行忠恕之道,也就离中庸之道不远了。

孔颖达又认为:"自此至彼,相去不远,非背而去之之谓也。道,即其不远人者是也。施诸己而不愿,亦勿施于人,忠恕之事也。以己之心度人之心,未尝不同,则道之不远于人者可见。故己所不欲,则勿施于人,亦不远人以为道之事。"

张居正认为:道:率性之道。孔子说:"道不远人,但多蔽于私意,惟知有己而不知有人,所以施于人者,不得其当,而去道远矣。若能尽己之心,而推以及人,虽是物我之间,未能浑化而两忘,然其克己忘私,去道亦不相远矣。忠恕之事如何。如人以非礼加于我,我心所不愿也。则以己之心度人之心,知其与我一般,亦不以非礼加之与人,这便是忠恕之事。以此求道,则施无不当,而其去道不远矣。"

综上所述:一个人如果能够行施"忠恕之道"、"絜矩之道",离中庸之道也就不远了。

这里的"忠恕之道",基本上是按照孔子的"忠恕之道"来解释的。只不过稍有变化而已。

孔子认为:"忠"是"己欲立而立人,己欲达而达人"、"恕"是"己所不欲,勿施于人"。

而以上他们则认为:"忠"是"内尽于心"或"尽己之心"、"恕"是"外不欺物"或"已尽己之心"。

总之,就是将心比心,把自己的爱心放大,也就是博爱。只要能够按照"忠恕之道"为人处世,安身立命,就接近中庸之道了。

以上阐述了道不远人,人皆可以为道。然而,被称之为圣人的孔子却认为,君子之道有四,丘未能一焉,是为什么?

"君子之道四，丘未能一焉。所求乎子以事父，未能也；所求乎臣以事君，未能也；所求乎弟以事兄，未能也；所求乎朋友，先施之，未能也。庸德之行，庸言之谨，有所不足，不敢不勉。有余不敢尽，言顾行，行顾言，君子胡不慥慥尔！"

孔子说：君子的道有四条，我孔丘连其中的一条也没有能够做到。作为一个儿子应该尽孝于父母，我没有完全做到；作为一个臣民应该尽忠于君王，我没有完全做到；作为一个弟弟应该恭敬于哥哥，我没有完全做到；作为一个朋友应该先做到的诚信，我没有能够做到。平日道德的实行，日常语言的谨慎，我都做得不够圆满，不敢不努力去弥补，做得好的，也不敢说做得圆满了。语言要顾及行动，行动要顾及语言，这样言行一致忠厚老实之人岂不是君子？

这里的庸德：指日常的行为道德。庸言：日常的语言。慥慥：指笃实忠厚的模样。

孔子说"君子之道四，丘未能一焉"，好多名家解释，说是孔子的伟大谦虚，其实不然。

第一，"所求乎子，以事父未能也"。

我们知道，孔子生于鲁国昌平乡邹邑，就是今山东省曲阜东南郊。他的祖先是宋国人，其父纥年老时跟一个姓颜的少女生下了孔子。

孔子 3 岁时，父亲叔梁纥去世，葬在防山。防山在鲁国东部，由于其母颜氏对他隐瞒了此事，孔子无法确切知道父亲的墓地葬在何处。

后来孔子的母亲颜氏又很早地去世，按照古代习俗，夫妇应当合葬，孔子不明父葬何处，所以母亲死后殡而不葬，待知道父亲的埋葬处才把母亲与父亲合葬。

孔子幼年丧父，而不知其父身葬何处，少年丧母，而母又不肯把父亲的葬处告知。

孔子生不能够孝敬侍奉父母，父母死后又不能够按时安葬父母，这种"子欲孝而亲不在"的内心巨大痛苦、遗憾和内疚！这种欲葬父母而又不知父亲墓地身在何处的巨大无颜无奈无助，怎么能够用轻描淡写的谦虚一言带过呢？

所以说，孔子"所求乎子，以事父为能也"绝不是孔子的谦虚之词，而是后代的儒家道统们没有理解孔子内心的痛苦，故意抬高孔子。

第二，"所求乎臣，以事君未能也"。

我们知道，孔子多半生流浪，周游列国，惶惶如丧家之犬，终生极力推销自己仁政治国的理念，始终没有得到统治者的认可，爱国无路，报国无门，尽忠无主，一生的苍凉凄惨，满腹的委屈无奈，怎么能够说孔子是谦虚呢？

孔子"所求乎臣，以事君未能也"是孔子内心的真实写照！是报国无门的呐喊！是尽忠无主的问天！真么能够说是孔子的谦逊呢？

第三，"所求乎弟，以事兄未能也"。

我们知道，孔子排行老二，又称"孔老二"，其父母相差好几十岁，孔子同父异母的兄长也早于孔子多年前去世，孔子欲事兄长，也是不可能的事了，孤独的孔子，缺少父兄的遗憾，怎么能够说孔子的谦逊呢？

第四，"所求乎朋友，先施之未能也"。因为手头没有可靠的资料，不敢妄下评论。

这里主要强调儒家"君子之道"的四项道德："忠"、"孝"、"悌"、"信"。

要想作为君子，先从这四项做起，也就是从自身做起。作为君子，要求别人做到的，首先自己要做到、做好；反对指责别人的，首先要自己不做。

语言要谨慎，说话要留有余地，不要把话说过头，言要顾行，行要顾言，要言行一致，表里如一，言必行，行必果，只有这样，才能够避免言过其实，只要严格要求自己，努力践行儒家"忠"、"孝"、"悌"、"信"的君子之道，就是一个诚实的君子，就是一个能够行施中庸之道的人。

第十一讲：君子之道，乐天知命，
知足守分，安然自得

第十三章主要讲：道不远人，人皆可以为道。这一章主要讲：君子之道，乐天知命，知足守分，安然自得。第十四章，首先讲君子安分守己的道德品行：

"君子素其位而行，不愿乎其外。素富贵，行乎富贵；素贫贱，行乎贫贱；素夷狄，行乎夷狄；素患难，行乎患难。君子无入而不自得焉"！

"君子应该按照现在的身份地位处境，把分内之事做好，不要异想天开，有非分之想。""处于富贵的地位，就做富贵人应做的事；处于贫贱的状况，就做贫贱人应做的事；处于边远地区，就做在边远地区应做的事；处于患难之中，就做在患难之中应做的事。君子无论面对任何情况，不管处于什么情况下，都是平心静气，安然自得"。

这里的素其位：素：指平素，现在。这里做动词用，处在的意思。位：现在所居的位置。素其位：就是安于现在所处的地位。君子处在什么样的地位，就做什么样的事情。愿：是羡慕。外：本分以外。其外：指本分之外的东西。夷：指东方的部落。狄，指西方的部落。入：处于。君子无入而不自得。君子无论处于何种条件地位，都能悠然自得。自得，是安舒的意思。

上一句比较好理解，对于这段的解释：

孔颖达认为：乡其所居之位，而行其所行之事，不愿行在位外之事。《论语》云："君子思不出其位也。"又说：乡富贵之中，行道与富贵，谓不骄、不淫也。乡贫贱之中，则行道于贫贱，谓不谄、不慑也。乡夷狄之中，行道于夷狄，夷狄虽陋，虽随其俗而守道不改。乡患难之中，行道于患难，而临危不顾，守于善道也。

朱熹认为：君子但因见在所居之位而为其所当为，无慕乎其外之心也。

张居正认为，子思说："人之地位不同，然各有所当行的道理，若不能自尽其道，而分外妄想，便不是君子了。君子但因其见在所居的地位，而行其所当行的道理，未尝于本分之外，别有所愿慕。"盖本分之内，其道皆不易尽，既欲尽到其间，自不暇乎其外也。

张居正还认为：子思说："人之所道，有顺逆之不同，惟君子能随寓而尽其道。如见在富贵，便行处富贵所当为的事，而不至于淫。见在贫贱，便行处贫贱所当为的事，而不至于滥，或见在夷狄，便行处夷狄所当为的事，而不改其行。或见在患难，便行处患难所当为的事，而不变其守。身之所处虽有不同，而君子皆尽其所当为之道，道在此，则乐亦在此，盖随在而皆宽平安舒之所也。"

所以说，无而不自得焉，上文所谓素位而行者盖如此。

孔子强调"不在其位，不谋其政"。

儒家主张：乐天知命，驻足守分，随遇而安，悠然自得的人生态度。

这里子思秉承儒家的人生态度，提出了以上观点。

"君子素其位而行，不愿乎其外"。

强调了君子应该恪守君子之道,遵守君子之德风,君子应该按照现在的身份地位处境,把分内的事情干好,不要异想天开,有什么非分之想。

孔子说"不在其位,不谋其政",子思说"君子思不出其位",意思大同小异。

人的身份不同、地位不同、出身不同、环境不同、机遇不同、顺逆不同、才智不同、能力不同,但千不同、万不同,坚守本分要同。要素其位而行,坚守本分,乐天知命,知足守分,随遇而安,悠然自得,这是一个君子应当坚守的人生态度。

君子要干一行,爱一行,干好一行。

君子要坚守岗位,任劳任怨,老老实实,脚踏实地,认认真真,全心全意地把本职工作干好。

君子要坚守本分,不是自己的不要不得不想,不要见异思迁,吃着碗里看着盆里想着锅里的。

君子要坚守理想,减少过多的梦想,免得这山望着那山高,寝食不安,终日忧心忡忡,彻夜难眠。

君子要守住本心,不要有那么多的羡慕嫉妒恨,不要因为异想天开的非分之想,终日焦躁不安,迷失了本心,找不到自我,平添无限烦恼,愁白了满头的青丝。

君子要守住本性,顺其自然,适可而止,不要好高骛远,人心不足蛇吞象,老婆是人家的好,儿子是自己的好。

君子要守住底线,严格要求自己,修身养性,遵纪守法,更不要心存侥幸,铤而走险,陷入无限的痛苦。

这正如台湾著名漫画家蔡志忠先生所说:"自己是什么就做什么,是西瓜就做西瓜,是冬瓜就做冬瓜,是苹果就做苹果⋯⋯"

君子,要找到自我,找准自己的位子,把自己的责任田种好,把自己的工作做好,把自己的事情干好,这是君子最好的人生态度。

"君子素其位而行,不愿乎其外"的具体体现就是:

"素富贵,行乎富贵"。君子现在处于富贵的地位,就做富贵人应该做的事情。那么富贵之人应该做什么样的事情呢?

第一,富贵之人,要心怀谨慎,态度谦恭,坦然处之,不炫耀财富,不仗势欺

人,不要认为自己富贵了就不知道天高地厚,忘乎所以,更不要人心不足蛇吞象,富贵成了负担枷锁;

第二,富贵之人,要有一颗感恩的心,不要认为自己富贵了是天经地义的事,或许是偶然的事,或许是上天命运的眷顾,或许是天时地利人和的结果,或许只是天上一片的浮云;

第三,富贵之人,要"富贵而体恭,安燕而气不惰"。就是身处富贵而态度恭敬,生活安逸而不懈怠。不要因为自己富贵了就目中无人,看不起穷人,生活安逸了就不再努力奋斗;

第四,富贵之人,要富贵有仁有义,不要为富不仁,要多行善事,多做慈善事业;更不要为贵不义,欺压百姓,要多多体谅穷人和老百姓的疾苦,要带领大家共同致富,造福于民;

第五,富贵之人,要做到富贵不能淫,富贵之人容易骄奢淫逸,铺张浪费,挥霍无度,歌舞升平,一掷千金。还容易数典忘祖,忘恩负义,头脑膨胀,盛气凌人,晕头转向,找不着北。

"素贫贱,行乎贫贱"。

君子,现在处于贫贱的地位,就用该做贫贱之人应该做的事。那么贫贱之人应该做什么样的事情呢?

第一,君子贫而志广。要穷且益坚不坠青云之志,不能够因为自己贫穷,就丧失了自己发愤图强的雄心壮志,不能因为贫穷就丧失了积极地进取之心,要人穷志不短,人穷志更坚,帝王将相宁有种乎!

第二,君子要安贫乐道,不要怨天尤人。要有颜回"贤哉,回也! 一箪食,一瓢水,在陋巷,人不堪其忧,回也不改其乐"的精神。安贫乐道是儒家的一种处世的精神,君子要在自己处于贫穷的时候,坚守内心的平静,不做黄粱美梦,不要羡慕嫉妒恨,不要有仇富心理,不要和别人攀比,要努力地调整自己,要面对现实,积蓄力量,增长才干,修养自身,等待天时。

第三,君子要富贵不违仁。

孔子曰:"富与贵,是人之所欲也;不以其道得之,不处也。贫与贱,是人之所恶也,不以其道得之,不去也。君子去仁,恶乎成名? 君子无终食之间违仁,造次必于是,颠沛必于是。"

孔子说:"金钱和权势,是人人都想得到的,但是不以正当的途径得到它,君子是不应该接受的。贫穷和下贱,是人人都所厌恶的,不用正当的办法摆脱它,君子是不应摆脱的。君子离开了仁,怎么能成就功名和赢得好的名誉呢?君子就连在吃一顿饭的时间内也不会离开仁德的,即使在非常匆忙紧迫的情况下也一定要坚守仁德的,就是在颠沛流离之中也一定要坚持仁德准则的。"

第四,君子要遵纪守法。君子不要因为贫困,就不安分守纪,不遵纪守法,胡作非为,铤而走险,为了摆脱贫困,做些丧天害理的事情,或为人不齿,或身陷图圄。

"素夷狄,行乎夷狄"。

君子处在边远少数民族地区,就做和少数民族一样的事情。

君子首先要学会和少数民族地区的人民和平相处,认真学习少数民族地区人民的语言,尊重少数民族地区人民的风俗习惯,好好向少数民族地区的人民学习,并把汉族人民的思想文化、优良传统和好的习惯,在不影响少数民族地区人民风俗习惯的情况下推荐给他们,努力做好和少数民族团结的工作。

君子要找准自己的位置,努力做好自己的本职工作,多多地交朋友,既把自己尽快融入少数民族之中,又不要忘记自己的使命。

"素患难,行乎患难"。

君子现在处于患难之中,就按患难之道行事。

孟子说:"生于忧患,死于安乐。"

艰难困苦的环境,能够磨练人的意志,增强人的心志,而安逸的生活环境则容易使人玩物丧志。所以有"自古雄才多磨难,纨绔子弟少伟男"的名言。孟子本人,因为自幼家贫而奋勇向上终成大儒。

所以,孟子深有体会地说:"故天将降大任于斯人也,必先苦其心志,劳其筋骨,饿其体肤,空乏其身,行拂乱其所为,所以动心忍性,增益其所不能。"

艰难困苦,是造就英雄的最好环境,大英雄都是从艰难困苦的逆境中走出来的,正如"宝剑锋利从磨砺出,梅花香自苦寒来"一样,君子处在患难之中,就要面对,要奋争,要锤炼自己,钢铁就是这样炼成的,英雄就是这样造就的。

"君子无入而不自得焉"。

君子无论处在什么情况下,没有不悠然自得的。

君子要富贵不能淫,贫贱不能移,威武不能屈,患难磨炼意志,边疆的艰苦环境增长见识。无论身处何时何地,富贵顺逆,内地边疆,都能够随遇而安,面对人生,不失君子气质风度。

正如荀子所说:"君子贫穷而志广,富贵而体恭,安燕而气不惰,老勌而容不枯,怒不过夺,喜不过予。君子贫穷而志广,隆仁也;富贵而体恭,杀势也;安燕而血气不惰,柬理也;老勌而容不枯,好文也;怒而不过夺,喜而不过予,是法胜也。"是最好的诠释和注解。

"在上位不陵下,在下位不援上;正己而不求于人,则无怨。上不怨天,下不尤人。"

"君子处于上位时,不欺侮在下位的人;处于下位时,不攀附在上位的人。端正自己的行为,而去不苛求别人,这样就不会有什么抱怨了。上不抱怨天命不好,下不抱怨别人不对。

这里的陵,指欺辱,欺凌。援,攀援,高攀,攀附,巴结。原意指欺凌居下位的人;如果他身居下位,也不会去攀附巴结在上位的人。他端正自身,而不去苛求别人,这样就不会招到别人的怨恨。怨:是怨恨。尤:抱怨,怨恨。是归罪于人的意思。

对于上句的解释:

张居正认为,子思说:"所谓君子之心不愿乎其外者,何以见之? 大凡人君居上位,则好作威以陵乎下;居下位,则好附势以援乎上。君子则不然,他虽在下位,也不肯凌虐那在下的人;虽在下位,也不肯攀援那在上的人。夫陵下不从,必怨其下;援上不得,必怨其上。今在上在下但知正己而无所求取于人如此,则又何怨之有? 但见心中泰然,虽上而不得于天,也只顺受其正,而无所怨憾于天,虽下而不合于人,也只安于所遇,而无所罪于人。"

"盖既无所求,则自不见其相违,既不见其相违,则自无所怨尤矣。君子之心不愿乎其外如此。"

"故君子居易以俟命,小人行险以侥幸。"

"所以,君子要安分守己,做好份内的事,平心静气来等待天命;小人却耐不得寂寞,不守本分,铤而走险,妄图获得非分的东西。"

"故君子"句:易:平安的地位。居易:居于平安的境地,也即安于现状。俟:是等待。命:天命。俟命:等待天命。险:是不平稳的去处。缴:是求。幸:是不当得而得到的。徼幸:侥幸。

孔颖达认为:君子以道自处,恒居平安之中,以听待天命也。小人以恶自居,恒行险难倾危之事以缴求荣幸之道,《论语》曰:"不仁者,可以久处约"是也。

张居正认为,子思承上文说:"君子素位而行,故随其所寓,自安居在平易的去处。其穷通得丧,一听候着天命,无有慕外之心。小人却有许多机械变诈,常行着险阻不平稳的去处,而妄意分外趋利避害,以求理之不当得者。君子小人其不同如此。"

以上两句比较好懂,就是做人要安分守己,不欺压下级,不巴结上级,不苛求别人,不抱怨自己,不怨天尤人,认认真真做事,老老实实做人,耐得住寂寞,守得住本分,没有非分之想,不铤而走险,不存侥幸心理,不取无义之财。

子曰:"射有似乎君子,失诸正鹄,反求诸其身。"

孔子说:"射箭好比君子做人,没有射中靶心,应该从自己身上去找原因。"

这里的正鹄:正、鹄,都是指箭靶子;书在布匹上叫做正,画在纯色兽皮上叫做鹄。正鹄:箭靶的中心。射有似乎君子:射:指射箭。射箭的道理就像君子的为人一样。

对于这句的解释:

张居正认为,孔子说:"射箭虽然是技艺,然有似乎君子,何以见之? 盖君子凡事,只是正己而不求于人,那射箭的,若失了正鹄不中,只是反求自己射得不好,更不怨那胜己的人,这即是正己而无求于人的意思,所以说射似乎君子。"

子思引此以结上文素位而行,不怨乎外之意。

这里拿射箭,来比喻君子的为人之道。一个人射箭,满弓射去,但没有射中靶心——鹄,是怪靶子不好呢,还是怪自己射箭的技艺不精呢? 这就看是君子还是小人。

君子当然应该"反求诸其身",从自己身上找原因,这是君子之道自我内修的重要价值,也是做人的基本准则。你射不中靶心不怨自己射箭技术不精,反而归罪于靶子,你做人不成功,反而怨天尤人,把一切过错都归罪于别人,归罪于外部的坏境,不知你何时能够成功。

而小人则不同,凡事不成功或失败之后,怨天尤人,把一切过错都归罪于别人或客观条件,不从自身查找原因。

大凡成功的人士大都在失败之后从自身上找原因；大凡不成功的人士失败之后大都强调客观原因和在别人身上找原因。成功与否就在于此，君子小人区别于此。

以上是《中庸》第十四章，主要阐述君子要"素其位而行"。强调君子之道，乐天知命，知足守分，安然自得。

这就是说：人们为人处世，安身立命，首先要尊重客观实际，安于现在既有的位置，恪尽职守，做好本职工作，尽心尽责，做好分内之事。要有理想、有抱负，不要有非分之想；要有志气，有毅力，不要异想天开；要脚踏实地，一步一个脚印，不要有好高骛远不切实际的幻想。

要找到自我，不要失去自我；要相信自我，但不要忘乎所以。这和《大学》中"知其所止"的观点基本上是一致的。所以说儒家的思想是相通的，何况子思是曾子的学生。

《中庸》第十四章告诉人们，任何人的成功大都基于现状，把本职工作做好，把身边的事情做好，认认真真做事，老老实实做人，敢于面对成功和失败，面对顺境和逆境，面对富贵和贫穷。

一个人能够正确面对富贵贫穷顺逆祸患，是成功的基础和基本素质，一个在富贵贫穷顺逆祸患面前，手足无措失去自我的人很难成就大事，取得人生的最后成功。

紧接着《中庸》第十五章，阐述中庸之道施行的方法和步骤：

千里之行，始于足下的中庸之道

"君子之道，辟如行远，必自迩；辟如登高，必自卑。"

"君子实行中庸之道，就像走远路，一定要从近处开始；就像登山，一定要从低处开始。"

这是第十五章的开篇。这里的辟：通譬。迩：指近处。自卑：从低处。

对于这句的理解：

郑玄认为，行之以近者、卑者，始以渐致之高远。

孔颖达认为：行之以远者近之始，言以渐至高远。不云近者远始，卑者高始，但勤行其道于身，然后能被于物，而可谓之高远耳。

张居正认为：子思说："君子之道，虽无所不在，而求道之功，则必以渐而进,谨于日用常行之间,而后可造于尽性至命之妙,审于隐微幽独之际,而后可收夫中和位育之功。譬如人要往远处去,不能便到那远处,必先从近处起,一程一程行去,然后可以致于远。譬如人要上高处去,不能便到那高处,必先从低处起,一步一步上去,然后可以升于高。"君子之道正与行远登高相似,未有目前日用隐微处,有不合道理,而于高远之事方能合道者也。然则有志于高远者当知所用力矣。

这句比较好懂,郑玄、孔颖达、张居正讲得都很好,尤其是张居正讲得比较详细。

"君子之道,辟如远行,必自迩,辟如登高,必自卑"。

这里的"君子之道"就是君子要行施的"中庸之道"。

君子实行中庸之道是非常艰难曲折的,要想一步达到是不可能的事情。

就像红军的两万五千里长征,必须经过爬雪山、过草地、飞夺泸定桥、巧渡金沙江,一步一步地脚踏实地,克服千难万险,最终达到目的地;

就像万丈高楼平地起,必须从地基挖起,一砖一瓦、一灰一沙做起,日积月累而成;

就像攀登珠穆朗玛峰,从山脚下,一步一步艰难的跋涉,一寸寸艰苦卓绝的攀登而成;

就像一个人要拿学位,必须从幼儿园、学前班、小学、初中、高中、大学、硕士、博士,一天一天的念,一天一天的学,才能够毕业;

就像想干成一番事业,必须从小事做起,从基层做起,州县起于末吏,宰相起于州县,一步一个台阶;

就像人类探索宇宙,从研究人类自身开始,从研究地球起源开始,从研究细菌微生物开始;

就像人类探索火星,必须从发射场开始,经过数年的宇宙飞行,多少万亿公里航行才能够达到。

要想作为君子,必须从日常的小事做起,要想行施中庸之道,必须从自身修养德才做起。任何事情,绝不是一朝一夕的事情,不要好高骛远,不要想入非非,不要看不起小事,不要急功近利,不要投机取巧。

一分耕耘一分收获,大事都是由许多小事组成,大道理都是由小道理组成。

对于这句的理解，我认为还是要引用荀子："积土成山，风雨兴焉；积水成渊，蛟龙生焉；积善成德，而神明自得，圣心备焉。故不积跬步，无以致千里；不积小流，无以成江海。骐骥一跃，不能十步；驽马十驾，功在不舍。锲而舍之，朽木不折；锲而不舍，金石可镂。"这段话较好。

万丈高楼平地起，千里之行始于足下，合抱之木起于毫厘。勤能补拙是良训，一分辛苦一分才。

君子行施中庸之道，必须从日常身边的小事琐事做起，从低处起步，只要有信心有恒心，长期持久地坚持不懈做下去，脚踏实地，一步一个脚印，就会迂回前进，循序渐进，螺旋式上升，最终一定能够达到自己理想的彼岸，达到珠穆朗玛峰的理想高度——中庸之道。

中庸之道的行施，不仅从近处起步，从低处动身，还要从身边的小事做起。正如：

《诗》曰："妻子好合，如鼓瑟琴；兄弟既翕，和乐且耽。宜尔室家，乐尔妻帑。"子曰："父母其顺矣乎！"

　　《诗经》上说："和妻子情投意合，如同弹奏琴瑟。兄弟感情融合，和睦亲热。你的家庭美满，你的妻儿欢乐。"孔子说："像这样的家庭，父母就会心情舒畅高兴。"

这里"诗曰"后的文字是引《诗经·小雅·棠棣》诗句。妻子：指妻子与儿女。好合：和睦；情投意合。鼓：弹。瑟：弹拨乐器。琴：共有七根弦，又称"七弦琴"、"古琴"，始创于东周，至西汉定型。兄弟：哥哥和弟弟。翕：和顺，融洽。耽：《诗经》原作"湛"，意为安乐。宜：安。室家：家室。帑：通"孥"，儿女。顺：安乐的意思。

对于这句诗的理解：

孔颖达认为：行道之法自近始，犹如诗人之所云，先和其妻子兄弟，故云妻子好合，情意相得，如似鼓弹瑟与琴，音声相和也。兄弟尽皆翕合，情意和乐且复耽之。耽之者，是相好之甚也。宜善尔之室家，爱乐尔之妻孥。

孔颖达又认为：父母能以教令行乎室家，其和顺矣乎。言中庸之道，先使室家和顺，乃能和顺于外，即上云道不远，施诸己。

朱熹认为：夫子诵此诗而赞之曰：人能和于妻子，宜于兄弟如此，则父母其安乐之矣。子思引《诗》及此语，以明行远自迩，登高自卑之意。

张居正认为:子思承上文说进道有序,故引《小雅》之诗说道:"人能于闺门之内,妻子情好契合,如鼓瑟弹琴一般,无有不调和处。兄弟之间,翕然友爱,即及其和乐,又且久而不变,则能宜而之室家,乐而之妻孥矣。"诗之所言如此。

孔子读而赞叹之:"人惟妻子不和,兄弟不宜,多贻父母之忧。今能和于妻子,宜于兄弟,一家之中,欢欣和睦如此,则父母之心,其亦安乐而无忧矣乎。"

夫以一家言之,父母是在上的,妻子兄弟是在下的,今由妻子兄弟之和谐,遂致父母安乐,是亦行远自迩、登高自卑之一验也。然则学者之于道,岂可不循序而渐进哉。

这里张居正讲得比较详细,君子能够在自己家中,夫妻情投意合,父子其乐融融,美好的婚姻,和谐的家庭,相互配合,就如鼓瑟弹琴一样,那样自然协调和谐美满。兄弟之间,团结友爱,相互帮助,相互尊重,亲密无间,共建家园,整个家庭上下同心同德,左右齐心协力,父母看到儿孙们这样团结一心,子孙绕膝,含饴弄孙,当然乐不可支,安享晚年了。

孟子说:"修己以安百姓。"

人们修身养性的目的是,齐家、治国、平天下。而治国、平天下的前提是齐家。一个人如果连自己的小家都治理得不好,更何谈治国、平天下? 一个人如果连和自己的妻子儿女兄弟姐妹之间的关系都处理得不好,更何谈和其他人关系处理得好?

处理好家庭内部的各种关系,把身边的小事做好,是行使君子之道的开始,这也是中庸之道从自身做起的具体实例。一屋不扫何以扫天下!

第十二讲:敬畏神灵的当代启示

上一讲,也就是第十四章和第十五章,主要讲述"君子之道,乐天知命,知足守分,安然自得"和"君子之道,辟如行远,必自迩;辟如登高,必自卑"。这一讲,也就是第十六章,主要讲神灵和敬畏神灵的当代启示。

子曰:"鬼神之为德,其盛矣乎! 视之而弗见,听之而弗闻,体物而不可遗。使天下之人齐明盛服,以承祭祀。洋洋乎! 如在其上,如在其左右。"

孔子说:"神鬼显示的威力,真是盛大啊! 看它看不到它的形状,听它听不到它的声音,而它却体现在万事万物之中时时处处无处不在。神鬼可以使天下的人,斋戒静心,穿上盛美的衣服,敬奉祭祀它们。神鬼的灵气好像无时无处不自由自在的漂浮在你的上空,又好像跟随在你的左右,形影不离。"

这里的鬼神:古人认为,人死后灵魂不灭,称为鬼。神,古代神话或宗教传说的超越自然、主宰物质世界的精灵。在古人看来,人的命运和世间事件的发展进程一定程度上受神鬼的支配。体物:体察、生养万物。齐,通"斋",斋戒之义。明,洁净。盛服,参加隆重仪式的华美服饰。齐明盛服:祭祀前沐浴戒斋,穿上合乎礼仪规定的华美服饰。

对于第十六章这句的解释:

孔颖达认为:万物生而有形,鬼神之道,生养万物,无不周遍而不有所遗,言万物无不以鬼神之气生也。又说:鬼神能生养万物,故天下之人斋戒明洁,盛饰徐服以承祭祀。鬼神之形状,如在人之上,如在人之左右,想见其形也。

程颐、程颢认为:鬼神,天地之功用,而造化之迹也。

张载认为:鬼神者,二气之良能也。

朱熹认为:以二气言,则鬼者阴之灵也,神者阳之灵也。以一气言,则至而伸者为神,反而归者为鬼,其实一物而已。为德,犹言性情功效。鬼神无形无声,然物之终始,莫非阴阳合散之所为,是非为物之体,而物所不能遗也。其言物体,犹《易》所谓"幹事"。又说:能使人畏敬奉承,而发见昭著如此,乃其体物而不可遗之验也。

张居正认为,孔子说:"何以见鬼神之德之盛;盖天下之物,凡有形者皆可见,惟鬼神无形,虽视之不可见也。凡有声者,皆可闻,惟鬼神无声,虽听之不可得而闻也。然鬼神虽无形与声,而其精爽灵气,昭著于人心目之间,若有形之可见、声之可闻者,不可得而遗忘之也。夫天下之物涉于虚者,则终于无而已矣,滞于迹者,则终于有而已矣。若鬼神者,自其不见不闻者言之,虽人于天下之至无,自其体物不遗者言之,有妙乎天下之至有,其德之盛为何如哉!"然其所以然者,一实理之所为也。

孔子又说:"何以见鬼神之体物而不可遗? 观于祭祀的时节,能使天下的人，不论尊卑上下，莫不斋明以肃其内，盛服以肃其外，恭敬奉承以供祭祀。当此之时，但见那鬼神的精灵，洋洋乎流动充满，仰瞻于上，便恰似在上面的一般，顾瞻于旁，便恰似在左右一般。"

夫鬼神无形与声，其真在其上下左右哉！但其精灵昭著，能使天下之人，肃恭敬畏，俨然如在如此。所谓体物不遗者，于此可验矣。

对于以上诸位的解释，不敢苟同，但也不能求全责备，由于受中国古代的科技水平的认知局限，人们对于鬼神的认知充满着困惑，我们不能拿当代的认知批判古代的认知。

在当代社会中，特别是当今中国，虽然我们今天否认有鬼神的存在，但这章关于鬼神警示的作用，对于当代的人们，并不是没有半点启示的作用。

对于有没有灵魂和神鬼，按照当代唯物主义的观点是没有的，对于很多自然现象，在两千五年前，由于当时的认知水平，不能够做出完全合理的解释，所以我们回到本文，按照作者的思路进行解读。

这里作者子思引用孔子："神鬼之为德，其盛矣乎！视之而弗见，听之而弗闻，体物而不可遗。使天下之人齐明盛服，以承祭祀。洋洋乎！如在其上，如在其左右。"说明神鬼的无处不在，无时不有，并且威力巨大，虽然人们看不到它的形状，听不到它的声音，而它却体现在万事万物之中。

神鬼，可以使天下的人，心存敬畏，戒斋静心，穿上盛美的衣服，敬奉祭祀它们。神鬼的灵气好像无时无处不自由自在地漂浮在你的上空，又好像跟随着你的左右。神鬼虽无影、无声、无形、无迹，但它能够将自己的意志体现在各种事物身上。

正因为神鬼的无处不在，无时不有，如影随形，所以古代的人们非常重视祭祀，重视到"国之大事在祀与戎"的地步，也就说国家最大的事情，莫过于祭祀祖先神鬼和战争。这充分反映了中国古代人们普遍地相信鬼神的存在。

这里借用人们在祭祀时虔诚恭敬的样子，来说明神鬼的无处不在，无处不有，如影随形，如风随声，人们绝不可忘乎所以，不知天高地厚，做些伤天害理的事情，使天地神鬼不容。

接着引用《诗经·大雅·抑》的诗句，来说明神灵的不可测性，难以预料性，让人们时时刻刻心存敬畏，不敢怠慢。所以：

"《诗》曰：'神之格思，不可度思，矧可射思。'""夫微之显，诚之不可揜

（掩），如此夫！"

"《诗经》上说：'神灵的降临不可揣测，难以预料，怎敢懈怠不敬呢？'神鬼隐微虚无，又明显至极，就像一个人的诚心不可掩盖一样啊！"

这里的《诗》，指《诗经·大雅·抑》。为西周末卫武公讥刺厉王之诗，劝他守礼修德，谨言慎行。格思：是来临的意思。思，语气助词。度：揣度。矧：况且。微之显：指神鬼之事即隐微又明显。诚之不可揜如此夫：恭敬诚实地不可掩藏，竟至于此。

作者引用《诗经·大雅·抑》篇歌颂神鬼的诗句，进一步说明对于神鬼，人们时时刻刻应该心存敬畏，不敢怠慢，不能怠慢。联系到上文说神鬼的存在由微到显。微，就是看不见听不到；显，就是能够明显地体现在各种的事物之中，是所谓的不可掩。

这里描写的神鬼，和中庸之道一样，虽然它很隐微，但它无处不在，无处不有，人们也应该真正地去体认，去敬畏它，不可任意胡为，肆无忌惮；否则，违背神鬼的意志和违背中庸之道一样，将受到严厉的惩罚。

对于有神论和无神论争论数千年之久，按照唯物主义无神论的观点，自然界是无神的，目前中国大多数知识分子也相信这种观点，但在一些老百姓的心目中还有迷信的存在。

对于神鬼，其实信有信的好处，不信有不信的好处，不仅仅是对于个人，就是对于国家民族也是一样的。为了弄清这个论点，我们先把神鬼这个概念弄清楚。

愚以为，对于神鬼的认识，主要是个宗教信仰的问题，那么什么是宗教？什么是信仰？

什么是宗教？按照《辞海》的解释，宗教是社会意识形态之一。相信并崇拜超自然的神灵，是支配着人们日常生活的自然力量和社会力量，在人们头脑中的歪曲、虚幻的反映。

宗教，产生于史前社会的后期，最初的宗教形式，称之为自然宗教，如原始拜物教，图腾崇拜，祖先崇拜等。

阶级社会出现后，阶级压迫给人们带来较自然灾害更加深重的痛苦、恐惧和绝望，便产生了祸福命运由神操纵的观念和追求"来世"的想法。同时也产生了宗教机构、专职宗教首领和各种宗教仪式等。

宗教随着历史的发展而演进：由拜物教而多神教，而一神教；由氏族图腾崇拜到民族神和民族宗教，最后又出现了世界性的宗教。

至20世纪90年代，主要的世界宗教有佛教、基督教、伊斯兰教等。有些国家还保留民族宗教，如日本的神道教、印度的印度教等；某些地区仍存在原始宗教，如萨满教等。19世纪以来在一些国家又产生了新兴宗教，如巴哈伊教等。

宗教是一种历史现象，有其产生、发展和消亡的过程，当人类进入共产主义社会后，将会逐渐消亡。

中国有56个民族，对于宗教信仰问题，因为每一个民族的不同，而崇拜和信仰的宗教不同。有的人信佛教，佛教又分印度佛教，藏传佛教；有的人信道教；有的人信基督教。

有的人是多神论者，见庙磕头，见佛、神烧香，根据需要，有病乱投神，有事乱投佛，完全是实用主义。有的家庭供奉着佛、道两教的佛位、神位。

所谓信仰？信仰的信？就是诚实，不欺人。信仰，也就是对于某种宗教或主义极度信服和尊重，并以之为行动的准则。

宗教信仰和对于的神鬼的理解。

那么什么是神，按照《辞海》的解释：神：亦称"神仙"、"神灵"、"神道"。是宗教及神话中所指的主宰物质世界的、超自然的、具有人格和意识的存在。为"精神体中的最高者"。

神的观念产生于原始社会的后期，是人们不能理解和驾驭自然力量以及社会力量时，这些力量以人格化的形式在人们头脑中的虚幻反映。

对神的信仰和崇拜，是一切宗教形式的核心。中国古代在西周以前，神鬼观念极为普遍，至春秋时已有人对之怀疑。所以有孔子《论语·述而》："子不语怪、力、乱、神。"

何晏集解："神，谓鬼神之事。"亦指人死后的英灵。

韩愈《皇陵庙碑》："尧死而舜有天下，为天子，二妃之力，宜常为神，食民之祭。"

《易·系辞上》："阴阳不测之谓神。"韩康伯注："神也者，变化之极，妙万物而为言，不可以形诘者也。"

对于神的理解还有神人：古代道家理想中得道而神妙莫测的人。

《庄子·逍遥游》:"至人无己,神人无功,圣人无名。"

鬼,迷信者以为人死后精灵不灭,称之为鬼。在中国,常以天神、地祇、人鬼并称。

鬼神,鬼和神的合称。古代人认为,天地间一种精气的聚散变化。

《易·系辞上》:"精气为物,游魂为变,是故知鬼神之情状。"

郑玄注:"精气谓之神,游魂谓之鬼。"以后哲学家亦多以气的往来屈伸释"鬼神"。

神的延伸还有神权。神权:宗教迷信宣扬的鬼神系统的权力。

剥削阶级常散播神权观念,以麻痹和束缚人民,作为统治阶级的一种手段。在中国,从夏代以来历代封建统治者一直利用天命鬼神,宗教迷信,谶纬神学等,以维护其统治。

毛泽东指出:"在旧中国,神权和政权、族权、夫权代表了全部封建宗法的思想和制度,是束缚中国人民特别是农民的四条极大的绳索。在世界其他国家,封建君主和封建教会也利用神权来束缚和统治人民。"

毛泽东的论述无疑是正确的,在中国封建统治阶级利用神权、政权、族权、夫权封建宗法的思想和制度,像四条极大的绳索束缚中国人民数千年,在世界其它国家的封建君主也同样用神权来束缚和统治人民。

然而,任何事物都有正反的两面,我们当然要打破封建统治阶级利用神权来统治和束缚人民,但神鬼神灵在人们心中的存在,也同样震慑约束了一些人的胡作非为,肆无忌惮,胆大包天。

神鬼的威力,减少了一些人的丧尽天良,无恶不作,增加了一些人作恶的恐惧,减少了一些人作恶的发生。对于神鬼的信仰,使一些人处在国家法律的制约下,道德规范的约束下,又多了一些上天神明鬼神的惩戒和报应。

当今社会,个别人的种种肆无忌惮,胆大妄为,丧尽天良,是否是缺乏对于神鬼的敬畏!

对于神鬼的认识,墨子在《天志》和《明鬼》中是有详细的论述。因为篇幅太长,我只好直接引用片段译文:

墨子在《天志》中说:现在天下的士大夫、君子们,只知道小道理,而不知道大道理。怎么知道是这样呢?从他处理家族中的事情就可以知道。如果处理家族中的事物得罪了家长,还可以逃到相邻的家族中去。然而父母和亲戚朋友,彼此相互警戒,都说:不能不引以为戒,不能不谨慎呀! 哪里有生活在家族中间而可得罪家长,哪还能有什么作为呢? 不仅处理家族事物是这样的,即使处理国家事物也是这样。

如果处理国家事务得罪了国君,还有邻国可以逃避。然而父母、兄弟和亲戚朋友,彼此互相警戒,都说:不能不引以为戒! 不能不谨慎啊! 哪里有生活在一个国家而得罪国君,哪还能有什么作为呢? 这是有地方可以逃避的,人们互相警戒还如此严重,又何况那些没有地方可逃避的呢? 互相告诫难道不就更加严重了吗?

俗话说:"光天化日之下犯了罪,能逃避到什么地方去呢?"回答是:"没有地方可以逃避。"即使是茂林深谷幽静之处,上天神目如电,能看清楚天下所有的幽隐。然而天下的士大夫、君子们对于上天,却疏忽地不知道以此相互警戒。

这就是我之所以知道天下的士大夫、君子们知道小道理不知道大道理的原因。

以上是摘录《墨子·天志》的片段,我们再摘录《墨子·明鬼》篇。

墨子说:自从从前三代圣王去世以后,天下就没有了仁义,诸侯实行的是暴力政治。所以存在于君臣之间的是君不施恩,臣不尽忠,存在于父子兄弟之间的则是父不慈爱,子不孝顺,兄长与弟弟不能和睦相处,行政长官不努力于听政治国,平民不努力从事工作。

人们做出了淫暴、寇乱、盗贼的事,拿着兵器、毒药、水火在大小道路上阻碍无罪的人,夺取人家的车马、衣裳,作为己有。这些事一并产生,从此开始,天下大乱。

是什么原因导致这种情况呢? 这是因为对神鬼有与无的分辨疑惑不解,对鬼神能够赏贤罚暴不明白。现在如果能够让普天下人民都确信鬼神能够赏贤罚暴,那么天下哪里会坏乱呢?

我们知道,墨子生活在春秋的末代,是战争频繁,人民生活颠沛流离,饥不得食,寒不得衣,劳不得息,乱不得治的春秋战国无义战的年代。

墨子虽有满腔治国的伟大抱负,身怀经天纬地的济世之才,但由于自己身份的低微卑贱,空怀一腔热血,报国无门,政治抱负不能够实现。

绝望之中的墨子,只能求助于上天和鬼神的援助,寄希望于上天神鬼,祈盼它们一定能够掌管天子,并协助他们治理好国家。在此思想的指导下,他提出了著名的"天志"说,所以他的很多思想都是建立在这个基础上的。

墨子认为:上天是万能的,可以掌管一切,能够管得住荒淫残暴的诸侯君主王公大臣。

"故子墨子有天之意也,上将以度天下之王公大人为刑政也,下将以量天下之万民为文学、出言谈也。"(《墨子·天志·中》)

从这句话中,我们可以知道墨子所提倡的"天志",是用来衡量王公大臣和天下万民言行的尺度,墨子认为只有"天志"才是人类行为的客观标准。

墨子通过制车轮的师傅和木匠的例子来说明上天有意志,并把它作为一个准则,用来衡量一个人的仁与不仁,最后得出只有顺从天意,才能造福民众,这才是"义"的准则。

墨子认为:上天的意志不但在消极方面限制人们某些事情不能做,并且在积极方面还鼓励人们,某些事情要努力去做。上天的意志,希望有力相营,有道相救,有财相分,这样做的结果,就是国家安定、万民团结、经济繁荣、百姓安居乐业。

墨子认为:神鬼不仅存在,而且能够对于人间善恶予以赏罚。

墨子生活在春秋末期,当时战争频繁,人民过着颠沛流离的生活,王公大臣们都争相夺利,于是导致了春秋以后数百年无义战的战国时代。

墨子所诚信信奉的上天和鬼神,是面对社会动荡的无奈,是他所代表的这一社会阶层自身的虚幻化身。因为当时墨子这一社会阶层,还不可能形成自觉的力量,更无从认识自己的力量。但是在痛苦的生活压榨下,在不公平的待遇下,在小私有者和手工业者逐渐取得了独立的地位,形成一定的社会力量时,他们不能不提出改善自己的生活条件和社会地位的要求。

墨子列举古代的很多传闻、古代圣王对祭祀的重视以及古籍的有关记述,以证明鬼神的存在和灵验,从今天来看,这种宣扬迷信的做法,显然是愚昧落后不足取甚至是应该受到批判的。但我们也应当看到,墨子"明鬼"的目的,主要是想借助神鬼超越人间的权威,以限制当时统治集团的残暴统治和对人民的欺压剥夺。从这个角度来看,墨子所谓的鬼神说,在当时还是有一定的积极意义。

对于这章,讲鬼神的存在和敬畏的问题,我踌躇半日,知其非常难讲,不讲神鬼,过不去这一章,讲又怕有宣传封建迷信之嫌,踌躇之后,我还是硬着头皮这样讲下去,不知合不合读者的口味,如有谬误之处,敬请批评指导。

当今社会,稍有常识的人都会认为,自己是唯物主义者的无神论者,唯物主义者的心目中是没有神鬼的,是不信神鬼的,你怎能讲神鬼呢?但笔者既然讲《中庸》,又不能够跳过这一章,更何况中国古代数千年的封建历史,人们虽然对于神鬼有无数次的争论,但在个别人的心目中,至今也没有完全消除。

只不过当今的中国大陆,新中国建立后,破旧立新,对于封建迷信的批判,特别是经过"无产阶级文化大革命"的破旧立新,移风易俗,人们对于鬼神认识已不再认真,特别是对于信仰,也已大打折扣,人们信仰的缺失,使有些人对于神鬼,是选择性的相信,功利性的想相信,实用性的相信,贿赂式的相信,不是真正的信仰,这正是我们当今社会的可悲之处。

国人某些人对于神灵,采取的是实用主义、行贿式的信仰

当今社会,一些人在做坏事的时候,很少有所忌惮神灵的惩罚,很少敬畏神灵的指责,很少畏惧神灵的报应。需要用得着神灵帮助的时候,才临时抱佛脚,修庙、塑佛、磕头、烧香、许愿。

想要生孩子了,就跟送子观音磕头烧香,祈求赐给一个儿女;想考大学了就给孔子或神灵磕头烧香,让孔子或神灵帮助他实现考上理想大学的梦想;想升官了就给某个神灵磕头烧香,让上帝帮助他实现晋升的愿望;想发财了就给文武财神磕头烧香,保佑他们招财进宝,日进斗金,发财发大财;有了灾祸了就给上帝或佛主磕头烧香,让上帝或佛主使他们逢凶化吉,遇难呈祥,帮助他躲过法律应有的惩罚……而且这些求助神灵的保佑并不是真正的虔诚,磕头烧香时许愿,也是他所祈求的愿望满足之后才去还愿。

这种实用利己式的信仰,不是真正的信仰,对于上帝神灵佛祖,没有应有的虔诚和敬畏,没有因果报应的心理震慑,该做坏事依然做坏事,不受任何上帝神灵佛主的约束。

人类由于对神灵缺少必要的敬畏,肆意掠夺资源,破坏自然和社会环境

当代人既然没有了对于上帝神灵佛主的信仰的敬畏,往往以以人为本的借口，在人定胜天思想的指引下，把人类当作了改造地球的主人，掌控宇宙的中心，自以为是，忘乎所以，肆无忌惮，不知天高地厚，为了满足无穷无尽的欲望，对于地球过度的开采和掠夺，严重破坏了生态平衡，弄得天怒人怨，自然灾害不断，臭氧层不断减少，海平面不断地上升，环境的日益恶化，严重影响了人类的生存。

《中庸》所谓的"神格"，按照当代人的观点，有明显的唯心主义因素，是不值得提倡甚至要提出严肃批评的，但在批评唯心主义的同时，我们是否应该检讨和反思一下自己，人类既然把自己当作了地球的主人，宇宙的中心，那么就应该负起主人的责任，担当起宇宙中心的义务，把权责利的责任全部承担下来。

人们不能够只享受利益，不承担责任；只享受权利，不承担义务。反过来说，如果广大无边的所谓的上帝、神灵、佛主，这些超越自然的神灵真的存在，他们时时刻刻，处处事事都在紧紧地注视着每一个人，盯住着每一个人，人们是否还敢这样的肆无忌惮的胡作非为！

由于没有对上帝、神灵、佛主的敬畏，人们为了无穷无尽的欲望，不惜发动战争，入侵别国，干扰别国内政，颠覆别国政权，危及别国人民的生命安全，导致别国人民的生灵涂炭。

由于没有对上帝、神灵和佛主的敬畏，人们为了无穷无尽的欲望，对于当今社会的一些人，诚信的严重缺失，道德的严重滑坡，良心的严重远离，人心的严重的肆无忌惮，有些人简直是无法无天，胆大包天，无恶不作，十恶不赦，对于这些十恶不赦的人，仅仅靠法律难以完全制止，仅仅靠道德难以约束，需要借用神灵威力，来震慑一些人的胡作非为、肆无忌惮、胆大包天。

对于一些人，不仅要依靠国家严格的法律来惩罚他们，而且要用道德的标准来约束他们，还要用神灵的威力来警戒他们。

让一些人感觉到，为人别做亏心事，头上三尺有神灵，上帝就在密切注视着每一个人，不要认为你做了亏心事，没人知道你，你不会得到报应。

希望借助这章关于敬畏鬼神、神灵的解读，对于当代社会的人们，有某些敬畏的启示！当然，这是封建迷信，应该受到严厉的批判。

第十三讲:大德受命与中庸功效

《中庸》第十六章,借孔子对神鬼的比喻,再次重申中庸之道如神鬼无所不在、无处不有的论断,告诫人们要时时刻刻,处处事事,应小心谨慎,心存敬畏之心,不要离经叛道,不要肆无忌惮,不要丧尽天良;时刻牢记,人在做,天在看,为人别做亏心事,头上三尺有神灵,这是上天神灵的警戒。

上帝神灵鬼魂无处不在,无处不有,如影随形,无时无刻,全天候地注视着每一个人的所作所为,不要做那些伤天害理的事情,否则就要受到上天神灵的惩罚。

天下万事万物,都有其内在的必然规律,违背其规律就要受到应有的惩罚,这是自然规律的警戒。中庸之道,是天下万事万物万象的达道,偏离它,就要受到其惩罚,这是中庸之道规律的警戒。

第十六章,孔子主要是告诫人们:天网恢恢,疏而不漏,善有善报,恶有恶报,不是不报,时机不到,时机已到,一切全报;第十七章,也就是这章,孔子告诉人们:善有善报是正理,为人行善,必定得到上天的好报,所以,正如孔子所说:

子曰:"舜其大孝也与! 德为圣人,尊为天子,富有四海之内。宗庙飨之,子孙保之。"

> 孔子说:"舜算是最孝顺的人了吧! 他有圣人的德行,有天子的尊贵,拥有四海之内的财富。他享受宗庙的祭祀,子子孙孙永远保持对他的祭祀不断。"

这里的四海:古代认为中国四周皆有海,故把中国叫海内,外国叫海外,四海泛指天下。

宗庙:古代帝王、诸侯祭祀祖先的处所。《古今注》曰:"宗谓祖宗,庙号以祖宗有功而宗有德,故统称之宗庙。周天子七庙,诸侯五,大夫三,士一。"《礼记·王制》:"自大夫以下皆称家庙,无庙号之可称也。"飨:一种祭祀形式。之:代词,指舜。子孙保之:意思是子孙后代保持延续不断。这里所谓的子孙,指的是舜的后代虞思、陈胡公等。

对于第十七章的解释：

张居正认为，子思引孔子之言说："凡为人子者，皆当尽孝道以事其亲，然孝有大小，若古之帝舜，其为大孝也与？何以见其孝之大，夫为人子者，非德不足以显亲，舜则生知安行，德为圣人，是所以显亲者，何其至也。非贵不足于尊亲，舜则受尧之禅，尊为天子，是所以尊其亲者，何其至也。非富不足于养其亲。而舜则富有四海之内，以天下养，是所以养其亲者，何其至也。又且上祀祖考以天子之礼，而宗庙之歆飨无已，所以光乎其前者又如是之隆。下封子孙为诸侯之国，而基业之传续无穷，所以浴乎其后者，又如是之远。"夫舜之德福兼隆如此，则所以孝其亲者，实有出于常情愿望之外者矣，此其所以为大孝与！

这里让我们了解孔子所说的："舜其大孝也与！德为圣人，尊为天子，富有四海。宗庙飨之，子孙保之"的虞舜。

为了较详细了解虞舜，不得不借助司马迁的《史记》。《史记·五帝本纪第一》有明确的记载，因篇幅过长，只能够引用译文如下：

据《史记·五帝本纪第一》记载：虞舜，名叫重华。重华的父亲叫瞽叟。瞽，是眼瞎的意思；叟，是老头的意思，其实虞舜的父亲就是一个瞎老头。

瞽叟的父亲叫桥牛，桥牛的父亲叫句望，句望的父亲叫敬康，敬康的父亲叫穷蝉，穷蝉的父亲叫颛顼，颛顼是五帝之一，颛顼的父亲叫昌意。到舜已经传了七代。从穷蝉到帝舜，都是地位低微的普通人。

舜的父亲瞽叟眼睛瞎了，舜的母亲死后，瞽叟又娶了继室，生了个儿子叫象，象骄纵凶残。瞽叟偏爱后妻的儿子，为了让小儿子象独霸家产，常常想杀掉长子舜，舜几次都逃避了。舜是个有名的孝子，自己如果有了小过失，舜便自觉接受惩罚。他恭敬地侍奉父亲、后母，善待弟弟，终日用诚恳谨慎的态度对待他们，从来不敢懈怠。

舜是冀州人，冀州大约是现在的山西、河南北部，河北省大部及辽宁省的西部。他曾经在历山（历山即雷首山，在今天的山西省永济县东南。）耕种过地，在雷泽捕过鱼，在黄河边上做过陶器，在寿山丘做过日用家具，在负夏做过买卖。也就是说舜，曾经做过农民、渔民、陶匠、木工、商人等。

舜的父亲瞽叟不讲道德，后母又爱说舜的坏话，弟弟象骄纵凶残，都想要杀掉舜，以便让象独霸家业。即便如此，舜依然是恭顺有加，不放弃做儿子的职责和兄长的义务，对弟弟尽为兄的宽容之道，对父母尽为子的孝敬之道。父母多次要杀害他,他总是能够躲过,如果有事找他,却常常就在身边。

舜20岁时,因为孝顺而闻名天下。30岁时,帝尧问谁可任用治理天下,帝尧身边的四个部落首领都推荐舜,说惟有舜可以胜任。于是,尧帝便把自己的两个女儿嫁给舜做媳妇,用来观察他在家庭里的表现,之后又派了身边的九个男人跟舜相处,来观察他为人处世及外面的表现。

舜此时住在沩水北岸,在家庭里的表现更加严谨。尧的两个女儿,从不凭借着自己显贵的出身骄傲地对待舜的父母兄弟,并严格遵循作为媳妇的礼节,尧的九个亲信,在舜的身边,看到舜的为人处世,更加诚实厚道。

舜在历山耕种,历山的人都互相让田地的边界;在雷泽捕鱼,雷泽四周的人都互让居住的地方;在黄河边制作陶器,生产的陶器都精益求精,完美无缺。在短短的一年时间里,舜所居住的地方便扩展成了村庄,两年便扩展成了集镇,三年便扩展成了都市。尧帝看到了舜非凡的成就,非常高兴,于是就赐给舜用细葛布做成的衣服和琴,给他修了仓库,赐予他牛羊。

舜的父亲瞽叟还是想杀害大儿子舜,于是他叫舜上到仓库顶部修理谷仓,自己却在下面放火烧仓库,舜只好拿着两顶斗笠护着自己从仓库顶部跳了下来,幸免于难,没有被烧死。后来,瞽叟又让舜挖掘井,舜为了防止再次的被害,挖井的同时,在井内深处偷偷的挖掘出一个可以藏身和逃命的空洞。待到舜把井真正的挖掘到深处,瞽叟和象在井上拼命的往井内填土,企图活埋舜于井下,舜只好从预先挖掘好的藏身之洞逃出,又一次死里逃生。瞽叟和象不知舜已逃身,以为舜已经死了,都很高兴,于是便商量瓜分舜的财产。

象对父母说:"最初出这个主意的是我"。象要与父母分舜的财物。他说:"舜的两个妻子——尧的两个女儿和琴归我;牛羊、仓库归父母。"

于是,象就在舜的房中住下,洋洋自得的弹着尧帝赐给舜的琴。这时,舜突然出现在象的面前。象大惊失色,故装作不高兴的样子说:"我正在想念你,想得好苦啊!"舜故作不介意的说:"谢谢你对我的惦记,没有什么!"

舜两次被害未成之后,舜侍奉父母,友爱弟弟,更加恭敬有加,小心谨慎了。之后,尧帝便试用考验舜,让他推行五教,到各个官府去工作,舜都办得非常妥善。

舜,20岁以孝闻名,30岁时尧起用了他,50岁时代行天子的政事,58岁时尧去世了,61岁时接替尧登上帝位,在位39年,到南方视察,100岁时在苍梧境内逝世。葬在长江以南的九嶷山，这里便是零陵。

舜登上帝位后，车上插着天子的旗帜去朝见父亲瞽叟，他不计前嫌，态度和悦恭敬，完全按照做儿子的礼节拜见父母，并封弟弟象作诸侯。

舜的儿子商均因不成大器，舜在去世之前，便向上天推荐禹，作为自己的继承人。

读完司马迁《史记》这则记述舜的故事，心中有一种说不出的感觉，内心憋得甚至说不出话来，不知道天下竟有舜这样凶残恶毒的父母兄弟。

常言道"虎毒不食子"，作为舜亲生父亲的瞽叟，多次必致舜于死地而后快，真是禽兽不如。不知是出于何种心理，也不知道天下竟有舜这样不计前嫌的人物，超出了凡人应有承受心理的极限，更不知道舜登上帝位之后，对于这样凶残恶毒的父母、兄弟的宽容和仁爱。

通过舜的故事，使笔者深刻地理解了"孝子不出慈父家，忠臣不出圣君下"的古语。

舜这样非凡的大德、大仁、大爱，不知几千年能够出现一个，难怪孔子说"舜其大孝也与？德为圣人，尊为天子，富有四海之内，宗庙飨之，子孙保之。"

这样的大孝，不知包含着舜内心深处多少委屈的泪水，多少无奈无助的呐喊？

这样的大德，不知需要舜有多大的胸襟，多大的包容，多大的宽恕和不计前嫌？

这样的大仁，不知需要舜有多大的仁爱之心，多大的忠恕之心，多大的救世情怀？

舜的大孝、大仁、大德，感天地，泣鬼神。舜的行为，非有大德大圣人之心不可，非有极度的中庸之道不行。

正因如此，舜的大德，得到上天的眷顾；舜的大仁，得到国人赞许；舜的大孝，得到尧帝的感动。尧帝才放心地把天下交给了大孝、大仁、大德的舜。所以说：

故大德，必得其位，必得其禄，必得其名，必得其寿

"故大德，必得其位，必得其禄，必得其名，必得其寿。"

"所以有最高道德品德的人，必然得到尊贵的地位，必然得到优厚的俸禄,必然得到显赫的名望,必然得到应有的高寿。"

这里的大德:指盛大而卓越的品德。

对于上句的解释:

张居正借用孔子的话解读:孔子说:"舜之德福兼隆,故所以为大孝。然自常人看来,福是天所付与,却似偶然得之,不可取必的一般。不知德乃福之本,福乃德之验,如影之随形,响之应声,盖理之必然者也。故舜既有圣人的大德,感格于天,必然贵为天子,得天下至尊之位;必然富有四海,得天下至厚之禄;必然人人称颂,得显著的名声;必然多历年所,得长久的寿数。"盖舜虽无心于求福,而福自应之如此,此所以能成其大孝也。

舜之盛大而卓越的高尚品德,天下之人,无人能比,所以得到尧帝最高的欣赏,得到了举国最高的帝位,被称之为圣王舜帝,在位数十年之久;舜帝之大德,得到了富有四海的财富;舜其大德,得到了流传千古的美名;舜之大德,得到了上百岁的高寿。

中国人"善有善报是正理"的信仰,有大德,天必赐予大位、大贵、大富、大寿的天命观,在舜的身上,体现得一览无余。

舜默默无闻,知行合一,身体力行,忠实地履行着中庸之道,从身边日常生活的小事琐事做起,从以德报怨宽容父母兄弟做起,认认真真做事,老老实实做人,把远大理想和做好本职工作有机的结合起来,把处理好家庭事物和为人处世有机的结合起来,只问耕耘,不问收获。

舜本身并没有苛以求福、求贵、求位、求寿,求名,而福、禄、寿、禧、名、财、位,却自然而然地如影随形,紧紧围绕着舜的周围,挥之不去。故大德者必得大报的信仰,在舜的身上体现得淋漓尽致,无以复加。所以:

"故天之生物,必因其材而笃焉。故栽者培之,倾者覆之。"

"所以,上天化育万事万物,必定依据它自身的资质,来决定区别对待它们是否厚施。所以,能够培养成才的就要一定耐心培育,不能够培养成才的就顺其自然,任凭上天的自然淘汰。"

材:质地、资质。笃:是加厚。栽:栽培。培:培育。倾:倾倒。覆:倾覆、摧毁。

对于这句的解释:

孔颖达认为:道德自能丰殖,则天因而培益之。又认为:若无德自取倾危者，天亦因而覆败之也。

朱熹认为：气至而滋息为培。气反而游则覆。

张居正认为，孔子说："舜以大德而获诸福之隆，非天子私于舜，乃理之自然者耳。观于天道之生万物，必各因其本然之材质而异其所加；如根本完固，栽植而有生意的，便从而培养之，雨露之所润，日月之所照，未有不滋长者；根本动摇，倾仆而无生意的，便从而覆败之，雪霜之所被，风寒之所折，未有不覆败者。"或培或覆，岂是天有意于其间？皆物自取耳。

这就是人们常说的因材施教，量才使用。上天是公平的，并没有偏向眷顾于某一个人；自然法则是无情的，自然淘汰的法则是优胜劣汰，毫不含糊；机会是均等的，机遇只给有准备的人。

你自己是扶不起的阿斗，你自己是糊不上墙的污泥，你自己不想成才，不注重修身养性，不严格要求自己，不思进取，吊儿郎当，上天怎能够眷顾于你？机会怎能钟情于你？自然怎能不淘汰于你！

李白说："天生我才必有用！"你是什么才？是天下国家的栋梁之才？还是建设家园的梁檩之才？或是搭建茅屋的茅草之才？是人员？人才？人精？人妖？人圣？还是什么人？都要顺其自然。

常言道："皇天不负有心人"；"天将降大任于斯人也"。只要你认真做到《大学》中所说的"格物"、"致知"、"诚意"、"正心"，才能够"修身"，"修身"之后，才能够"齐家"、"治国"、"平天下"。

路，就在每一个人的脚下；命运，就掌握在每一个人自己手上。

常言说："勤能补拙是良训，一分辛苦一分甜"。要经得起各种考验，不要怨天尤人。要一日三省吾身，要认真反思自己，自己怕苦怕累没有恒心，不能够行施中庸之道，却整日里想投机取巧，走捷径，图省力，走极端，怎能够得到上天的眷顾和垂青。所以：

"《诗》曰：'嘉乐君子，宪宪令德。宜民宜人，受禄于天。保佑命之，自天申之。'故大德者必受命。"

"《诗经》上说：'令人赞美欢乐优雅的君子，美德显赫光明。让人民安居乐业，上天赐给他福禄。上天保佑，福禄永远享受。'""所以，有大仁大德的人，必然会得到上天之命而做天子。"

这里的《诗》曰：指《诗经·大雅·假乐》篇，是一首歌颂周成王的诗，其言有德,应受天禄。嘉乐:令人赞许欢快。宪宪:今本《诗经》作"显显"显明兴盛的样子。令德:美好的德行。申:重申。受命:指受命为天子。

对于这句诗的解释:

郑玄认为:善者天厚其福,恶者天厚其毒,皆有其本而为之。

孔颖达认为:诗人言善乐君子,此成王宪宪然,有令善之德。

张居正认为,孔子又引诗说:"可嘉可乐的君子,有显显昭著的美德,既宜于在下民,又宜于在上位之人,以此能受天之禄,而为天下之主,天既命而保佑之,又从而申重之,使他长享福禄无穷也。"

张居正还认为:受命,是受天命为天子。孔子承上文又总论说:"由天生物之理,与诗人之言观之,可见有大德的圣人,必然受皇天的眷命而为天子,今舜既是有大德,正所谓物之栽者也,君子之嘉乐者也。则其受上天笃厚申重之命,而享禄位名寿之全,固理之必然者耳,尚可疑哉?"

作者子思借用《诗经·假乐》诗篇中歌颂周成王的诗句,令人赞美欢乐优雅的君子,美德显赫光明,让人民安居乐业,上天赐给他福禄。上天保佑他福禄享受,天长地久。所以,有大仁大德的君子,必然会得到上天之命而做天子。并由此做出结论:"大德必受命",从而说明,修养中庸之道的巨大功用,劝善人们修身养性,行施中庸之道。

这章从赞美舜的"大孝"——"舜其大孝也与!"为"大德";到只有"大德"之人,方才可以称之为"圣人"——"德为圣人";只有"圣人"才有资格"尊为天子,富有四海。宗庙飨之,子孙保之"。

所以说"故大德,必得其位,必得其禄,必得其名,必得其寿"。

因此,上天生育万物,必须根据他们本来的材质,因材施教,量材使用,顺其自然——"故天之生物,必因其材而笃焉";能够培养使用的就很好地培养使用——"故栽者培之";不能够培养使用的,就顺其自然"倾者覆之"。……

最后的结论是——"故大德者必受命"。

这章的层层递进的论述,不仅符合儒家的积极入世精神,同时也符合中国传统文化"善有善报,恶有恶报"的因果报应说;"吃得苦上苦,做得人上人"之类的历练说;"忍辱负重,委曲求全"自我修身养性说;还有"量材使用"说,"行善富贵"说等等。

儒家不反对富贵,不反对功名利禄,只是对于富贵的追求,不要见利忘义,要靠正当手段获得;对于功名利禄的追求,要符合道德规范,符合中庸之道,不要急功近利,不要巧取豪夺;对于人才的使用培养,不是一概而论,而是因材施教,因材使用,量材取舍,顺其自然,舍得自如,不逼着鸭子上架,不浪费国家栋梁之材。

这几章连篇累牍,反复举例讲解论证:从"君子之道费而隐";到"道不远人";到"君子素其位而行,不愿乎其外";到"上不怨天,下不尤人。故君子居易以俟命,小人行险以侥幸";到"君子之道,譬如远行,必自迩;譬如登高,必自卑";到"神鬼之为德,其盛矣乎","诚之不可掩如此夫";到"舜其大孝也与";到"故大德者必受命"的结论。叙说循序渐进、螺旋式上升的君子之道,中庸之道。

作者在这里,比较详细、具体、形象地规划出行施中庸之道的途径、方法、步骤、形式,就是由近到远,由低到高,由小到大,由易到难,由此及彼,由里到外,由暗到明,由浅入深,坚持不懈,循序渐进,方可逐步到达,逐步实现。不要心存侥幸,投机取巧,胡作非为,肆无忌惮,铤而走险,歪门邪道,丧尽天良。

最后得出"君子依乎中庸,遁世不见知而不悔,为圣人能之"的结论;再到"大孝"——"大德"——"圣人"的路径;只有具备大孝、大德的圣人,才可以得出"故大德必受命"的最后结论。

这就告诫和劝善人们:坚守君子之道,行施中庸之道,不是一朝一夕的事情,要长年累月的坚持不懈,持之以恒地修身养性,终生不倦地修身养德,不断地充实提高自己,一以贯之地奉行君子之道,最后才能够达到行施中庸之道的目的,达到"故大德必受命"中庸功效。

第十四讲:仁政与礼治的继承与发展

第十七章,主要是对大德受命与中庸功效的阐述:"故大德者,必得其位,必得其禄,必得其名,必得其寿"。其主要观点是,劝善人们修身养性,提高道德修养,总有一天会得到上天的眷顾,受命于天,担当起治国平天下的重任。坚守中庸之道,应该受到上天的眷顾。

"大德受命"和"中庸功效"的观点,充分说明,儒家并不是不追求功名利禄,而是在追求功名利禄的同时,强调大德、大孝、大圣之后的受命于天,强调坚守中庸之道的人,应该受到上天的眷顾。

从以下的第十八章开始,直到十九章、二十章这三章,作者用周文王、周武王的故事,来说明圣人为人处世,安身立命,合乎中庸之道,并逐步展开对儒家纲领和个体修养的方法进行论述。

第十八章,可分为三个层次。

第一个层次,讲周代先王积善积德,特别是周文王这一代,其大德更加显著昭彰。

第二个层次,讲周武王虽然以武力夺取天下,但在德行上也十分显著,成为至尊的天子,实现了"普天之下,莫非王土;率众之滨,莫非王臣"的宏愿,以及子子孙孙受到祭祀。

第三个层次,讲周公旦继承发扬文王、武王的宏图大业,并制定礼乐制度,以礼乐制度治理天下。

第十八章,从德行讲到功名,从赐功名讲到礼乐,既强调了以一贯之地施行中庸之道,同时也强调了与时俱进的使命观,提出了文王的无忧,强调了圣人的继承与发扬。

仁政与礼制,父作子述的继承与发展

子曰:"无忧者,其惟文王乎!以王季为父,以武王为子,父作之,子述之。"

孔子说:"古代的帝王没有忧愁的人,恐怕只有周文王吧!王季是他的父亲,武王是他的儿子,父亲开创基业,再由儿子武王继承。"

"武王缵大王、王季、文王之绪,壹戎衣而有天下,身不失天下之显名,尊为天子,富有四海之内。宗庙飨之,子孙保之。"

"武王继承太王、王季、文王开创的基业,一穿上戎装就取得天下。没有失去显赫的名声,被尊崇做了天子,拥有天下四海之内的财富,死后和祖先共同享受宗庙中的祭祀,子子孙孙世代保守王业、永保祭祀延绵不断。"

这里的文王:姓姬,名昌。晚年号文王,是商朝末代周部落族的首领。

王季:名季历,号西伯,文王的父亲。

武王：姬发，文王的儿子。他继承父亲的遗志击败商纣王，建立了西周政权。

作：作为，创始，此指王季的功绩。周部落国势发展，季历同商朝属下的任姓挚氏通婚，加强了与商朝的关系。

述：记述。孔子说："述而不作，敏而好古。"这是儒家思想的一个核心原则，即惟圣人可以著作，后人只能依据祖宗的成法加以阐述。也是中国古代政治思想中"敬天法祖"的一种理论来源。但这里的"述"不是记录的意思，还可以延伸为继承发扬的意思。缵：继承。

大王：即周太王，周文王的祖父古公亶父。

绪：原意为遗留，后多用来指前人未竟之业。

壹戎衣而有天下：一战而获得天下。戎衣：军装，指代军队，这里引申为战争。

为了弄清楚这里孔子所说的文王和文王的父亲王季，文王的儿子武王，以及王季的父亲古公亶父太王，还是引用司马迁《史记·周末本纪第四》的记述，但由于篇幅过长，只好引用其译文：

太王：古公亶父继承并振兴后稷和公刘的事业，积累道德，施行仁义，全国人民都拥护他。獯鬻戎狄攻打古公亶父，想得到他的财物，古公亶父便把财物送给他们。不久又来攻打，想夺取他的土地和人民，人民非常愤怒，准备战斗。古公劝说大家："民众设立君主，是靠着君主来为人民谋利益的，现在戎狄发动战争的原因是为了得到土地和民众，民众属于我，跟属于他们，有什么不同呢？民众要为了我的缘故而去打仗，要打仗就要有牺牲，我牺牲人家的父亲或儿子去做人家的君主，我于心不忍啊！"

于是，古公亶便带着他私人所管辖的一批人离开了邠地，渡过漆水、沮水、翻越梁山，定居在岐山脚下。附近其他国家的民众，听到古公亶的仁慈，纷纷归附于他。这时，古公亶便改变戎狄的部分风俗，建筑城墙房屋，把民众分成村落定居下来，又设立各种官职，负责管理各种事物，民众都十分高兴，欢乐无比，到处颂扬古公亶的德行。

古公亶的长子叫太伯，次子叫虞仲，古公亶的妻子太姜又生了个小儿子叫季历，季历娶了太任，太任和其婆婆太姜一样都是贤惠淑女，太任生下儿子叫昌，也就是姬昌，姬昌出生时，有圣人的祥兆。古公亶说："我这一族人应该有受命于天，干大事业的人出现，大概应验在昌身上吧！"长子太伯和次子虞仲，体察到古公亶想要季历接位，为了方便传位给弟弟昌，于是两人就逃到吴地，像当地人一样剪断头发，身上刺上花纹，隐居起来，从而让位给弟弟季历。

古公亶去世，儿子季历继位，就是西伯，西伯就是后来的文王。他遵循后稷、公刘的事业，效仿古公亶、公季的做法，虔诚地施行仁义，敬重老人，慈爱晚辈，恭敬下属，尊重贤才，夜以继日，废寝忘食，勤于国事，天长日久，感动了天下士人，纷纷前来归附。就连德高望重的伯夷、叔齐在孤竹国，听说西伯特别敬重老人，也一起来归附他。太颠、闳夭、散宜生、鬻子、辛甲大夫等天下名流，都纷纷来归附于西伯。

这时，崇侯虎向殷纣王诬陷西伯说："西伯积累善事和德行，诸侯都纷纷归向他，这样下去，将要对您不利。"殷纣王听了崇侯虎的谗言，便把西伯关押在羑里（今河南省安阳市汤阴县北）。闳夭等人为西伯担心，便找来有莘氏的美女，骊戎的彩色骏马，有熊氏的三十六匹良马，以及其他奇特珍宝，通过殷朝宠臣费仲献给了殷纣王。纣王很高兴地说："有了这其中的一件宝物就可以放西伯了，何况有着这么多的宝物呢！"于是便赦免了西伯，并赐给他象征权力的弓箭和大斧，使他有权征讨周围的诸侯。殷纣王说："诬陷西伯的人是崇侯虎"，给了自己台阶。西伯以献出洛河以西的土地为条件，以请求殷纣王废除炮烙酷刑，殷纣王同意了他的请求。

西伯广施仁政，周边的诸侯有了争端都来找他裁决。当时，虞、芮两国，发生争端不能够解决，便来到周国。他们进入周国后，只见农民互相让田界，人民尊老爱幼。虞、芮两国的使者还没有见到西伯，就感到惭愧地说："我们的所作所为，正是周国人民认为是耻辱的事情，我们就不用去了，去了只能带来耻辱。"于是返回，相互理解谦让。诸侯听到这些事情说："西伯应该是承受天命的君主吧！"

第二年，西伯讨伐犬戎，接连两年又打败周边两个诸侯国。殷朝的官员祖伊听到这个消息，报告殷纣王。纣王说："我不是有天命吗！他又能奈何于我！"次年，西伯讨伐邘国，下一年又讨伐崇侯虎，设立了丰邑，并把国都从岐山迁到丰邑。次年，西伯去世。太子姬发继位，号称武王。

西伯在位约50年。他被关押在羑里时，据说把伏羲《易》的八卦演绎成六十四卦。西伯死后十年，被追封为周文王。

　　周文王执政时，改变了殷朝的法令制度，建立了自己的法律制度，制定了历法。他追尊古公亶为太王，因为周朝的王业是从古公亶（太王）开始奠基的，公季历为王季。

　　武王继承王位，拜姜太公吕望为军师，周公旦为宰辅，召公、毕公等人在武王身边辅佐，继续发扬光大周文王的事业。……

　　后来武王伐纣，推翻了殷周政权，取而代之，成为周朝的天子。……

　　武王死后，太子继位、就是周成王。因为成王年幼，加上周朝刚刚平定天下，周公旦担心诸侯背叛周朝，便代理成王行政，主持国事……

　　这就是孔子所说的："无忧者其惟文王乎！以王季为父，以武王为子，父作之，子述之。"

　　"武王缵大王、王季、文王之绪，壹戎衣而有天下，身不失天下之显名，尊为天子，富有四海之内，宗庙飨之，子孙保之"的前因后果。

　　周朝历时八百余年，是中国古代历时最长久的朝代。这就是司马迁在《史记》中的记载。

　　对于上句的解释：

　　郑玄认为：圣人以立法度为大事，子能述成之，则可无忧乎？尧、舜之父子则有凶顽，禹、汤之父子则寡令闻。父子相成，惟有文王。

　　孔颖达认为：武王能缵继父祖之业，以王天下也。文王以王季为父，则王季能制作礼乐，文王奉而行之。文王以武王为子，武王又能述成王之道，故"无忧"也。

　　张居正认为：这一节是说周文王的事。子思引孔子之言说："自古帝王创业守成，皆未免有不足于心的去处，有所不足，则生忧虑，若是无所忧虑者，其惟周文王乎。何以见之？凡前人不曾造作，自己便有开创之劳，后人不堪继承，将来便有废坠之患。二者皆可忧也。惟文王以王季之贤为父，以武王之圣为之子，王季积功累仁，造周家之基业，将文王要做的事情先做了，这是父作之。武王继志述事，集周家之大统，将文王未成就的事业，都成就了，这是子述之。"既有贤父以作之于前，又有圣子以述之于后，文王之心，更无有一些不足处，此其所无忧也。

　　张居正还认为：这一节是说武王的事。缵，是继。大王是武王的曾祖，王季是武王的祖，文王是武王的父。绪，是功业。戎衣，是盔甲之类。孔子说：

"周自大王的始基王迹,王季勤劳王家,文王三分天下有其二,那时天命人心,去商归周,王业已是有端绪了,但未得成就。及至武王,能继志述事,缵承大王、王季、文王的功业,因商纣之无道,举兵而伐之,以除暴救民,只壹着戎衣还定了天下。夫以下伐上,其事不顺,其名不美,宜乎失去了天下的显名,然那时候诸侯率从,万姓悦服,人人爱戴称美他,并不曾失去了光显的名誉,其得人心如此。以言其尊,则居天子之位,天下的臣民都仰戴他。以言其富,则尽有四海之内,天下的贡赋都供奉他,上而祖宗,则隆以王者之称,祀以天子之礼,自文王以前,都得歆飨其祭祀。下而子孙,则传世三十,历年八百,自成康以后,都得保守其基业,其得天眷又如此。"

盖武王之有天下,一则承祖宗之业而不敢废,一则顺天人之心而不敢违。此者善述之孝,丕承之烈,所以后世莫及也。

周朝,被称之为三代盛世,周文王、周武王、周公旦、周成王等被称之为行施仁政的典范,是孔子朝思夜想,梦寐以求的周公时代,也是儒家极为推崇的时代。

古公亶继承父志并振兴后稷和公刘的事业,积累道德,实行仁政,获得了民心。周文王继承父祖的遗志,广施仁政,天下归心,三分天下有其二,开创周代八百多年基业。其子周武王,推翻残暴的殷商纣王,实行仁政,完成了父祖的未竟事业。

武王死后,其子周成王在其武王之弟、成王之叔父周公旦的辅佐下,制定礼乐制度,以仁政和礼制治理天下,得到人民的广泛拥护,深得民心。

所以说文王是无忧的。文王的无忧主要是和前代的几个圣君对比,尧、舜的父亲和儿子都很凶残,夏禹和商汤的父亲和儿子都有很多不足,惟有文王父作之,子述之,子承父祖之业,继往开来,发扬光大,完成周代的创业和继承,所以说文王无忧。

"武王未受命,周公成文武之德,追王大王、王季,上祀先公以天子之礼。斯礼也,达乎诸侯大夫、及士、庶人。父为大夫,子为士;葬以大夫,祭以士。父为士,子为大夫,葬以士,祭以大夫。期之丧达乎大夫,三年之丧达乎天子,父母之丧,无贵贱一也。"

"武王晚年时承受上天之命,周公完成了文王、武王的德业,追封太王、王季为王,以天子的礼节追祀祖先。这种礼制一直通行于诸侯、大夫、士人和普通的平民百姓。如果父亲是大夫，儿子是士，父亲去世用大夫的礼节安葬，用士的礼节祭祀。如果父亲是士，儿子是大夫，父亲去世用士的礼节去安葬，用大夫的礼节去祭祀。一年的守丧期通行到大夫，三年的守丧期通行到天子。给父母守丧的日期，没有贵贱之分，都是一样的。"

这里的末：晚年。受命：承受天命。

周公：西周初年政治家。姓姬，名旦，亦称叔旦。周文王子，周武王的胞弟。采邑在周（今陕西岐山北），故称之为周公，曾协助武王灭商纣。武王逝世后，周成王年龄尚幼，由其摄政。由于管叔、蔡叔、霍叔等不服，联合殷商的遗老武庚和东方的少数民族反叛。他出师东征，平定反叛，大规模分封诸侯，并营建洛邑（今河南洛阳）为东都。相传他制礼作乐，建立典章制度，主张"明德慎罚"。其言论见《尚书》的《大诰》、《多士》、《无逸》、《立政》等篇。

周公旦，为巩固周朝的统治，做出了巨大的贡献。素有"周公吐哺，天下归心"的赞誉。

周礼：亦称《周官》、《周官经》、儒家经典之一。

《周礼》，收集周王室官制和战国时各国制度，添附儒家政治思想，增减排比编辑而成的汇编。古文经学家认为为周公所作，今文经学家认为出于战国，也有人认为是西汉末年刘歆所伪造。近人从周秦铜鼎器铭文所载官制，参考该书中的政治、经济制度和学术思想，定为战国时作品。共有《天官冢宰》、《地官司徒》、《春官宗伯》、《夏官司马》、《秋官司寇》、《冬官司空》等六篇。有东汉郑玄注《周礼注》、唐贾公彦《周礼正义》、清孙诒让《周礼正义》等。

孝：古代的道德规范。儒家指养亲、尊亲。

儒家，孔子说："今之孝者，是谓能养。至于犬马，皆能有养，不敬，何以别乎！"《论语·为政》

儒家，孟子说："孝子之至，莫大乎尊亲。"《孟子·万章上》

墨家，把孝建立在"兼爱"的基础上。后期墨家提出："孝，利亲也。"《墨子·经上》以为孝，只是如何有利于父母赡养。

道家，老子则认为："绝仁弃义，民复孝慈"（《老子·十九章》），反对儒家的这一伦理思想。

法家，韩非认为：孝即"家贫则富之，父苦则乐之"（《韩非子·戴孝·忠孝》），就是说使父母改变贫苦的生活。

礼:本谓敬神,引申为表示敬意的统称。还指为敬意或表隆重而举行的仪式。泛指奴隶社会或封建社会贵族等级制的社会规范和道德规范。

《论语·为政》:"齐之以礼。"朱熹注:"礼,为制度品节也。"

《礼记》:亦称《小戴礼记》或《大戴礼记》。儒家经典之一。秦汉以前各种礼仪论著的选集。相传西汉戴圣编纂,今本为东汉郑玄注本。有《曲礼》、《檀弓》、《王制》、《月令》、《礼运》、《乐记》、《大学》、《中庸》等四十九篇。

大概为孔子弟子及其再传、三传弟子所记,是研究古代社会情况,儒家学说和文武制度的参考书。

《礼运》:《礼记》篇名。约为战国末年或秦汉之际儒家学者托名孔子答问的著作。"名曰《礼运》者,以记五帝三王相变易阴阳转璇之道"(郑玄)。

《礼运》其中,对儒家理想的"天下为公"的"大同"社会做了典型的描述,故有"礼运大同"之称。还提出以"天下为家"的"小康"之治,是进入"大同"之前的低级阶段。

"大同"思想,对后来的洪秀全、孙中山等都有影响。

《礼治》:儒家的政治思想。主张用贵族等级制度的社会规范和道德规范维持统治。

儒家自孔子起,即提倡礼治,要求天子、诸侯、卿、大夫、士等各级统治者都安于名位,遵守礼制,不得僭越,以便巩固统治者内部,更有效地统治人民。

《荀子·修身篇》:"故人无礼则不生,事无礼则不成,国家无礼则不宁。"

追王:追尊为王。

先公:指古父亶以上的周朝历代的祖宗。礼:这里专指礼法、礼节等典章制度、传统习惯、社会行为规范等。达:到、至。及:推极、普及。

诸侯:周代天子分封亲属和功臣的爵位有,公、侯、伯、子、男五等。诸侯的封地称国,爵位世袭,诸侯在封地内自称国君。

大夫:国君以下的官职有卿、大夫、士三等。大夫的封地称家,在封地内大夫属一家之主。

葬以大夫:以,遵照。是说遵照大夫的礼节埋葬。

士:在商朝为品级最低的贵族,大多是卿、大夫的家臣。有食田者,也有食禄者。

庶人:指从事农业生产的平民百姓,也称为野人(没有爵位的人,是否相当于解放前的地主阶层）。地位在士以下，农、工、商、皂、隶之上。

对于上句的解释：

孔颖达认为：周公尊崇先公之礼，非直天子所行，乃下达于诸侯、大夫、士、庶人等，无问尊卑，皆得上尊祖父，以己之禄祀其先人，若有周公以成王天子之礼祀其先公也。父既为大夫，祀以士礼，贬其先人而云尊之者，欲明以己之禄祀其先人也。欲见大夫之尊，犹有期丧，谓旁亲所享在大功者，得为期丧，还着大功之服，故云"达乎大夫"。若天子、诸侯旁期之丧，则不为服也。正统三年之丧，父母及适子并妻也。为父母之丧，无问天子及、士、庶人，其服并同。

朱熹认为：上祀先公以天子礼，又推大王、王季之意，以及于无穷也。又说：制为礼法，以及天下，使葬用死者之爵，祭用生者之禄。丧服自期以下，诸侯绝，大夫降；而父母之丧，上下同之，推几以及人也。

张居正认为：这一节是说周公旦事。末，是老年。孔子说："先时文王未为天子，于一应礼治，拘于势分而不得为。武王年老，才受天命，日不暇给，虽得为而不及为，是文王武王尊祖孝亲之德，尚有所欲为而未遂者。

至周公辅相成王，才一一都成就之。如古公、季历，是文王的父祖，周公于是推文武之意而追王之，尊古公为大王，尊季历为王季，生前只是侯爵，如今加称尊号，则文王武王之心，至是而慰矣。

周之先公自组绀以上至后稷，又是大王、王季的祖父，于是又推大王、王季之意，以天子之礼祭之，礼陈九献之仪，舞用八佾之数，当初祭以诸侯，如今祭以天子，则大王、王季之心，至是而慰矣。

然不惟自尽其孝而已，又以天下之人虽名分不同，贵贱有等，他那孝亲保本之心，与我一般，于是以所制之礼，推而下达诸侯、大夫及士、庶人，使之皆得随分以尽其孝。如父母做大夫，子做士，父没之时，葬固以大夫之礼，而祭则以士之礼。如父做士，子做大夫，父没之时，葬固以士之礼，而祭则以大夫之礼。

盖葬从其爵，以死者以安也。祭从其禄，伸生者之情也。又制为丧服之礼，期年的丧服，下自庶人，上达乎大夫，犹通行之。天子诸侯便不行了，盖叔伯昆弟之丧，犹可伸以贵贵之义，所谓亲不敌贵也。

若三年之丧服，则下至庶人上达乎天子，皆通行之，何也？三年之丧父母之丧也，子生三年，然后免予父母之怀，恩义至重，无贵无贱，都是一般，所谓贵不敌亲也。"

夫追崇之礼,行于王朝,丧祭之礼,达乎天下,孝心上下融彻,礼制上下通行,周公之所以成文武之德者如此。

周公打败武庚班师回京后,马上把朝廷大事规划清楚,又把多年来流传繁多礼节总结成三百礼仪、三千威仪,形成了一套衣服、器具、交际往来等级极密度礼仪。其吉、凶、宾、嘉、军五礼,是西周贵族常用的五大礼仪。这些繁文缛节再配上与他们身份相适应的音乐,就形成了一整套礼乐制度。在宗庙里使用的青铜器和乐器,成为礼乐制度的象征。因而"惟器与名不可假人。"

周公制定的这套礼乐制度,使西周各级统治者获得了周王赋予的特权,并规定了他们对周王朝履行的一定的义务。这对西周王朝的巩固和统治阶级内部的团结起了不小作用。由于周公的功劳,还受到了使用"天子礼乐"的特殊恩赏。

周公制定了礼乐制度之后,从此中国古代开始了礼制和乐制的时代。这是中国从奴隶制到封建礼治的重大转变,是古代中国的巨大进步,在中国影响极大,具有极大的历史意义。

礼的主要内容是"亲亲尊尊",特别强调君臣之义,父子之亲。礼的名目繁多,相传有吉、凶、宾、军、嘉五大类。

吉,是祭祀和敬事鬼神之礼;凶,是丧葬凶荒之礼;宾,是迎宾朝聘之礼;军,是兴师动众之礼;嘉,是饮宴嫁娶之礼。

行礼要有一定的仪式,并演奏与礼相一致的乐章。

西周的礼乐制度,有极其严格的等级,如墓葬中的列鼎数目,按照周礼规定"天子九鼎,诸侯七,大夫五,元士三",这是不能僭越的。

因此,荀子说:"礼者,贵贱有等,长幼有差,富贵轻(贱)重(贵),皆有称者也"。

礼乐制度,是通过维系等级名分的方法,来达到巩固统治阶级内部的秩序和团结,以加强奴隶主专政的目的。但它也反映了西周时代的文明,对后世有深远的影响。

礼治,是儒家的政治思想。主张用贵族等级制度,社会规范和道德规范维持统治。

儒家自孔子起,即提倡礼治,要求天子、诸侯、卿、大夫、士等各级统治者都安于名位,遵守礼制,不得僭越,以便巩固统治阶级内部更有效地统治人民。

《荀子·修身篇》："故人无礼则不生，事无礼则不成，国无礼则不宁。"

礼制，就是以礼从外部制约、规范人们，人分三六九等，天子、诸侯、卿、大夫、士、庶人、农、工、商、皂、隶多个等级。

周武王推翻殷商政权，年岁已经很大，留下了许多未竟事业等待着他的儿子成王去做。成王继位，年龄尚幼，不得不由武王的弟弟，成王的叔叔周公摄政。

周公没有辜负其兄长武王的期望，励精图治，制定礼乐制度，广施仁政，享有"周公吐哺，天下归心"的美名。

周公拨乱反正，把殷商残暴政权的烂摊子整理得井井有条，把一个大周江山经营得有声有色，活力四射，深受万民爱戴和拥护，继承发扬了先父祖的仁政基业。

在周公所制定的礼乐制度里，各个方面都有严格的制度，有法可依，有章可循，从此，开创了中国封建社会严格的等级礼法制度。

特别是丧葬祭祀的礼法制度，数千年来历代承袭，严格遵守，父祖有了功德，可以因袭子孙，祖孙有了功德，可以光宗耀祖。

第十五讲：继承先祖遗志，达孝治理天下

上一章即第十八章，阐述了周文王和周武王，继承发扬光大父祖遗志，父作子述，仁爱有加，盛德相传。周武王，推翻殷商昏庸残暴的政权，开创周朝基业。周公旦，辅助成王稳定周朝江山，平定叛乱，制定了礼乐制度，以礼乐制度治理家国天下，是一个社会进步。

对于这一连串的父作子述，继往开来，发扬光大，被孔子认为是君子之道的典范，中庸之道的模范，全国效法的榜样。

这一章也就是第十九章，继续以文王、武王和周公的具体事例，进一步阐述周代，以孝治家国天下，父作子述，世代传承，发扬光大。文武周公的父作子述，被孔子认为：最大的孝，就是能够继承先人遗志，把先人开创的未竟事业，继续发扬光大下去。所以：

大孝,是继承先人遗志,把先人的未竟事业发扬光大

子曰:"武王、周公其达孝矣乎! 夫孝者,善继人之志,善述人之事者也。"

孔子说:"武王和周公都可以说是孝道通达于天下的人了吧! 孝,就是很好地继承先祖的遗志,很好地完成先祖的未竟事业。"

"春秋修其祖庙,陈其宗器,设其裳衣,荐其时食。"

"在一年四季祭祀的时节,修整祖庙,陈列祭器,把祖先遗留下来的衣服陈设出来,供奉符合时令的食品。"

这里的其达孝矣乎:指以孝道通达于天下的人。达:通的意思。达孝:是通天下之人都称之为孝道的人。

善继人之志:很好地继承先人的遗志。善:能够。继:继承。人:这里指祖先。志:志向。述:传述。事:这里指未竟的事业。

全句的意思是说:能够很好地继承发扬光大先人的遗志,能够很好地完成先祖的未竟事业。

春秋:本指季节,这里指一年四季祭祀祖先的时节。修:修正。祖庙:供奉祖先牌位的处所。

陈其宗器:陈,陈设。宗器:祭祀祖先用的器皿。全句的意思是陈设着祭祀祖先时需要的器皿。

裳衣:祖先生前穿过的衣服。裳,指下装。衣,指上装。

荐其时食:敬献出时令食品。

对于孔子这句的解释:

孔颖达认为:若文王有志伐纣,武王能继而承之。又认为:文王有文德之王基,而周公制礼以赞述之。故《洛诰》云:"考朕昭子刑,乃单文祖德",是善述人之事也。此是武王、周公继孝之事。

朱熹认为:承上章而言武王、周公之孝,乃天下人通谓之孝,犹孟子之言,达尊也。又说:武王缵大王、王季、文王之绪以有天下,而周公成文武之德以追崇其先祖,以此继志述事之大者也。

张居正认为,子思引孔子之言说:"凡人之孝,止于一身一家,而未必能通天下。惟是武王周公,不惟自己能尽孝亲的道理,又能推己及人之亲,礼制大备,使人人皆得以尽其孝,所以通天下之人,都称他孝,而无有间然者,岂不谓之达孝矣乎!"

　　张居正又说:"武王周公所以为达孝者,无他,以其能继志而述事也。盖前人之心志,有所欲为的,虽是不曾遂意,也望后人去承继他。武王、周公便能委曲成就,念念要接续前人的意向,不使他泯灭了,这是善继其志。前人之行事,有所已为的,虽是不曾成功,也望后人去传述他。武王、周公便能斟酌遵守,件件要敷衍前人的功绪,不使他废坠了。"

　　这是善述其事,武王周公之孝如此,所以达乎天下,而无一人不称其孝也。

　　张居正还说:孔子说:"武王、周公所以善继志而述事者,何以见得?今以所制祭祀之礼而言之,到春秋祭祀时节,于祖庙中门堂寝室,皆及时修正,以致其严洁而不敢亵渎,于先祖所藏的重器,都陈设出来,以示其能守而不敢坠。于先王所遗的裳衣,必设之以授尸,不惟使神有所依,亦以系如在之思也。于四时该用的品物,心荐之以致敬,不惟使神有所享,亦以告时序之变也。"

　　武王周公所制祭祀之礼,通于上下者如此。

　　武王伐纣灭殷,推翻了殷商残暴的政权,继承了文王的遗志;周公制定礼乐制度,以礼乐治理家国天下,继承发扬了武王的未竟事业,巩固发扬了文王、武王千辛万苦开创的基业,做到了先辈没有能够做到的事业。

　　所以说武王、周公是天下公认的大孝,并由此确立了孝道的具体含义,就是要善于继承前人的遗志,把他们的未竟事业继往开来,发扬光大,这才是大孝。

　　而这种继承发扬光大,是内容实质上的继承发扬,为了能够保证这种继承发扬光大的长期持久地继往开来,需要有具体形式的实施,这种形式就是用祭祀的方式固定下来。

　　其实,这种祭祀形式有三层意思:一是告慰先祖,二是告诫生者,三是启示来者。用孝道祭祀固定的形式,实现最好地继往开来,生生不息,发扬光大。

　　在中华文化的传承过程中,内容和形式同样是重要的。对于祖先和圣贤的祭祀,传承了数千年之久,至今依然没有中断,国家祭祀黄帝陵,民间祭祀自己的父祖及祖先。

　　这是一种民族凝聚力,是一种家族的向心力,是一种独特的传承教育方式,是一种继往开来的仪式。

　　这种形式,在民间一年四季都有固定的祭祀节日,如春季的清明节,夏季的阴历七月初一,秋季阴历的十月初一,冬季的春节前后的腊月二十三,正月十五等等。

老百姓大都是按照各地不同的风俗习惯,各族不同的祭祀方式,照常到父祖和先人的坟上或墓地,先锄草、修整、打扫卫生;然后开始供奉食品、果品、献花;再跪拜、烧纸、敬烟、祭酒、述说、汇报近来子孙所取得的成绩,以及家族中的重要事情等等。

如子孙有了成绩进步,如考上了大学,娶了媳妇,生了孙子,得到了升迁,发了财等等,都要到先辈的坟墓前点上香,烧上纸,敬献食品香烟果品等,汇报子孙所取得的成绩和成就,以告慰先辈们的在天之灵。

一年四季,时不时地把前辈们的遗物,晾晒整理一下,追思先辈们的音容笑貌,回顾父母的养育之恩,激励自己的前进,同时也给自己的子女儿孙做出榜样,代代传承,以孝治家。

这种祭祀形式的过程:一是表达对于上天神灵的敬畏;二是表达对于上天和神灵的感恩;三是不忘先人养育之恩;四是让先辈们保佑和监督子孙的言行。

这种严肃的祭祀形式,对于中华民族一代一代的薪火相传,有着非常重要的积极意义。使后辈子孙、心存敬畏之心、感恩之心、谨慎之心、图强之心,实现长江后浪推前浪使命的完成和继承发扬。

孔颖达、朱熹、张居正,他们比较详细地介绍了古代礼制祭祀的过程,至今国家和地方,每逢清明节的祭祀,如祭祀黄帝陵,炎帝陵,颛顼、帝喾陵,其排场过程也如此讲究,不过民间人们祭祀自己的父母先辈,就没有了这般排场和讲究了。

古代的人们,对于大自然的变化不甚了解,面对天灾人祸,不知如何解释,就认为上天降灾祸以示惩戒,感到诚惶诚恐,久而久之的诚惶诚恐,逐步上升到了迷信,祈求上天神灵保佑,祈求祖先神灵保佑,所以非常重视祭祀,这在当时是很普遍的风尚和习俗。

周公,迎合这种风尚习俗,归纳整理,规范总结,制定成周礼,以便于周室王朝统治下的臣民统一执行。

古代对于祖先祭祀的目的,是为了表达子孙继往开来的一种孝心,一种追思,一种感恩,一种祈求上天和祖先的神灵,对于子孙后代的护佑保护,也是孝道具体形式的体现。

在中国古代，有身份地位的人家，是有宗庙的，宗庙也就是家庙。一个大家族，在祭祀祖先的时候，按照周公的礼制，是亲疏有差，贵贱有等，贤愚有别，长幼有序的。所以孔子说：

"宗庙之礼，所以序昭穆也。序爵，所以辨贵贱也。序事，所以辨贤也。旅酬下为上，所以逮贱也。燕毛，所以序齿也。"

孔子说："宗庙祭祀的礼仪，亲疏有别，是用来区分家族辈分亲疏的。排列官爵次序，贵贱有别，是为了分别贵贱的。排列执事人的次序，贤愚有别，是为了分别贤能的。晚辈给长辈举杯敬酒，长幼有别，是为了把父祖辈的恩荣延承下来。按年龄排列宴会的座次，长幼有序，是为了区分年龄大小的。"

这里的祖庙：即宗庙，供奉祖先的处所。序：是次序。

昭穆：宗庙中主牌位的序列，一般始祖居中，以下父子按左昭右穆顺序排列。在左边的为昭，取阳明之义；在右边的为穆，取阴幽之义。这里指祭祀时排列出父子、长幼、亲疏的次序。

序爵：按照在祭祀时所担当的职务来排列次序。

旅酬：旅：是众。酬：是以相互劝酒。旅酬：古代祭祀毕，主人举杯酬宾，宾客交错互答，众人依次序互相劝酒。

燕毛：饮宴时依照毛发颜色区分长幼。燕，同"宴"，是宴饮。毛：是毛发。齿：是年齿，年龄。

对于这句的解释：

孔颖达认为：若昭与昭齿，穆与穆齿是也。祭祀之时，公、卿、大夫各以其爵位齿列而助祭祀，是"辨贵贱"也。

朱熹认为：祖庙：天子七，诸侯五，大夫三，适士二，官师一。宗器，先世所藏的重器，若周之赤刀、大训、天球、河图之属也。

张居正认为：当祭于宗庙之日，群庙的子孙，皆来与祭，其排列的班次，或在左、或在右，各依照其主而不紊乱，所以序其何者为昭，何者为穆，使等辈先后之不至于混乱也。

陪祭之臣，有公、有侯、有卿太夫，其爵不同，于祭之时，而序其或在前或在后，都有个次第者。所以分辨其孰为贵、孰为贱，使尊卑不至于僭越也。祭必有事，如宗，是掌管祠祭典；祖，是读祝文档。又有司尊的，执爵的，及奠帛赞礼的，皆事也。

于祭之时，而序次其执事者。盖祭以任事为贤，所以分别其人之贤，择其德行之优、威仪之美、趋事之纯熟者为之，使非贤者不得与也。

祭祀之时，同性的兄弟与异姓的宾，众人饮酒，互相劝酬，其各家子弟们，都使他举觯（古时饮酒用的器具）于其父兄，而供事于左右，所以然者，盖宗庙之中，以有事为荣，正所以逮及子弟之贱者，使他亦有所事，而因事以申其敬也。

饮宴之后，异姓之宾皆退之，又独宴同姓之亲，到这时节，不论爵位之崇卑，但以毛发之黑白为座次之上下，皆此者，盖同姓比异姓为亲，故专论年齿以定座次，使长幼不至于失序也。

夫序昭穆者，亲亲也。序爵位者，贵贵也。序事者，贤贤也。逮贱者，下下也。序齿者，老老也。武王周公一祭祀之间，其意义之周悉如此。

通过以上孔颖达、朱熹、张居正诸位的解释，充分显示出中国古代祭祀的严肃性，重要性和复杂性。

在中国古代祭祀，特别是国家的祭祀，是一种极其重要严肃的活动，其重要性，甚至于超过战争。

在祭祀的过程中，其强调主祭的正统性和权威性，一般情况，有君主皇帝亲自主持祭祀，遇有特殊情况，有太子代祭，而且贵贱、尊卑、远近、亲疏、长幼，都有严格的规定，任何人不得僭越。

其实，祭祀也和战争一样，在追思祖先恩德，表达孝道的同时，也是对子孙和全国及天下人民的一种宣示，一种名正言顺正统的显示。

主祭者，是代天行政的象征，是神圣权力的象征，是统御全国人民的象征，是带领群臣的象征，是给全国及天下人民和自己的子孙后代宣誓孝道的象征，更是用忠孝的礼乐制度，统治人民的象征。

所谓的昭穆、序爵、序事、旅酬等等，都是为了区分被祭祀者和祭祀者的身份、爵位、地位、辈分、贵贱、亲疏、远近、长幼的区别，充分显示当时以礼乐制度，治理天下国家，等级森严的封建礼制和等级观念。

古代人民的认识水平较低，使用神道设教的办法，即借用神灵来教育人民，警戒人民，使其遵守一定的社会秩序，恐怕是周公制订这个礼乐制度的深刻含义所在。

周公制定礼乐制度，愚以为：一是对于奴隶制的一种进步；二是便于管理人民；三是极力维护封建统治者的利益。

亦可见，其辅政大臣或者说摄政大臣周公旦，对于继承和发扬光大其父祖和兄长的良苦用心，及其对于周王朝的伟大贡献，不愧为周代祖先的孝子贤孙；周代后辈们的圣贤祖辈。

综上所述：归根结底一句话，就是贵、贱、尊、卑、远、近、亲、疏、长、幼；有差、有贵、有贱、有别、有幼、有序，周代严格的封建礼乐等级制度、等级秩序、等级观念，不可越雷池半步，不可有半点马虎，更不可有半点僭越。

僭越，就是谋逆，就是反叛，就是造反，就是天下最不可饶恕，十恶不赦的首恶大罪。所以说：

"践其位，行其礼，奏其乐，敬其所尊，爱其所亲，事死如事生，事亡如事存，孝之至也。"

"站在应站的位置上，升起先王的牌位，举行先王时的祭礼，演奏先王时的音乐，尊敬先王所尊敬的祖先，亲爱先王所亲爱的子孙臣民。侍奉死者就像侍奉生者一样，侍奉已亡者如同侍奉现存者一样，这才是达到尽孝的极点了。"

"郊社之礼，所以事上帝也。宗庙之礼，所以祀乎其先也。明乎郊社之礼，禘尝之义，治国其如示诸掌乎！"

"举行郊社祭祀的礼节，是为了侍奉上帝的。宗庙祭祀的礼节，是为了祭祀祖先的。明白了祭祀天地的礼节，宗庙祭祀祖先的道理，那么治理国家，就好像在自己的手掌上看东西那样容易吧！"

践其位：各就各位，坐在与各人身份相称的位置上。

郊社之礼：郊，是祭天。社，是祭地。统指祭祀天地神明。周朝时，在冬至这一天于南郊举行祭天仪式，称为"郊"，也就是祭天；在夏至这一天于北郊举行祭地仪式，称为"社"，也就是祭地。

禘尝之义：这里指四时祭祀。禘，乃指天子宗庙举行的隆重祭祀礼，每五年举行一次。禘：是五年的大祭。尝：古代的秋祭礼。

如示诸掌：就像人们看自己的手掌一般。示，同"视"。

对于这句的解释：

孔颖达认为：孝子升其祖先之位，行祭祀之礼也。又说：若能明此序爵辨贤尊亲,则治理其国,其事为易,犹如置物于掌中也。

郑玄认为:物而在掌中,易为知力者也。又说:序爵、辨贤、尊尊、亲亲、治国之要。

朱熹认为:所尊所亲,先王之祖考、子孙、臣庶也。始死谓之死,既葬则曰反而亡焉,皆指先王也。此结上文两节,皆继志述事之意也。又说:四时皆祭。举其一耳。礼必有义,对举之,互文也。

张居正认为:这一节是总结上文。践,是践履。所尊是先王的祖考。所亲,是先王的子孙臣庶。五个其字,都是指先王而言。孔子说:“武王周公所制祭祀之礼,既善且备如此,可以见其善继而善述矣,何也? 先王之对越神明必有位,所行必有礼,所奏必有乐。今武王周公祭祀之时,所践履的就是先王对越祖考的位次,所行的就是先王升降周旋的礼仪,所奏的就是先王感格神人的音乐。

祖考是先王所尊崇也,今祭祀一举,致其诚敬,而祖考来格,是能敬先王之所尊矣。子孙臣庶,是先王所亲厚也。今祭祀一行,笃其恩爱,而情义联属,是能爱先王之所亲矣。以此观之,可见武王周公事奉先王无所不至。先王虽死,事他如在生时一般,先王虽亡,事他如尚存的一般。真可谓善继人之志,善述人之事,而为孝之极致者也。”称曰达孝,不亦宜乎?

张居正认为,孔子又说:“武王周公所制祭祀之礼,不但如上文所言而已。总而言之,有郊社之礼焉,有宗庙禘尝之礼焉。郊社之礼,或行于圜丘,或行于方泽,盖所以侍奉上帝与后土,答其覆载生成之德也。宗庙之礼,或五年一举,或一年四祭,盖所以祭祀其祖先,尽吾根本追远之诚也。这郊社之礼,是国家极大的礼仪,其中义理微妙,难以测识,若能明此礼仪而无疑,则理无不明,诚无不格,治天下国家的道理,即此而在,就如看自家的手掌一般,何等明白。”盖幽明一理,而幽为难知,神人一道,而神为难格,即能通乎幽而感乎神,则明而治人,又何难之有哉? 夫武王周公之制礼,不惟善体先王,而又可通于治道,此所以尽伦尽制,而有合于中庸之道也。

古代祭祀,除了祭祀祖先以外,还有祭祀天地。对于国君来说,叫郊社之礼。是一年中的重大祭祀,祭祀祖先,是为了尽孝道,慎终追远,不忘根本;祀天地,是为了报答天生万物之德和地载万物之恩,两者的道理是一样的。

懂得了祭祀的意义,就能够借助天地神灵来治理人民,治理家国天下。

总而言之：最大的孝，就是能够继承先人遗志，发扬光大先人的美德，完成先人的未竟事业；学会懂得了以孝治理家国天下的本领，就会做一个家国天下的有用栋梁之才。

第十六讲：为政，以人为本；为人，以诚为本

此章即是第二十章，是《中庸》全书的重中之重，《中庸》共 3010 字左右，第二十章就有 779 字之多，占全书的篇幅四分之一还多，仅从篇幅来看，其重要性不言而喻。

儒家的哲学思想是积极入世的，积极入世的重要标志就是为政。

《中庸》这章强调：为政之道，以人为本。为政之道的前提是为人。《中庸》这章强调：为人之道，以诚为本。

此前各章，从各个方面阐述了中庸之道的重要性和普世价值。这一章，则从哀公向孔子问政开始，子思借用孔子的回答，来进一步详细阐明，修身养性与施政治国平天下的辩证关系，进而系统地提出通行天下的五项人伦关系，三种人的德行，以及治国平天下的九条原理，最后水到渠成，自然而然地引出本书后半部分论述的重点——"诚"——"真诚"的重要性，并详细归纳了要做到"诚"——"真诚"的五个具体指标。

为政之道，以人为本，人存政举，人亡政息

哀公问政。子曰："文武之政，布在方策。其人存，则其政举；其人亡，则其政息。"

鲁哀公问孔子如何治理国家。孔子说："文王、武王的政令，历史典籍中都有记载。当今若有文王、武王时那样的圣君贤臣存在，他们的政治主张就能实行；文王、武王那样的圣君贤臣不在了，他们的政治主张就消失了。"

这里的哀公，姓姬，名蒋，春秋时鲁国的国君。

布在方策：布：是陈述、记载。方策：方，是书写用的木板。策，书写用的木简，古时候用木板竹简记载政事。方策：方册、典籍。布在方策：就是记载于方

册之中的治国典籍。

其人存:其人,指周文王、周武王这样的人存在。息:灭,消灭。

对于这段的解释:

孔颖达认为:文王、武王为政之道,皆布列在方牍简册。虽在方策,其事久远,此广陈为政之道。若得其人,道德存在,则能兴行政教,故云"举"也。其人若亡,道德灭亡,不能兴举于政教。若无贤臣,政所以灭绝也。

朱熹认为:有是君,有是臣,则有是政矣。

张居正认为,哀公问于孔子说:"人君为政的道理当如何?"孔子对说:"君欲行政,不必远有所求,惟在法祖而已。比我周文王周武王,是开国圣君,那时又有周公、召公诸贤臣辅佐,所行的政事都是酌古准今,尽善尽美的。如今布列于木板竹简之中,如《周官》、《立政》诸书,及《周礼》所载,纪纲法度,固班班可考也。只是那一时的君臣,今已不存在了。若使当今之时,上焉有文武这样的君,下焉有周召这样的臣,则当时立下的政事,如今件件都可以举行,而文武之治,亦可复见于今日也。若没有那样的君臣,那政事便要灭息了。"载在方策者,不过陈迹而已,徒法岂可能以自行哉? 可见立政非难,得人为贵,上有励精求治之主,下有实心任事之臣,则立纲陈纪,修废举坠,只在反掌之间而已。不然虽有良法美意,譬之有车而无人以推挽之,车岂能以自行哉? 此图治者,所当留意也。

以上三位的论述,其实是重复孔子的"为政在人"观点,比较详细中肯的如张居正。张居正不愧为明万历初期的首辅,辅政大臣,对于为政之道深有体会,道出了为政之道的真谛:"可见立政不难,得人为贵,上有励精求治之主,下有实心任事之臣,则立纲陈纪,修废举坠,只在反掌之间而已。"

这就是俗语所说的"三人同心,其利断金"和"上下同心同德,左右同心协力",没有干不成的事情一样,一个家庭如此,一个单位,一个国家亦如此。

中国数千年的政治体系是人治的国家,主张人治,是中国传统政治思想体系的核心,其中"仁政"、"明君"、"贤臣",又是中国民众对统治阶级的普遍要求和寄托。

所以孔子说"其人存,则政举",中国数千年的历史也证明了这点。尧舜禹汤时代,圣君贤臣,国家就政通人和,人民安居乐业;文武周公时代,圣君贤臣,国家就安定团结,社会稳定发展;文景之治,贞观之治,永乐之治,康雍乾盛世,明君贤臣,国家就比较稳定发展,人民就相对好过一些。

反之则不然,也如孔子所说"其人亡,则政息",如果没有了圣君贤臣,昏君当政,乱臣误国,国家就动乱,人民生灵涂炭,民不聊生,无数历史的例证举不胜举。

所以,中国古代的政治家和人民大众,也都把国家的安定团结,社会的稳定发展,人民的幸福安康,都寄托在圣君贤臣的身上,没有从社会制度上进行改造。

认为只要君主实行仁政,君圣臣贤,君明臣清,按照文武周公时代行政,就可以万事大吉了。这是时代的限制,历史的局限,圣君贤臣的政治,也是当时社会的进步,我们不能够苛求 2500 多年前的孔子、子思他们祖孙有当今人们的思想。

"人道敏政,地道敏树。夫政也者,蒲卢也。"

"用圣君贤臣之道治国,就会使事业立见成效,用大地滋养万物之道,就会使万物快速成长。所以说实施文武时代的政事,就像蒲草的生长那样容易。"

人道敏政:人对政令的反映是敏锐的。人道,为人处世,安身立命的道理;也指人的天性。指以人施政。敏,迅速,敏锐,勉励。

蒲卢:沈括以为蒲卢就是指芦苇。芦苇乃水生植物,柔韧性强。此处用芦苇比喻政事,说明施政必须有贤人辅助才会成功。

对于以上这句的解释:

孔颖达认为:为人君当勉力行政。为地之道,亦勉力生殖也。人之无政,若地无草木。地即无心,云勉力者,以地之生物无倦,似若人勉力行政然也。善为政者,化养他民为己民,若蒲卢然也。

朱熹认为:以人立政,犹以地种树,其成速矣,而蒲苇又易生之物,其成尤速也。言人存政举,其易如此。

张居正认为,孔子说:"上有明君,下有良臣,便是得人。这人的道理,最能敏政。君臣一德,上下一心,一整饬间,而废者即兴,坠者即举,一修为间,而近无不服,远无不从,可以大明作之功,可以收综合之效,何等的快速也。夫人能敏政,则但得其人,则可以行政矣。而况这文武之政也者,是圣人行下的,合乎人情,宜于土俗,尽善尽美,至精至备,又是最易行者,就似那蒲苇一般,比之

— 151 —

他物,尤为易生者也。"夫人道既能敏政,而王政又甚易行如此,苟得其人以举之,其于为治何有?

以上三位的论述,进一步强调了贤人政治的重要性,认为有了贤臣对于君主的辅佐,有了贤臣全心全意地治国辅政,国家的局面就会立竿见影,立见成效,就像肥沃的土地滋养万物,万物会马上生长出来,并且茁壮成长;就像芦苇生长一样那样容易,遍地生根开花,繁衍不断。所以如孔子说:

为政在人,取人以身,修身以道,修道以仁

"故为政在人,取人以身,修身以道,修道以仁。"

"所以说治理国家在于举贤任能,要选取贤能之人,在于君主先要修养好自身,修养好自身要遵循天下的大道,遵循天下的大道要以仁爱之心为本。"

取人以身:意即要得到贤臣的辅助,君王就要加强自身的道德修养。

对于这句的解释:

孔颖达认为:君行善政,则民从之,故欲为善政者,在于得贤人也。君欲取贤人,先以修正己身,则贤人至也。欲修正其身,先须行于道德也。欲修其道德,必须先修仁义。行政之法,在于亲偶,欲亲偶疏人,先亲己亲,然后比亲及疏。若欲于事得宜,莫过尊贤。五服之节,降杀不同,是亲亲之衰杀。公卿大夫,其爵各异,是"尊贤之等"。礼者所以辨明此上诸事。

朱熹认为:为政在人,《家语》作"为政在于得人",语意尤备。人,谓贤臣。身,指君身。道者,天下之达道也。仁者,天地生物之心,而人得以生者,所谓元者善之长也。言人君为政在于得人,而取人之则又在于修身。能修其身,则有君有臣,而政无不举矣。为政在人,取人以身,故不可以不修身。修身以道,修道以仁,故思修身不可以不事亲。欲尽亲亲之仁,必有尊贤之义,故又当知人。亲亲之杀,尊贤之等,皆天理也,故又当知天。

张居正认为:人,是贤臣。身,指君身说。道,即是天下之达道。仁,是本心之全德。孔子说:"由人存政举之易观之,可见天下有治人,无治法。所以为人君者,要举文武之政,只在择贤臣而任用之,惟得其人,然后纪纲法度,件件振举,而政事自无不行也。然人君一身,又是臣下的表率,如欲取人,必须先修自己的身,能修其身,然后好恶取舍,皆得其宜,而贤才乐为之用也。然要修

身，又必于君臣、父子、夫妇、兄弟、朋友的道理，各尽其当然之实，则一身的举动，都从纲常伦理上周旋，身自无不修矣。然要修道，又必全尽本心之天德，使慈爱恻怛，周流而无间，则五伦之间，都是真心实意去运作，道自无不修矣。"

夫以仁修道，以道修身，则上有贤君，以身取人，则下有贤臣，由是而举文武之政，何难之有哉！

以上三位对于这句的解释，着重强调治理国家，在于举贤任能，而举贤任能，又在于君主的自身修养，君主的修养，又在于遵循天下大道，而遵循天下大道，而又在于以仁爱之心为本。

这就是为政在人，治理好天下国家，关键在于是否有圣君贤臣。

第一，是作为一国之君，应该如何选贤任能，而选贤任能的首要条件是，君主自己以身作则，修养自身，起道德模范带头作用，自己为臣下做出表率，才能够做出选贤任能的正确标准，天下的贤才之士，才能够出来辅佐君主治理国家天下。否则，君主自己昏庸无道，又怎能够制定出选贤任能的标准，只恐怕选出的是溜须拍马，谄媚取宠的奸佞之臣。

第二，是作为一国之君，修身之道，按照儒家的观点，必须按照中庸之道，以仁爱之心为本，关爱天下苍生福祉，造福于天下百姓黎民，为民兴利除害，使百姓安居乐业。

总之，君主治国，首在选贤任能，而选贤任能，首在君主自身修身以德，爱心于民，最后归结在中庸之道这一中心点上来。

为政在人，为政在爱人，为政之道，以人为本。而儒家提倡的是礼治，也就是以礼乐制度治国，而礼乐制度的最大特点，就是等级森严，维护封建统治社会的社会等级制度，就是仁爱爱人，从爱自己开始，再爱身边亲近的人，也是由近及远的礼乐制度。所以孔子说：

"仁者，人也，亲亲为大。义者，宜也，尊贤为大。亲亲之杀，尊贤之等，礼所生也。"

> "所以说仁，就是人，仁的本义就是爱人，从亲爱身边的亲人做起，亲爱自己的亲人就是最大的仁。所谓义，就是宜，义的本义就是为人处世合乎道理，尊贤任能就是最大的义。亲爱自己的亲人要分亲疏远近，尊贤任能要分德才等级，这都是由礼治的等级所产生的。"

这里的人，指人身而言。亲亲：前者为动词，作爱解释；后者是名词，指亲人,比如父母兄弟等;亲亲:就是亲爱亲人。亲亲之杀:指亲爱亲族,根据血缘关系远近有所分别。上一个亲字,是亲爱。下一个亲字,指亲族。杀,等差,分别,降杀。等,是等级。尊贤,是尊敬有德的人。礼,是天理之节文。

对于这句的解释:

孔颖达认为:思念修身之道,必先以孝为本。既思事亲,不可不先择友取人也。欲思择人,必先知天时所佑助也。谓人作善,降之百祥;行不善,降之百殃,当舍恶修善业。

朱熹认为:人,指人身而言。具此生理,自然便有恻怛慈爱之意,深体味之可见。宜者,分别事理,各有所宜也。

张居正认为,承上文说:"修道故必以仁,而仁非外物,乃有生之初,所具恻怛慈爱之理,是即所以为人也。然仁虽无所不爱,而惟亲爱自己的亲族,乃能推己及人,而爱无不周,故以亲亲为大。有仁必有义,而义非强为,凡事物之中,各有当然不易的道理,是即所以为宜也。然义虽无所不宜,而惟尊敬那有道德的贤人,乃能讲明此理,而施无不当,故以尊贤为大。然这亲亲中间,又有不同,如父母则当孝敬,宗族则当和睦,自有个降杀。这尊贤中间,也有不同,如大贤则以师父待之,小贤则以朋友处之,自有个等级。这降杀等级,都从天理节文上生发出来,所以说礼所生也。"曰仁、曰义、曰礼,三者并行不悖,则道德兼体于身,而修身之能事毕矣。

三位对于以上的解释认为:仁者的本身,就是爱人和尊贤,而爱人又分亲疏贵贱,尊贤,又分大贤小贤。爱人以爱己出发,首先认为自己是个人,把自己当做人看待,然后也把别人当作人看待,由爱自己出发,到爱自己的父母兄弟姐妹家人,再由近及远,爱别人,爱所有的人,再到爱万物,博爱万物的仁。

而由仁生发出的爱产生出义,义的本义就是为人处世,安身立命要合乎道理,这个道理就是中庸之道。符合中庸之道,在仁爱的基础上,实现义的举措,这就是尊重贤人最为重要。

而尊重贤人,也要分大贤和小贤,而大贤就要像张居正所说的:大贤,要以师之礼敬之。如周武王称姜子牙为尚父,齐桓公称管仲为仲父,秦始皇称吕不韦仲父,刘禅称诸葛亮为相父;小贤,要以友之礼处之,如刘邦与张良,李世民与魏徵,赵匡胤与赵普,以兄弟朋友处之。

周公制定了礼乐制度,儒家特别是孔子崇尚周公,感叹好长时间梦不到周公的遗憾，所以说儒家崇尚的也是礼治，而礼治又强调的是封建社会的等级分明，而由等级分明的礼乐制度，就有高、低、尊、卑、贵、贱、远、近、亲、疏、长、幼之分，所以按照儒家的要求，君子修身，应由仁爱而仁义，由仁义而礼仪，而礼仪的要点是，等级分明，但核心是修身、事亲、知人、知天。所以孔子说：

"故君子不可以不修身；思修身，不可以不事亲；思事亲，不可以不知人；思知人，不可以不知天。"

"所以，君子不能不修养自身；要想修养好自身，就不能不侍奉亲人；要想侍奉亲人，就不能不了解贤人以明义理；要想了解贤人，就不能不了解天道的自然法则。"

对于上句的解释：

张居正认为，承上文说："为政在人，取人以身。可见君子一身，关系最重。若不能修治其身，则其身不端，何以为取人的法则。所以君子不可不先修其身。修身以道，修道以仁，亲亲为仁之大。可见事亲是修身的先务，若不能善事其亲，则所厚者薄，无所不薄，身不可得而修矣。所以思修其身者，不可以不善事其亲。欲尽亲亲之仁，又必尊礼贤人，与之共处，然后亲亲的道理，讲究得明白。若不能尊贤取友以知人，则义理谁与讲明，是非无由辨白，以至辱身危亲者亦有之矣。所以思尽事亲之道者，又不可以不知人也。至若亲亲则有隆杀，尊贤则有等级，都是天理之自然。若有这天叙天秩的道理，知之不明，则恩或至于滥施，敬或至于妄加，所尊所亲，处之皆失其当矣。所以思知人以为事亲之助者，又不可以不知天也。"

由知天以知人，知人以事亲，则修身而有君矣。以身取人，则有臣矣。有君有臣，而文武之政焉有不举者哉！

这是讲君子修身的程序：要做君子，就要修身，要想修好身，必须先从孝敬父母和对待亲人开始。怎样才能够做好孝敬父母和对待亲族呢？首先必须知人待人，以圣人为师，与贤人为友，懂得天下为人处世安身立命的道理，了解天道的自然法则，顺从"天命之谓性，率性之谓道，修道之谓教"的天理人情。此乃修身的源头，立身的根本，做人的准则，行事的规范，天下的达道。所以孔子说：

天下之五达道：君臣、父子、夫妇、兄弟、朋友之交也。天下之三达德：知、仁、勇。所行者一也：诚

"天下之达道五，所以行之者三：曰君臣也、父子也、夫妇也、昆弟也、朋友之交也。五者，天下之达道也。知、仁、勇，三者天下之达德也，所以行之者一也。"

"古往今来，天下通行的大道有五项，用来实行这五项道理的方法有三种。君臣、父子、夫妇、兄弟、朋友之间的交往，这五项，是天下通行的道理。知（智）、仁、勇这三件，是天下通行不变的美德，要实行它就靠一个诚字。"

这里的达：是通达。达道：天下古今中外放之四海而皆准的道理。昆弟：兄和弟的合称，包括堂兄堂弟。德：是所得于天之理。一：指诚。

对于上句的解释：

孔颖达认为：五者，谓君臣、父子、夫妇、昆弟、朋友之交，皆是人间常行道理，事得开通。知、仁、勇，人所常行，在身为德。百王用此三德以行五道。五事为本，故云"道"；三者为末，故云"德"。若行五道，必须三德。无知不能识其理，无仁不能安其事，无勇不能果其行，故必须三德也。百王以来，行此五道三德，其义一也，古今不变也。

朱熹认为：达道者，天下古今所共由之路，即《书》所谓五典，孟子所谓"父子有亲，君臣有义，夫妇有别，长幼有序，朋友有信"是也。知、仁、勇，所谓达德者，天下古今所同得之理也。一则诚而已矣。达道虽人所共由，然无是三德，则无以行之；达德虽人所同得，然一有不诚，则人欲间之，而德非其德也。

朱熹还认为：知之者之所知，行之者之所行，谓达道也。以其分而言：则所以知者知也，所以行者仁也，所以至于知之成功而一者勇也。以其等而言：则生知安行者知也，学知利行者仁也，困知勉行者勇也。盖人性虽无不善，而气禀有不同者，故闻道有蚤莫，行道有难易，然能自强不息，则其至一也。

张居正认为，子思引孔子的话："天下古今人所共由的道理有五件，所以行这道理的有三种。五者何？一曰君臣、二曰父子、三曰夫妇、四曰兄弟、五曰朋友之交。在君臣则主于义，在父子则主于亲，在夫妇则主于别，在兄弟则主于序，在朋友则主于信。这五种是人之大伦，从古及今，天下人所共由的道理，不外乎此。就如人所通行的大路一般，所以说是天下之达道也。三者何？一曰知、二曰仁、三曰勇。知则明睿,所以知此道者。仁者无私,所以体此道者。勇者果确,所以强此道者。这三件是天命之性,从古至今,天下人所同得的,而其所以行之者,又只在一诚而已。"盖诚则真实无伪,故知为实知,仁为实仁,勇为实勇,而达道自无不行。苟一有不诚,则虚诈矫伪,而德非其德矣。其如达道何哉? 故曰所以行之者一也。

这里所谓的"五达道",其实就是为人处世,安身立命的五种关系:君臣、父子、夫妇、兄弟、朋友之间的交往。任何人也脱离不了这五种人际关系,而这五种人际关系的处理极为重要,缺一不可,这是天下共生共存之达道。

处理不好这最重要的五种人际关系,就脱离了天下的达道,走向了邪道,走向邪道之人,不知道如何安身立命,而处理好这五种关系,需要"知、仁、勇"天下之"三达德"去履行,正如孔颖达所说:"无知不能识其理,无仁不能安其身,无勇不能果其行,故必须三德也。"而"知者明睿,仁者无私,勇者果确",所以"则生知安行者知也,学知利行者仁也,困知勉行者勇也"。

所以,只有"知、仁、勇"三者品德皆备,才有可能处理好"五达道"的无过无不及,恰到好处地适中这五种关系。而这种"五达道","三达德"的完成,归根结底一个字"诚"。"诚",是天下之本,所以为政之道,以人为本,为人之道,以诚为本。"诚",是行施中庸之道的根本。但这种智慧的获得从何而来,正如孔子所说:

"或生而知之,或学而知之,或困而知之,及其知之,一也。或安而行之,或利而行之,或勉强而行之,及其成功,一也"。

"有的人天生聪明天赋极高,不用学习生下来就知道这些道理;有些人经过学习之后,才可以懂得这些道理;有些人经过艰难困苦的探索,或在困境和逆境中感悟到这些道理;但他们最终懂得这些的道理是一样的。有些人从容安然地实行这些道理,有些人看到好处或有利可图之后才去实行这些道理,有些人是被动勉强去实行的,但最终获得成功的效果是一样的。"

生而知之:常用来形容天生丽质,天生聪慧者的天才,不用学习就知道明白道理。

学而知之:通过学习而求得知识、学问和明白道理。

困而知之:因产生困惑后才懂得明白道理。

安而行之:安然去做,顺天应人,无为而为。

利而行之:在利益的诱导下才欣然去做。

勉强而行之:被迫勉强地去实行。

对于以上这句的解释:

张居正认为:这一节说"造道"的等级。知之,是知此达道。困,是困苦。行之,是行此达道。利,是贪利。孔子说:"人性虽同,而气禀或异,以知此理而言,或有生来天性聪明,不待学习自然就知之的。或有讲习讨论,从事于学问然后知之的。或有学而未能,困苦其心,发愤强求然后知之的。这三等人,闻道虽有先后,然到那豁然贯通义理明白去处,都是一般。所以说及其知之,一也。此行此理而言,或有生的德行纯粹,不待着力,安然自能行的。或有真知笃好,只见得这道理好,往前贪着去行的。或有力未能到,必待勉强奋发,而后能行的。这三等人,道行虽有难易,然到那践履纯熟,功夫成就的时节,也都一般,所以说,及其成功一也。"

这里提出了,人的知识是从哪里来的? 子思借用其祖父孔子的话,在《中庸》中做了回答:有的人天生下来就知道这些道理,有的人经过学习才知道这些道理,有的人经过艰难困苦,在困惑的探索中,在艰难的困境中感悟之后才懂得这些道理。不管通过什么途径,最终懂得了这些道理的结果是一样的。这真是条条道路通罗马,只要用心去做,最后能够取得成果是一样的。

那么什么是"生而知之"? 这就是《中庸》开篇所说"天命之谓性"的性,就是人的本能、人的本性。什么是人的本能、本性? 正如告子所说:"食色,性也"。如婴儿生下来会吃奶,及到少年就会对异性产生兴趣;还有动物初生就会站立行走等等。什么是"学而知之"? 就是通过学习教育获得的知识、能力智慧等。什么是"困而知之"? 就是在社会实践中,在艰难困苦中,在逆境困境中获得的感悟和知识。

"生而知之者上也"。"生而知之"是人的上品,天生聪慧,天才人物。这是一个人的天赋,是上天赋予一个人的才能和智慧,所以说是人的上等,或说人的上品,也就是所谓的天才。"生而知之",也是人的本能,但每一个人的天赋不太一样,有高低强弱聪明愚昧贤与不肖之分。这就是人们所说的秉性脾气、智商情商等等,这其中包含有重要的父母和祖辈的遗传基因,不是人力所能左右的,比如有些少年的天才，许多的艺术家、诗人、作家、画家、科学家等等。

"学而知之者次也"。"学而知之"比"生而知之"次一个等级。其实"学而知之"，就是《大学》中的格物，是人人都可以得到的，只要你好好学习，认真读书学习，勤学好问，勇于实践，就可以得到并掌握知识，就可以提高自己的知识能力和智慧。

"困而知之者下也"。"困而知之"比"学而知之"又差了一个等级。"困而知之"主要是靠一个人的悟性，有的人在社会实践中获得知识；有的人在艰难困苦的逆境中感悟出智慧，获得书本上学不到的知识，但有些人是"困而不学"这其中也有天赋的因素存在。

这正如毛泽东在《实践论》中所说："人们经过失败之后，也就是从失败取得教训，改正自己的思想使之适合于外界的规律性，人们就能变失败为胜利，所谓'失败者成功之母'，'吃一堑长一智'就是这个道理"。……

毛泽东对于知识的来源论述得十分精辟，他强调了实践的重要性，强调了知识应主要来源于社会实践，强调了从失败的教训中，也就是困境中学习的重要性。强调了通过实践发现真理、证实真理、检验真理、指导革命实践、改造主观世界和客观世界，最后达到知行合一的统一观。

其实，人的知识是"生而知之"、"学而知之"、"困而知之"的总和。

天赋好的，加上后天的努力学习和悟性，可以成为天才。如世界的著名人物孔子、苏格拉底、耶稣基督、释迦牟尼、老子等等。

天赋好的，不努力学习，也不会有很大的成就，所谓的神童，据有关人员调查了解，最终成为大才的比例很低；天赋一般的，只要后天努力学习，认真实践，加上悟性，成才的比例还是很高的，古今中外大部分的成功人士，都属于这种后天努力奋斗的结果。

有些人学习不努力，天赋也不是太好，因偶然的机遇，深陷困境之中，在困境中顿悟、在逆境中觉醒，奋起直追，最后成就大才的比比皆是。

这正如社会上流行的一句俗语：读万卷书不如行万里路，行万里路不如高人指路，高人指路不如顿时觉悟。这句俗语也说明了，书本的学习不如社会实践中的学习，社会实践中的学习，不如高人指路点播的学习，高人指路的学习不如在困境中的觉悟的学习，仔细品味，虽有所偏颇，但不无道理。

总而言之，不管是"生而知之"、"学而知之"、"困而知之"，最后达到的结果是一样的。不管是"或安而行之"、"或利而行之"、"或勉强而行之","及其成功一也",最后达到的目的也是一样的。

这就是在为人处世,安身立命的过程中,严格遵守的"五达道",实行"五达道"所需要的"三达德",这是行施中庸之道的前提和必要步骤。那么怎么才能够获得"三达德"的"知"、"仁"、"勇"呢? 正如孔子所说:

子曰:"好学近乎知,力行近乎仁,知耻近乎勇。"

孔子说:"喜欢学习就接近知(智)了,努力行善就接近仁爱了,知道羞耻就接近勇敢了。"

对于这一句的解释:

张居正认为:这一节是未及乎达德而求以入德的事。孔子说:"人之气质虽有不同,然未尝无变化之术。如智以明道,故非愚者之所能,若有肯笃志好学,凡古今事物之理,时时去讲习讨论,不肯安于不知,博闻见日广,聪明日开,虽未必全然是智,也就不堕于昏愚了,岂不近于智乎? 仁以体道,故非自私之所能,然若能勤勉自强,事事去省察克治,实用其力,将见本心收敛,天理复还,虽未必纯然是仁,也就不蔽于私欲了,岂不近于仁乎! 勇以任道,故非懦者之所能,然若能知己之不如人,而长存愧耻之心,不肯自暴自弃,将见耻心一萌,志气必奋,虽未必便是大勇,也就不终于懦弱了,岂不近于勇乎!"所以:

"知斯三者,则知所以修身;知所以修身,则知所以治人;知所以治人,则知所以治天下国家矣。"

"人们知道好学、力行、知耻这三件事,就懂得修身养性的方法;懂得修身养性的方法,就懂得用以治理他人的方法了;既然懂得用以治理他人的方法,就懂得用来治理天下国家的方法了。"

对于这句的解释:

张居正认为:斯字:解做此字。三者:指上文三近而言。孔子说:"修身以道,而知、仁、勇之德,则所以行此道者,人若能知好学,力行、知耻这三件,足以近之,便可以入于达德、行乎达道,所以修治其身之理,无不足矣。既知所以修身,则所以治人而使之尽其道者,即此而在。盖以己观人,虽有物我之间,然在我的道理,即是在人的道理,故知所以修身,便知所以治人也。既知所以治人,则所以治天下国家而使之皆尽其道理者,亦即此而在。盖以一人观万人,虽有众寡之殊,然一个人的道理,即是千万人的道理。故知所以治人,便知所以治天下国家也。"夫以天下国家之治，而要之不外于修身，可见修身为出治之本矣。

综上所述："五达道"，是天下人们通行的大道；"三达德"，是天下人们通行的大德。

知、仁、勇既然是人类通行的"三达德"，人们怎么样才能够获得它呢？孔子做了很好的回答："好学近乎知"，只要你喜欢学习就能够达到知；"力行近乎仁"，只要你身体力行去做好事善事，就能够达到仁了；"知耻近乎勇"，只要你懂得礼义廉耻，并知道自己有不如人的地方，从而感到羞愧之后，知错就改，好奋起直追，就能够达到勇了。

用这三种方法修身养性，努力实现"五达道"、"三达德"，不仅具备了自己为人处世，安身立命的基本素质，而且还具备了治理家、国、天下的能力和方法，因为人同此心，心同此理。

人们具备了治理家、国、天下的基本素质之后，还要有具体治理国家的准则和方法。正如下文孔子在下一节所说的治国九经：

第十七讲：九经，是治理国家的九条准则

"凡为天下国家有九经，曰：修身也，尊贤也，亲亲也，敬大臣也，体群臣也，子庶民也，来百工也，柔远人也，怀诸侯也。"

"大凡治理天下国家的有九条准则：就是修养自身，尊重贤人，亲爱亲人，尊敬大臣，体谅群臣，爱民如子，召集各种科技人员，优待边远地区的少数民族，安抚四方的诸侯。"

治国九经：修身、尊贤、亲亲、敬大臣、体群臣、子庶民、来百工、柔远人、怀诸侯

九经：是治理国家的九条纲领、纲要、准则。体：体察、体恤。子庶民：像爱护儿子一样爱护老百姓。来百工：招致各种工匠。柔远人：以关怀实惠之道安抚边远少数民族地区人民。怀诸侯：对地方诸侯的利益给予安抚和保护。

对于上句的解释：

孔颖达认为:修正其身,不为邪恶,则道德兴立也,以贤人辅弼,故临事不惑,所谋者善也。

朱熹认为:视群臣犹吾四体,视百姓犹如吾子,此视臣视民之别也。

张居正认为:经,是常道。孔子说:"大凡人君治天下国家,有九件经常的道理,可以行之万世而不易者。第一件,要修治自己的身,使吾身之一动一静,皆足以为天下表率。第二件,要尊礼贤人,使人讲明治道,以为修己治人之助。第三件,要亲爱同姓的宗族,凡施予恩泽都宜加厚,不可同于众人。第四件,要礼敬大臣,凡体貌恩数,都宜加隆,不可同于小臣。第五件,要体悉群臣,以己之心度彼之心,委曲周悉,把群臣们都看得如自己的身子一般。第六件,要子爱庶民,乐民之乐,忧民之忧,爱养保护,把百姓都看得如自己的儿子一般。第七件,要招徕百样的工匠,集于国都,使他通工易事,以资国用。第八件,要绥柔远方来的客人等,加以款待,使他离乡去国,不至失所。第九件,要怀服四方的诸侯,使他常为国家藩屏,无所离叛之意。这九件乃治天下国家经常之道。从古及今,欲兴道致治者,决不能舍此而别有所修为也,所以叫九经。"

对于如何治理国家的九条标准,张居正还是有发言权的,他身居明朝万历首辅多年,辅助万历皇帝十年,使明朝万历朝中兴,青史留名,功不可没。

然此九经者之中,又有自然之序,盖天下国家之本在身,故修身为九经之首。然必亲师取友,而后修身之道进,故尊贤即次之。道之所进莫先于家,故亲亲又次之。由家以及朝廷,故敬大臣、体群臣次之。由朝廷以及其国,故子庶民、来百工次之。由其国以及天下,故柔远人、怀诸侯次之。九经之序如此,而其本则惟在于修身,其要莫急于尊贤也。所以:

"修身则道立,尊贤则不惑,亲亲则诸父昆弟不怨,敬大臣则不眩,体群臣则士之报礼重,子庶民则百姓劝,来百工则财用足,柔远人则四方归之,怀诸侯则天下畏之。"

意思是"君主带头修养自身,就能使天下国家普遍遵循的道理确立;尊敬贤人,遇事就有贤人主动出谋划策帮助你,就不会感到迷惑;亲爱亲族叔伯兄弟,就不会招致亲族的怨恨;礼敬大臣,大臣就会主动为君主担当责任,处理错综复杂的问题就不会慌乱糊涂;体恤百官,则百官和士人就会知恩图报竭尽其力;爱民如子,老百姓就会得到勉励,严格要求自己,更加努力工作;招集各种科技人员来工作,就会创造更多社会财富,则国家税收增加财政充足；优待边远地区的少数民族，就有利于团结周边地区的少数民族，使少数民族之心归顺；安抚四方诸侯，就会使天下之人人心咸服。"

不眩：没有疑惑。劝：劝勉。

对于上句的解释：

孔颖达认为：以恭敬大臣，任使分明，故于事不惑，前文不惑，谋国家大事。此云"不眩"，谋国家众事也，但所谋之事，大小有殊，所以异其文。

朱熹认为：此言九经之效也。道立，谓道成于己而可为民表，所谓皇建其有极是也。不惑，谓不疑于理。不眩，谓不迷于事。敬大臣则信任专，而小臣不得以间之，故临事而不眩也。来百工则通功易事，农末相资，故财用足。柔远人，则天下之旅皆悦而愿出于其涂，故四方归。怀诸侯，则德之所施者博，而威之所制者广矣，故曰天下畏之。

张居正认为：这一节说九经的效验。道，即达道。诸父，是伯父、叔父。眩：解做迷字。孔子说："治天下国家的九经，人君若能着实行之，则件件都有效验，如能修治自己的身，则达道达德，浑然全备，便足以为百姓每的表率，而人皆有所观法矣。能尊礼有德的贤人，则熏陶启沃，聪明日开，闻见日广，于那修己治人的道理，都明白贯通，无所疑惑矣。能亲爱同姓的宗族，则为伯叔诸父的，为兄弟的，都得以保守其富贵，欢然和睦，皆有所资而不至于迷眩矣。能体悉群臣，则为士的感激思奋，皆务竭力尽忠，以报答君上之恩矣。"

"齐明盛服，非礼不动，所以修身也。去谗远色，贱货而贵德，所以劝贤也。尊其位，重其禄，同其好恶，所以劝亲亲也。官盛任使，所以劝大臣也。忠信重禄，所以劝士也。时使薄敛，所以劝百姓也。日省月试，既禀称事，所以劝百工也。送往迎来，嘉善而矜不能，所以柔远人也。继绝世，举废国，治乱持危，朝聘以时，厚往而薄来，所以怀诸侯也。"

"戒斋沐浴，净化心灵，服饰端庄以示诚敬，不合礼法的事情不做，这是修养自身的方法。屏弃奸佞小人，远离女色，轻钱物而重道德，这是劝勉贤人的方法。尊崇亲族的爵位，丰厚亲族的俸禄，和亲族同好同恶，这是劝勉亲族的方法。多设官位可供选贤任能，这是劝勉大臣的方法。待以忠信，给以厚禄，这是用来劝勉下级官员和士人的方法。不误农时，减轻赋税，这是劝勉激励百姓的方法。每天查看，每月考察，付给粮食和报酬与他们的业绩相称,这是用来劝勉各种工匠和科技人员的方法。去时欢送,来时欢迎,奖励德才兼备之人,关怀培养能力较差之人,这是用来团结安抚周边少数民族的方法。使断绝禄位的世家有人继承,复兴已颓败的邦国,安邦定国,治理混乱,扶持危难,诸侯按时朝聘天子,馈赠从厚,纳贡从薄,这是怀柔诸侯的方法。"

齐:是斋戒。明:是明洁。盛服:是衣服整齐肃穆。齐明盛服:斋戒沐浴,穿上干净的衣服。去谗远色:远离专门背地里说他人坏话的人,远离美色。官盛任使:官员众多,多到足够使用。忠信重禄:厚养忠信之士。时使薄敛:役使百姓不误农事,并减轻其赋税负担。既禀称事:派发的利禄与其工作业绩相称。嘉善而矜不能:嘉奖善行,体谅失误。

继绝世:延续中断的家庭世系,使卿大夫的后代恢复食禄,延续世系。举废国:复兴没落的邦国。朝聘以时:诸侯定期朝见天子。每年一见叫小聘,三年一见叫大聘,五年一见叫朝聘。

对于上句的解释:

张居正认为:这一段是说九经的事。孔子说:"人君惟惮于拘束,乐于放纵,是以其身不能修治,必须内而斋明以收敛其心志,外而盛服以整肃其容仪,凡事都依着礼法行,非礼之事,绝不去干。如此,则内外交养,动静不违,而此身常在规矩之内,乃所以修身也。

人君惟听信谗言,徇于货色,那好贤的意思,便就轻了。必须屏去那谗邪,疏远那美色。轻贱那货财,只专心一意贵重有德的人,如此则存心用贤,而贤者乐为所用,乃所以劝贤也。

同姓的宗族,常恐恩礼衰薄,所以怨望易生,必须体念宗室,尊其爵位,重其俸禄,他心里喜好的与他同好,心里憎恶的与他同恶,不至违拂其情。如此则诸父昆弟自然感悦,乃所以劝亲亲也。

做大臣的,若教他亲理细事,便失了大体,必须多设官属,替他分投干办,乃所以劝大臣也。于群臣们,待之不诚,则各生疑畏,而不肯尽心,养之不厚,则自顾不暇而不肯尽力,必须待之以忠信,开心见诚,不去猜疑他,养之以重禄,使他父母妻子皆有所仰赖。

如此则士无仰事俯育之累,而乐趋事功以报效朝廷,乃所以劝士也。

于百姓们,使之不以其时,则劳民之力,敛之过于太重,则伤民之财,故虽有不容已之事，亦必待农工既毕之后，然后役使他。征敛他的祝粮，又皆从轻而不过于厚，则百姓既有余财，又有余力，皆将欢欣爱戴，以亲其君上，乃所以劝百姓也。

既字读做饩字。饩是牲口，禀是廪米。百工技艺的人，执事有勤惰之不同，必须日日省视他，月月考核他，以验其工程如何，勤的便多与他廪饩以偿其老。堕的则少与他些，务与他的事功相称。如此则不惟勤者益知所勉，而堕者亦皆劝于勤矣。乃所以劝百工也。

远方使客人等，于其回还时节，则授之旌节以送之，使关津不得阻碍，于其来的时节，则丰其委积以迎之，使百凡有所资给，其人之善者，则嘉美之，而因能以授任，其不能者，则矜恕之，而亦不强其所不欲。如此，则款待周悉，天下之旅皆悦而愿出其途，乃所以柔远人也。

至若四方诸侯，有子孙绝嗣的，寻他旁支来继续，使不绝其宗祀。有失了土地的，举其子孙而封之，使得复其爵土。治其坏乱，教他国中上下相安，持其危殆，教他国中大小相恤，每年使其大夫一小聘，三年使其卿一大聘，五年则诸侯自来一朝，朝聘各有其时，不劳其力也。我之燕赐于彼者则厚而礼节之有加，彼之纳贡于我者则薄，而方物不计，厚往而薄来，恐匮其财也。如此则天下诸侯皆将竭其忠力，以藩王卫王室，而无背畔之心，乃所以怀诸侯也。"九经之事如此。

对于九经，张居正解释比较详细中肯，也可能是他治理国家的九条准则，或者说是他的九条经验之谈。

正如《大学》所云："古之欲明德与天下者，先治其国。"又云："国治而后天下太平。"国之于天下，犹家之于国家，个人之于家，个人的修身养性，是家国天下的根本。

所以孟子曰："人有恒言，皆曰：'天下国家。'天下之本在国，国之本在家，家之本在身。"

这就是说，治国之本，在于由近及远，由里到外，由此及彼。

治国之道，千头万绪，提纲挈领，至为重要，而九经，就是治国的纲领。所以说治国：

第一，要修身，修身则道立；斋明盛服，非礼不动，非礼毋听，所以修身也。

作为一国之君，制定国家的一切政策法令，必须符合全国最广大人民的根本利益,所以制定、批准、实施这些政令政策的同时,又是考验一个君主知识、智慧、仁爱、勇气的同时。

君主能否以身作则,做全国人民的表率,起楷模带头作用,是非常重要的,这就要求君主要首先修好自身,做道德的楷模,让全国人民尊敬和敬仰,达到"现而民莫不敬,言而民莫不信,行而民莫不悦"的境地。

第二,尊贤,尊贤则不惑;去谗远色,贱货而贵德,所以尊贤也。

一个国家的政治环境如何,社会风气如何,君主的选才用人制度十分重要,是唯才是举,选贤任能,还是重用亲信,远贤人亲近小人,是第一要务。

所以,"为政在人",以人为本;"人在政举,人亡政息"。如果能够"去谗远色,贱货而贵德",选贤任能,就能够"人在政举";如果远贤近色,贵货而贱德,重用小人,就会"人亡政息"。

第三,亲亲,则诸父昆弟不怨;尊其位,重其禄,同其好恶,所以劝亲亲也。

为政之要,务在正人伦;教育之要,务在明人伦;人伦之首要,务在明孝悌,称之曰亲亲。先亲亲而后仁民,仁民而后爱物。仁民爱物,政治基础之所以立也。

常言说:官不过二代,富不过三代,耕读之家不过五代,而孝悌之家可过十代。说明孝悌对于治家的重要性。

孝,是治家的纵向;悌,是治家的横向。这一横一纵,构成治家的框架,架子不倒,家就可以延续下去。

所以说:国家之本在家,家之齐在孝悌,孝悌之本在父慈。父亲为子孙做出表率,才能够使家族孝悌实行,家国同理,一个君主不能够勤政爱民,为全国人民做出表率,很难使全国人民敬重君主,仰慕领袖。

第四,敬大臣,敬大臣则不眩;官盛任使,所以劝大臣也。

国家的大政方针政策的制定实施,有赖于大臣的忠实履行;国家的繁荣昌盛,有赖于大臣的勤政敬业。所以,大臣是国家的栋梁之才,不可不敬,不可不亲,不可不重。

官盛任使大臣,就是知人善任,因材使用,信赏必罚,令行禁止,井然有序,使之上下同心同德,共建繁荣昌盛的国家天下,使人民安居乐业,幸福安康。

第五,体群臣,体群臣,则士之报礼重;忠信重禄,所以劝士也。

群臣是和大臣的区别,大臣指国家的重臣、元老、中枢要害的首长,对于国家天下举足轻重。而群臣则指广大的官僚体系，人员众多，但不论官员多少，他们都是整个国家机器不可缺少的机器零件，缺一则运转不畅，政令推行不力。

所以，体群臣，就是关怀他们升迁，注重他们的俸禄薪水，奖励他们的忠信，考察他们的勤政爱民，考核他们的政绩民声，惩罚他们的贪污腐败，引导他们的敬业奉献，提升他们的整体素质。使之全心全意为人民服务，为国家建功立业。

第六，子庶民，子庶民，则百姓劝；时使薄敛，所以劝百姓也。

在家族制度及以农耕为主的封建国家，实际上，家、国、天下一体，整个国家就是一个大家族，最高统治者就是天子，即天之骄子，上天的长子，上天派到人间统治人民的代表。

所以，封建统治者往往以民之父母官自居，把老百姓称之为子民、赤子、子弟。有时最高统治者也称君父，就是天下所有人的父亲。并由父慈子孝，君仁臣忠，家族式的孝悌，来要求臣民百姓。

封建统治者：把孝道，扩充为忠君如父；把父慈，扩充为爱民如子。封建统治者，管理人民称之为"牧民"；好的官员，称之为爱民如子的父母官。

封建统治者，既然把人民当作子女看待，就要时时处处为人民着想，关系他们的疾苦，体谅他们的困难，帮助他们发展，造福于人民大众，其中表现最为突出的，就是给人民创造条件，按时耕作，不违农时，减轻赋税。

所以，孔子以"敬事而信，节用而爱民，使民以时"（《论语·学而》）三事，为治理千乘之国之要务。节用，就是"薄敛"；使民以时，就是"时使"。故曰："时使薄敛，所以劝百姓也。"

第七，来百工，来百工，则用财足；日省月试，既禀称事，所以劝百工也。

古代人民，除经营农业生产外，还有工商业的生产者。所以，《礼记·考工记》云："百工之事，皆圣人之作也。烁金以为刃，凝土以为器，做车以行陆，作舟以行水，此皆圣人之所作也。"

《礼记·考工记》，重视百工之事为圣人所作，九经亦重视之，把"来百工"，列为九经之一，并明确其作用为"来百工，则财用足"。

就是说，奖励和发展工业，才能够富国强民。其方法就是："日省月试，既禀称事，所以劝百工也。"

就是说：工业用品必须天天考察，月月实验，百工们的劳动报酬要和技术水平相称，也就是能者多劳，多劳多得，按劳分配，奖勤罚懒，是行之有效的奖惩方法。

所以说："日省月试，既禀称事，所以劝百工也。"

第八，柔远人，柔远人，则四方归之；送往迎来，嘉善而矜不能，所以柔远人也。

远人，就是指周边少数民族地区的人民。对于怀柔少数民族地区的政策，早在2500年前就有明确的规定，而且作为治理国家九条大政方针之一，可见古代的政治家的伟大之处。

团结广大周边少数民族地区人民的办法是，往来皆以礼待之，并且厚往薄来，也就是给予少数民族地区的人民以经济上的援助，教育上的辅助，政治上的帮助，安全上的保护，信仰上的维护，习俗上的尊重。使之安心、放心、欢欣。

所以说："柔远人，则四方归之。"

第九，怀诸侯，怀诸侯，则天下畏之；继绝世，举废国，治乱持危，朝聘以时，厚往薄来，所以怀诸侯也。

前面八经，为封建统治阶级治理国家的大政方针。

怀诸侯，是诸侯迈向治理天下的重要途径，以仁义怀柔天下，以信誉取信于天下，以诚实感动于天下，以王者之大仁大德威服于天下。

其具体办法是，为诸侯国排忧解难，解决具体问题。使断绝禄位的世家弟子后继有人，使已经灭亡的邦国恢复振兴，使动乱的邦国稳定局面，使摇摇欲坠的邦国浴火重生，使诸侯国的君主按时朝聘天子，在政治经济文化诸方面帮助他们，这就是安抚诸侯的办法。

所以说："继绝世，举废国，治乱持危，朝聘以时，厚往薄来，所以怀诸侯也。"

读完这段治国大政方略，联想到中华人民共和国成立后的对外政策，难道不是这样的吗！中华民族的文化博大精深，真是名不虚传，数千年的王道之策，就是这样超前，对比一下西方某些大国的霸权主义，真是感谢我们的老祖宗英明伟大可爱。

总结以上九经：第一是示范，第二至七是鼓励，第八是修德，第九是示恩。

这就是中国古代儒家的治国之道，治国之道千头万绪，但最重要的是君主以身作则,身教胜于言教,榜样的力量是无穷的,在以身作则的同时,激励胜于惩罚,修德胜于恃力,示恩胜于立威,仁爱胜于武力。

这就是中华民族的王道精神,这就是中国治国平天下的政治主张。

那么,实施治理国家的九经,也就是实施九大方针政策的准则核心是什么呢? 正如孔子所说:

"凡为天下国家有九经,所以行之者,一也。"

"大凡治理天下国家有九条准则,施行这些准则的道理是一样的,就是以诚信待人。"

对于上句的解释:

张居正认为:孔子既详言九经之事,又总结道:"人君治天下国家,有九经经常的道理,其事与效验,固各不同,然所以行那九经,只是一件,曰诚而已。"

盖天下之事,必真实而无妄,乃能长久而不易,若存的实心,行的实事,则九经件件修举,便可以治天下国家。若一不诚,则节目虽详,法制虽具,到底是粉饰的虚文而已,如何可以为治乎? 故曰:"所以行之一也。"

治理国家的大政方针有九,九九归一,就是一个诚字

治理国家的九条方针政策,九九归一,就是一个诚字。

诚,是为人处世安身立命的根本;诚,是做人最基本的准则;诚,是中华民族的精神力量;诚,是修身养性齐家治国平天下的立足点和出发点;诚,是发自内心真实无妄身体力行的动力;诚,是全心全意,全力以赴,去为之奋斗献身的,一种社会担当,社会责任,民族精神。

所以,在做任何事情之前,都要心怀一个诚字,做好充足的思想准备,做好充足的各种准备,才能战无不胜,攻无不克。

三、至诚之道,中国人的成己、成人、成物准则

第十八讲:凡事预则立,不预则废

上一讲主要讲了治国九经,这一讲开始讲至诚之道,中国人成己成人成物准则中的凡事预则立,不预则废。

"凡事豫则立,不豫则废。言前定则不跲,事前定则不困,行前定则不疚,道前定则不穷。"

"凡事事先有充分的准备就能成功,事先没有充分的准备就会失败。讲话之前预先想好,讲起话来就不会中断和失误。办事之前预先想好,做起来就不会遭受挫折。行动之前预先想好,行动起来就不会遗憾内疚。推行道德之前预先想好,实行起来就不会行不通。"

凡是:指达道、达德、九经,以及日用大小的事物皆是。豫:同预,事先有计划和准备。跲:绊倒。此处指说话不畅通。困:窘迫。疚:愧疚;是病。

对于这句的解释:

孔颖达认为:将于发言,能豫前思定,然后出口,则言得流行,不有蹶蹶(蹶,是柱下石;蹶,是摔倒,比喻失败或挫折也);欲为事之时,先须豫前思定,临事则不困。欲为行之时,豫前思定,则行不疚病。欲行道之时,欲前谋定,则道无穷也。

张居正认为,承上文说:"九经之行,固贵于诚,然不但九经而已,但凡天下之事,能素定乎诚,则凡事都有实地,便能成立,若不能素定乎诚,则凡事都是虚文,必致废坏。何以言之? 如人于言语先定乎诚,不肯妄法,则说的都是实话,自然顺理成章,不至于蹉跌矣。人于事务先定乎诚,不肯妄动,则临事便有斟酌,自然随事中节,不至于窘迫矣。身之所以行者先定乎诚,则其行有常,

自然光明正大，而无歉于心，何疚之有？道之当然者先定乎诚，则其道有源，自然泛应曲当，而用之不竭，何穷之有？"

所谓凡事预则立如此，苟为不诚，则言必至于跲，事必至于困，行必至于疚，道必至于穷矣。

上句："凡事豫则立，不豫则废。言前定则不跲，事前定则不困，行前定则不疚，道前定则不穷"。总而言之：就是不打无准备之仗，不做无准备之事，不说无准备之言，不行无准备之路，真正领会"凡事预则立，不预则废"的至理名言。

但是，仅仅懂得"凡事预则立，不预则废"是不够的，还要做到像孔子所说的：

在下位不获乎上，民不可得而治

"在下位不获乎上，民不可得而治矣。获乎上有道，不信乎朋友，不获乎上矣。信乎朋友有道，不顺乎亲，不信乎朋友矣。顺乎亲有道，反诸身不诚，不顺乎亲矣。诚身有道，不明乎善，不诚乎身矣。"

"处在下位的人臣，如果得不到君主的信任和支持，就不能治理好民众。要获得君主的支持有一定的方法，交朋友要讲信用，如果得不到朋友的信任，就不会得到君主的信任。要得到朋友的信任也有一定的方法，对父母要孝顺，如果不孝顺父母，就得不到朋友的信任。孝顺父母也有一定的方法，要使自己诚心诚意，如果对父母不是真心实意，就不会真正孝顺父母。使自己诚实也有一定的方法，明白什么是至善所在，不明白什么是至善所在，就不能使自己诚实。"

民不可得而治矣：就是不能得到人民并将其治理好。顺乎亲：顺从父母亲的心意，使父母高兴。反诸身不诚：反省自己不真诚。不诚乎身矣：对自身就不可能诚实了。获：得的意思。

对于上句的解释：

孔颖达认为：人臣处在下位，不得于君上之意，则不得居位以治民。臣欲得君上之意，须先有道德信着朋友。若道德无信着朋友，则不得君上之意矣。欲得君上意，先须信乎朋友矣。欲行信着朋友，必须有道顺乎其亲。若不顺乎其亲，则不信乎朋友矣。欲信乎亲，必须有道，反于其身，使有至诚。若身不能至诚,则不能"顺乎亲矣"。欲行至诚于身,必须有道乎善行。若不明乎善行,则不能至诚乎身矣。言明乎善行,始能至诚乎身。能至诚乎身,始能顺乎亲。顺乎亲,始能顺乎朋友。信乎朋友,始能得君上之意。得乎君上之意,始得居位治民也。

张居正认为:这一节承上文推言素定的意思。孔子说:"凡事皆当素定乎诚,如在下位的人,若要治民,必得了君上的心,肯信用他,方才行得。若不能得君上的心,则无以安其位而行其志,要行些政事,人都不肯听从,民岂可得而治乎?故欲治民者,当获乎上也。

然要获乎上,不在乎谀悦以取容,自有个道理,只看他处朋友如何,若是平昔为人,不见信于朋友,则志行不孚,名誉不著,要见知于在上的人,岂可得乎?故欲获乎上者,必信于朋友也。

然要朋友相信,不在乎交结以取名,自有个道理,只看他事父母如何。若平日不能成顺父母,得其欢心,则行孝不修,大节一亏,其能取信于朋友之间乎?故欲信友者,当顺乎亲也。

然要顺亲,亦不在乎阿意以曲从,也有个道理,只在乎能诚其身。若反求诸身,未能真实而无妄,则外有承顺之虚文,内无敬爱之实意,岂能得父母之欢心乎?故欲顺亲者,当诚乎身也。

然诚身功夫,又不是一时袭取得的,也有个道理,只是能明乎善,若不能格物致知,先明乎至善之所在,则好善未必是实好,恶恶未必是实恶,岂能使所存所发,皆真实而无妄乎?"

故欲诚身者,当明乎善也。能明善以诚身,则顺亲、信友、获上、治民、何难之有?即在下位者欲获上治民而推之一诚,则凡事可知矣。

综上所述:作为封建时代的人臣,要想大显身手,施展才华,把自己的满腹经纶,贡献给社会,治理好百姓,必须获得君主或皇帝的充分信任,如果没有君主或皇帝的充分信任和支持,自己的地位就不会稳定,地位不稳,就不能安其位,不能安其位,就不能够使百姓安其心,不能安其位,安其心,怎能治理好百姓?

那么,怎样才能够获得君主的信任呢?正如上文所言,那就是诚。诚的表现方法,就是先从自身开始,从自我做起,由近及远,先获得父母的信任,再获得朋友的信任,在社会上确立了广泛的信誉,最后才能够赢得君主的信任。

做到诚信，首先要内心诚实，不欺人，不自欺，孝敬父母，诚心诚意，对待朋友，真心实意，对待子女，全心全意，对待君主，忠心耿耿，认认真真做事，老老实实做人，不虚夸，不妄言，勿以善小而不为，勿以恶小而为之。对天、对地、对人、对事、对己、对物，保持一个诚字。所以说：

诚者，天之道。不勉而中，不思而得，从容中道，圣人也。诚之者，择善而固之者也

"诚者，天之道也。诚之者，人之道也。诚者，不勉而中，不思而得，从容中道，圣人也。诚之者，择善而固执之者也。"

"诚，是天下万事万物最本质的道理，人要努力做到真诚诚实，因为真诚诚实是做人的基本道理和原则。一个诚实的人，不用勉强就会处世得当，不假思虑就能言谈合适，自然而然坦率从容，就会符合中庸之道，圣人就是这样的。诚，就是选择善事而坚持不懈努力去做的人。"

诚：是真实无妄。从容：是自然的意思。择：选择。固：是坚固。执：是执守。固执：坚定执著。

诚者，天之道也：意即天道的通行，是真实无妄的。诚之者，人之道也：意即人生活在天地之中，应当努力遵循诚实的天性。从容中道：言行举止自然得体，合乎中庸之道。

诚，在《辞海》中的解释：

一是，真心实意。如开诚布公。《后汉书·马援传》："开心见诚，无所隐伏。"

二是，真是；的确。《三国志·蜀志·诸葛亮传》："尽天下三分，益州疲弊，此诚危急存亡之秋也。"

三是，果真；如果。《史记·张耳陈馀列传》："诚听臣之计，不可攻而降城。"

四是，中国古代哲学术语。

《中庸》认为"诚"：这一精神实体起着化生万物的作用；"诚者，自成也，而道自道也。诚者，物之终始，不诚无物。"

唐李翱将"诚"视为"圣人之性"，是至静至灵寂然不动的"心"（精神）。

北宋周敦颐用以为至高无上的宇宙本体；"诚者，圣人之本。大哉乾元，

万物资始,诚之源也。"(《通书》)

明清之际王夫之提出"诚"以言其实有尔(《张子正蒙注·天道篇》),"诚者,天之道也,阴阳有实之谓"(《太和篇》),用以指客观的"实有",并作为宇宙的一般规律。

与诚有关的还有:

诚明:中国古代哲学术语。诚,指诚实无欺或真实无妄;明,指光明或明白。

《中庸》:"自诚明,谓之性,自明诚,谓之教。诚则明矣,明则诚矣。"

认为人本具有诚实无欺、明白识物的本性,通过教育可使人明白事理,真实无妄而恢复原有本性。

北宋周敦颐提出"诚精故明",把"明"作为对宇宙本体"诚"的精神体会。

明清之际王夫之以"诚"为宇宙的一般规律,把"明"释为对客观规律的认识和把握,以知行关系阐述诚与明的关系,认为"明诚合一,则其知焉者即行矣,行焉者咸知矣"(《读四书大全说》卷四),强调诚明(知行)的统一。

诚实:一是,言行于内心一致,不虚假。《旧唐书·韩思复传》:"持此诚实,以答休咎。"二是,确实。《后汉书·郭太传》:"贾子厚诚实凶德,然洗心向善。"

诚壹:心志专一。《史记·货殖列传》:"卖浆,小业也,而张氏千万;洒削,薄技也,而郅氏鼎食……此皆诚壹之所致。"洒削,洒水磨刀。

诚信原则:民法的基本原则之一。当事人进行民事活动时,应以诚实、善意的心态行使权利,履行义务,保证各方当事人都能够得到自己应得的利益,不损人利己;当法律无法包容所有难以预料的诸情况时,法官则应依诚实、信用的观念,公平合理地去解决各类纠纷,以维持当事人之间利益的平衡、当事人利益与社会利益的平衡,保持社会的稳定和谐的发展。

"'诚'是上天赋予的道理,努力做到'诚',是为人的原则。诚实是人不用勉强就会处世得当,不用思虑就能言谈合适,行为符合中庸之道,圣人就是这样。'诚'就是要选择善道,而且牢牢把握。"

对于上句的解释:

张居正认为,承上文诚身说:"这诚之为道,原是天赋与人的,盖天以实理生万物,人以实理成之为性,率其性而行之,本无间杂,不假修为,乃天与人的道理，自然而然，所以说是天之道也。若为气禀物欲所累，未能真实无妄，而用力以求到那真实无妄的去处，这是人事所当然者，乃人之道也。诚者之事何如，其行则安而行之，不待勉强而于道自无不中，其知则生而知之，不待思索，而于道自无不得。此乃从容合道的圣人，全其天而无所假于人为者也。诚之者之事何如？其知则未能不思而得，必拣择众理以明善，其行则未能不勉而中，必坚守其善以诚身，此乃用力修为的贤人，尽人以合天者也。"

然自古虽生知安行之圣，亦必加学问之功，夫其得志于天者既全，而修之于人者又力，此所以圣而益圣欤？

综上所述：诚，是万事万物万象的道理，茫茫宇宙，浩淼太空，假如缺少一个诚字，宇宙整个星系的运行就会乱套，地球四时，春夏秋冬，就会乱时，所以说诚是天地万物之道，也就是天之道。

人们为人处世，安身立命，离不开一个诚字，离开了诚信，就会人人自危，个个怀疑，诚信的缺失，就会道德沦落，信誉扫地，人类的社会将要付出极大的代价。

诚信，需要道德的修养，需要长期持久地坚持不懈，需要每时每刻的自省自己，需要一生一世的坚持。只有真正做到一个诚字，才能够做到天人合一，物我合一，知行合一。而知行合一，正如子思所说：

"博学之，审问之，慎思之，明辨之，笃行之。"

"广泛地学习，详细地研究，慎重地思考，清楚地辨别，忠实地贯彻执行。"

笃行：笃实的履行。

张居正认为：承上文说："择善而固执之，故诚之者之事。然其用工之节目，又不止一端。第一要博学，天下之理无穷，必学而后能知。然学而不博，则亦无以尽事物之理，故必旁搜远览，凡古今事物之变，无不考求，庶乎可以广吾之闻见也，这是博学之。

所学之中未有知者，必须问之于人，然问而不审，则苟且粗略，而无以解中心之惑，故必与明师好友，尽情讲论，仔细穷究，庶乎可以释吾之疑惑也，这是审问之。

虽是问得明白了，又必经自家思索一番，然后又得，然思而不慎，又恐使之泛滥，过于穿凿，虽思而无益矣。故必本之以平易之心，求之真切之处，而慎以思之,庶乎潜玩之久而无不通也。

既思索了,又以义理精微,其义利公私之间,必加辨别,然辨而不明,则毫厘之差,谬以千里,虽辨无益矣。故必条分缕析,辨其何者为是,何者为非,何者似是实非,何者似非而实是,一一都明以辨之,庶乎尽其精微而不差也。

夫既学而又问之、思之、辨之,则于天下之义理,皆已明白洞达而无所疑,可以见知于行矣。然行而不笃,则所以行者徒为虚文,而终无所成就,又必真心实意,敦笃而行,无一时之间断,无一念之懈怠,则所知者皆见于实事,而不徒为空言矣,所以又说笃行之。"

夫博学、审问、慎思、明辨,所以择善也。笃行,所以固执也。五者,皆诚之者的功夫,学知利行之事也。

学、问、思、辨、行的知行合一,是培养人才的必经之路

综上所述:知行合一,需要"博学之,审问之,慎思之,明辨之,笃行之"长期持久,一生一世地学习实践,才能够获得真正的知识,修身、齐家、治国、平天下的知识。

人们只有广博的学习,才不至于孤陋寡闻;只有仔细地询问,才不至于浅薄无知;只有审慎的思考,才不至于上当受骗;只有明细的辨析,才不至于谬之于千里;只有认真地实行,才不至于言行不一,理论脱离实际。

学、问、思、辨、行,是知行合一的统一,是理论联系实际的统一,是培养全面人才的必经之路。

所以说,要想获得真知灼见,知行合一,必须终生地学习,长期持久地持之以恒。正如子思所说:

"有弗学,学之弗能,弗措也;有弗问,问之弗知,弗措也;有弗思,思之弗得,弗措也;有弗辨,辨之弗明,弗措也;有弗行,行之弗笃,弗措也。人一能之,己百之;人十能之,己千之。"

"有未曾学习的知识,要学习到不真正弄通弄懂就不停止;有未曾请教的疑惑,要请教到不真正弄明白就不会停止;有未曾思考的问题,要思考到不真正领会就不会停止;有未曾辨别的真伪,要辨别到不真正明白就不会停止;有未曾实行的道理,要实践到不真正实施就不会停止。别人一次能够做到的,我用百倍的努力;别人十次能做到的,我用千倍的功夫。"

弗：不的意思。措：解做止字。弗措：不停止、不罢休、不半途而废。

张居正认为，承上文说：学、问、思、辨、笃行，故是求诚之事，然有一样资禀庸下的，未能便成，必须专心致志着实用力，乃能有成，如古今事物之理，不学则已，但去学时，便要博闻强记，件件都理会得过才罢。若有不能，不止也。有疑惑的，不问则已，但去问时，便反复讲究，件件都要知道才罢，若有不知，不止也，若有不得，不止也。有该辨别的，不变则已，但去分辨，则必细细剖析，务要明白不差才罢，若有不明，不止也。及其见诸躬行，不行则已，但行的时节，务要践履笃实，底于有成才罢，若有不笃，不止也。他人一遍就会了，自己必下百遍的功夫，他人十遍就会了，自己必下千遍的功夫，务求其能而后已，这是困知勉行者之事也。

"果能此道矣，虽愚必明，虽柔必强。"

"如果真能实践这些道理，即使是愚昧的人也一定会变得聪明，即使是柔弱的人也一定会变得刚强。"

对于上句的解释：

张居正认为：此道，指上一节说。常人有志者少，无志者多。未必能实用其力者，若果能于学问思辨笃行，用了百倍的功夫，则义理自然浑融，气质自然变化，虽是生来愚昧的，久之亦将豁然贯通，而进于明矣。虽是生来柔弱的，久之亦能毅然自守，而进于强矣。况本是聪明强毅的，而又能加勤励不息之功，有不为大智大勇者乎。

张居正还认为：谨案此章，言帝王治天下之大经大法，及其详备。首言举行文武之政，在于有君有臣，而尤归重于君身，盖有君自然有臣也。中言以三达德而行五达道，皆修身之事。九经则自身而推家国天下，终言修己治人，本于一诚，而学问思辨笃行之功，则所以求立乎诚者也。

夫至诚者，天德也，九经之事，王道也。有天德而后可以行王道，其要在于典学，伏惟圣明留意焉。

综上所述：修身养性，做德才兼备之人，离不开丰富的知识，而知识的积累，不是一朝一夕的事情，需要日积月累，付出一生的努力，终生的勤奋，长期持久地坚持不懈，持之以恒，没有任何捷径可走。正如马克思所说："在科学的入口处正像在地狱的入口处一样，必须提出这样的要求：在这里必须根绝一切犹豫，在这里任何怯懦都无济于事。"（《世界名人语典》）

这句话是马克思对学术求真之后的警戒忠告,也是他本人治学研究的切身体会。马克思一生勤奋好学,上下求索,仅是写作《资本论》,就阅读了一千五百多种书籍,用了整整四十年的时间。马克思本人的业绩、他的名言、他的思想,将成为人们在科学之路上不竭探索的座右铭。

一个人做一件好事并不难,难的是一辈子做好事,不做坏事才是最难最难的啊!一个人一生学习某一项技能并不难,难的是精通它,应用它,实践它。

正如俗语所说:"君子立长志,小人常立志",一个人立志并不难,其实立志就是给自己定了个长远目标,或说是终身目标。立志不难,定目标也不难,难的是终生去实行它。

所以说立志并不难,难在于守志难。"守志如行路,有行十里者,有行百里者,有行终生者。行十里者众,行百里者寡,行终生者鲜"。一个人只要能够终生坚持不懈地学习,持之以恒的去履行实践,再愚昧的人也会变得聪明智慧,在柔弱的人也会变得坚强无比。

第十九讲:至诚之道的天地境界

上一章也就是第二十章我们讲了,为政之道,以人为本;为人之道,以诚为本。这一章也就是第二十一章,我们讲至诚之道的天地境界,正如本章所说:"自诚明,谓之性;自明诚,谓之教。诚则明矣,明则诚矣。"

由真诚到明白道理,这是出于天性;由明白道理而达到真诚,这是因为教化。真诚也就是明白道理了,明白道理了也就是真诚了。

自:从、由。诚:是真实无妄。明:明白、是事理通达。

对于这章的解释:

郑玄认为:由至诚而有明德,是圣人之性者也。由明德而有至诚,是贤人学以知之也。有至诚必有明德,有明德必有至诚。

孔颖达认为:圣人天性至诚,则能有明德,由至诚而致明也。贤人由自身聪明习学,乃至至诚。是诚者能明,明则能诚,优劣虽异,二者皆通有至诚也。

程颐认为:学者不可以不诚,不诚无以为善,不诚无以为君子。修学不以诚,则学杂;为事不以诚,则事败;自谋不以诚,则是丧其德而增人之怨。

朱熹认为:德无不实而明无不照者,圣人之德。所性而有者也,天道也。先明乎善,而后能实其善者,贤人之学。由教而入者也,人道也。诚者无不明矣,明则可以至于诚矣。

张居正认为,子思承孔子天道之意以立言说道:"人之造道等级虽有相悬,及其成功,则无二致。故有德无不实,而明无不照,由诚而明的,这叫做性。

盖圣人之德,不勉而中,不思而得,天性本来有的,故谓之性。性,即天道也。有先明乎善,而后能实其善,由明而诚的,这叫做教。

教,即人道也。夫曰性曰教,虽有天道人道之殊,然德无不实者,故自然清明在躬,无有不明,而先明乎善者,也可以到那诚的地位,及其成功,则一而已矣。"

所以说诚则明矣,明则诚矣。

郑玄认为,由至诚而明德,是圣人之性;由明德而至诚,是贤人学以知之的结果,但有诚必有明德,有明德必有至诚,也是一样的。

孔颖达认为,圣人天性至诚,贤人通过学习才能够达到至诚,但二者皆通往至诚是一样的。

程颐认为,学者不诚、不善无以为君子;修学不诚,不精;为事不诚,必败;自谋不诚,必遭怨。

张居正认为,由诚而明,叫性。所以说,圣人不勉而中,不思而得,顺其自然而得的叫性,即天道。贤人由明而诚,先明白善,然后再行善的,叫教,即人道。圣人、贤人殊途同归,及其成功,都是一样的。

这里反复说明诚与明的关系。子思认为:圣人是天生的至诚,所以能够自然而然的明白道理,顺其自然表现出至诚的本性,也就是"天命之谓性,率性之谓道";而普通人则需要通过不断地刻苦学习和自身修养,先明白为人处世安身立命的道理之后,才能够达到至诚的境界,这是由于教化所致,也是由普通人上升到贤人的必备途径,也就是"修道之谓教"。

这和以前所讲的"生而知之者上也,学而知之者次也,困而知之者又次之"的论点是一样的。但是,不管怎么样,是圣人也好,贤人也好,普通人也好,愚昧的人也好,如果最后能够达到至诚的境界,其效果是一样的。

这就是至诚之道的天地境界,而这种天地境界,需要天人合一的配合,正如下文第二十二章所讲:

至诚,是天地人之本,是成己、成人、成物的核心

"唯天下至诚,为能尽其性;能尽其性,则能尽人之性;能尽人之性,则能尽物之性;能尽物之性,则可以赞天地之化育;可以赞天地之化育,则可以与天地参矣。"

只有天下最真诚的圣人,才能够充分发挥自己天然的本性;能够充分发挥自己天然的本性,就能充分发挥众人的本性。能充分发挥众人的本性,就能够充分发挥万物的本性。能够充分发挥万物的本性,就可以帮助天地生育万物。能够帮助天地生育万物,就可以与天地并列为三(天地人)了。

这里的尽其性:充分发挥人之本性。赞:赞助。化育:化生和养育。

与天地参:参,并列为三的意思。与天地参,就是与天地并列为三,即:天、地、人并列为三。

对于这章的解释:

郑玄认为:尽性者,谓顺理使之不失其所也。助天地之化生,谓圣人受命在王位致太平。

孔颖达认为:天下之内,至极诚信为圣人也。以其至极诚信,与天地合,故能"尽其性"。既能尽其性,则能尽其人与万物之性,是以云:"能尽人之性"。既能尽人性,则能尽万物之性,故能赞助天地之化育,功与天地相参。

朱熹认为:天下至诚,谓圣人之德之实,天下莫能加也。尽其性者德无不实,故无人欲之私,而天命之在我者,察之由之,巨细精粗,无毫发之不尽也。人物之性,亦我之性,但以所赋形气不同而有异耳。能尽之者,谓知之无不明而处之无不当也。

张居正认为:天下至诚,是说圣人之德,极诚无妄天下莫能过他。子思说:"天命之性,本自真实无妄,只为私欲蔽了,见得不明,行得不到,所以不能尽性。独有天下至诚的圣人,其知生知,其行安行,存乎天理而不杂人欲,故能于所性之理,察之极其精,行之极其至,而无毫发不尽也。

然天下的人,虽有智愚贤不肖,其性也与我一般,圣人既能尽己之性,由是推之于人,便能设立政教,以整齐化导之,使人人都复其性之本然,而能尽人性矣。天下的物,虽飞潜动植不同,其性也与人一般,圣人既能尽人之性,由是推之于物,便能修立法制,以搏节爱养之,使物物各随其性之自然,而能尽物之性矣。

夫人物皆天地之所生，而不能使之尽其性，是化育也有不到的。今圣人能尽人物之性，则是能裁成辅相，补助天地之所不及矣，岂不可以赞天地之化育乎！既能赞天地之化育，则是有天地不可无圣人，天位乎上而覆物，地位乎下而载物，圣人位乎中而成物，以一人之身，与天地并列为三矣，岂不可与天地参乎！"

至诚之功用，其大如此，然天地万物之理，皆具于所性之中，参赞位育之功，不出于尽性之外，学圣人者，但当于吾性中求之。

郑玄认为，尽性者，就是顺其自然而又不失其所的圣人，可以受天地之命，尊王位，知天下太平。

孔颖达认为，天下之内，能够达到至诚的人被称之为圣人，而圣人能够与天地结合，所以能够尽其性，尽其性之后，由此及彼，就能够尽人性，尽物性，最后可以辅助天地化育，达到天、地、人，并列为三。

朱熹认为，天下至诚，就是圣人之德。

张居正认为，天下至诚，是说圣人之德。天可以覆物，地可以载物，圣人可以成物。覆物、载物、成物的天、地、人，并列天地宇宙之间为三，各任其职，各负其责，成己、成人、成物，不外乎至诚。

其实诚，就是心无杂念，表里如一，诚心诚意，认认真真做事，老老实实做人，对己，真实无妄；对人，童叟无欺。

正如荀子所说："君子养心莫善于诚。致诚则无它事矣，惟仁之为守，惟义之为行。"

宋代著名哲学家、诗人邵雍在《侍物吟》中说："侍物莫如诚，诚真天下行。"可见"诚"之重要。

如果做人，没有了诚信，就会四处碰壁，走投无路，遭人嫌弃。只有以真诚待人，言行一致，时时刻刻保持一颗透明的心，才能够做到不欺人，不自欺。最终达到"诚者明，明者诚"的境界。

这就是说，达到了天下至诚，就达到了圣人的境界，达到了圣人的境界，就能够充分发挥儒家所说的天性中的善。圣人，则至诚；至诚，则圣人。

并由此推及："己所不欲勿施于人"的"恕"；到"己欲立而立人，己欲达而达人"的"忠"；而设立政教，推及"忠"、"恕"之道。

由"尽己之性",到"尽人之性",再到"尽物之性"。从"己性"、"人性"、"物性"的共性中,就会发现并找到自然发展的规律,达到了天人合一的境界,这个天人合一的境界的核心,就是一个"诚"字。

这个"诚",就是天、地、人并列为三的纽带。天,有覆物的职责;地,有载物的职责;人,有成物的职责。

天之覆物、地之载物、人之成物,天地人,构成一个宇宙赞天地之化育的整体;这个宇宙整体,由成己、成人、成物的天人合一的境界,始终贯通于一个大大的"诚"字。

至诚无息,由近及远,由小到大

上一章,也就是第二十三章,讲了至诚之道,是天地人之本,是成己成人成物的核心,主要讲:"天覆物,地载物,人成物";"至诚,则圣人;圣人,则至诚"。主要讲圣人。

这一章,也就是第二十四章,讲至诚无息,是由近及远,由小到大,主要讲贤人。所以说:

其次致曲,曲能有诚,诚则形,形则著,著则明,明则动,动则变,变则化。唯天下至诚为能化。

次于圣人的贤人,能够从身边日常细小的善事做起,由小到大,由少到多,日积月累,逐步扩充,积小善为大善,就可以达到真诚的境界。心地真诚就会不由自主的表现于行动,日积月累就会日益显著,日益显著就会光辉明亮,光辉明亮就会感动外物,感动外物就会变革人心从善,久而久之就会使社会产生好的教化,和谐共处,彼此融为一体。只有天下至诚的人,才能感化众人教人从善。

这里的:其次,次一等的人,即次于"自诚明"的圣人,也就是贤人。

致:是推极。曲:是善之一偏处。致曲:致力于某一方面的善端。

著:显著、昭著。明:昭明、显明、光明。变:变革、改变。化:化育。

对于这章的解释:

郑玄认为:不能尽性而有至诚,于有义焉而已,形谓人见其功业。尽性之诚,人不能见也。

孔颖达认为:不能自然至诚,由学而来,故诚则人见其功。初有小形,后乃大明。若天性至诚之人不能见，则不行不著也。由著故显明、由明能感动于众。既感动人心，渐变恶为善，变而既久，遂至于化。言恶人全化为善，人无复为恶也。惟天下学致至诚之人，为能化恶为善，改移旧俗。不知前经天生至诚，能尽其性，与天地参矣。

朱熹认为：盖人之性无不同，而气则有异，故惟圣人能举其性之全体而尽之。其次则必自其善端发见之偏，而悉推致之，以各造其极也。曲无不致，则德无不实，而形、著、动、变之功自不能已。积而至于能化，则其至诚之妙，亦不异于圣人矣。

张居正认为，子思说："天地至诚的圣人，固能尽其性之全体，而能尽人物之性，以收参赞之功。其次若贤人以下，诚有未至者，却当何如用功，盖必由那善端发见之一偏处，悉推致之以各造其极，如一念恻隐之发，则推之以至于无所不仁。一念羞恶之发，则推之以至于无所不义，而曰礼曰智，莫不皆然，这便是能致曲了。夫一偏之曲，既无不致，则有以通贯乎全体，而无不实矣，所以说曲能有诚。诚既积于中，则必发于外，将见动作威仪之间，莫非此德之形见矣。既形，则自然日新月盛，而愈显著矣。既著，则自然赫喧盛大，而有光明矣。盖实德之积于中者日盛，故德容之见于外者愈光，内外相符之机，有不容掩者如此。诚既发于外而有光明，则人之望其德容者，自然感动，而兴起其好善之心矣。既动，则必改过自新，变其不善以从吾之善矣。既变，则久之皆相忘于善，浑化而无迹矣。盖诚之动乎物者既久，则人之被其化者愈深，人已相符之机，有莫知所以然者如此。夫感人而至于化，岂是容易得到的？惟是天下至诚的圣人，才能感人到那化的去处。今致曲者积而至于能化，则亦天下至诚而已矣。"夫由诚而形、而著、而明，所谓能尽其性者也。由动而变、而化，所谓能尽人物之性者也，而参赞在其中矣。虽由致曲而人，及其成功则一也。

综上所述：致曲，其实就是要求人们，从自身小的好事善事做起，逐步扩充其善良的本性，最后达到至诚的境界。

人们虽有圣、贤、智、愚、好、坏之分，但按照儒家的观点，人皆有向善之心，这是天性使然。要使愚者明道，不肖者改过自新，变不善为善，就必须从身边的小事做起，也就是从他的一善之念的发端处做起，好像有点像"无产阶级文化大革命"中所说的，狠斗私字一闪念的说法。

儒家认为，这一闪之念，就是他的天性，这天性之中，就有诚的因素存在，由此引导向善,启发他尚未完全泯灭的良知,使他将这一善念,逐步扩充而见诸于行动并达到极处,最后就达到与善浑然一体——至诚的境界了。

这就是:善于发现,善于引导,善于鼓励,善于肯定,善于循序渐进,善于改造一些不善的行为。通过这么多的善于,帮助、改造、引导人们向善,使人们重新做人,改过自新。

人有圣、贤、智、愚、好、坏之分,而圣贤之人极少。大千世界,芸芸众生,事务繁杂,欲望重重,争名夺利,钩心斗角,丑态百出,无奇不有,圣贤之人,应有责任,有义务帮助引导大众走向光明,芸芸众生,也有向善和走向光明的内心需求,所以说,得出"惟天下至诚为能化"的结论。

至诚如神,防微杜渐,可以预知

上一章,也就是第二十三章,主要讲了至诚无息,由近及远,由小到大,惟天下至诚能化的功效。

这一章,也就是第二十四章,主要讲至诚如神,防微杜渐,可以预知的功效。所以说:

至诚之道,可以前知。国家将兴,必有祯祥;国家将亡,必有妖孽;见乎蓍龟,动乎四体。祸福将至,善必先知之;不善必先知之。故至诚如神。

虔诚之心到了极致,就可以预知未来的事情。国家将要兴盛,必定有吉祥的征兆;国家将要灭亡,必定有怪异的事情出现;或呈现于占卜的蓍草和龟甲上,或表现在人四肢的动作上。福祸即将来临之时,好事一定预先有征兆,坏事也一定预先也有征兆,所以说至诚之道如同神灵一样。

这里的前知:预先知道未来的事情。祯祥:吉祥的征兆。如麒麟、凤凰、景云、庆云、各样的祥瑞都是。《说文》:"贞祥者,言人有至诚,天地不能隐,如文王有至诚,招赤雀之瑞也。"就是国境里原先就有,如今出现了奇异的品种,称作祯。原先没有,今日新生,称作祥。

妖孽:怪异不祥的事物。在古代指物类反常现象。草木之类称妖,虫豸(没有脚的虫)之类称孽。古代人们的认知有限,对于自然灾害缺乏足够的认识,如地震、山崩、川竭、河水断流、大旱、星陨等各样的灾害。这里比喻邪恶的人或事。

见:同"现",呈现。蓍龟:蓍草和龟甲,用来占卜。神:鬼神。

动乎四体：四肢，此指人的动作。从人们四肢的举止看出来。如神：如神一样妙不可言。

对于这章的解释：

孔颖达认为：国家之将兴，必先有嘉庆善祥也。至诚之道，先知前事，如神之微妙。

朱熹认为：凡此皆理之先见者也。然惟诚之至极，而无一毫私伪留于心目之间者，乃能有以察其几焉。

张居正认为，子思说："人之德有不实，则理有不明，虽目前的事，尚不能知，况未来者乎？独有极诚无妄的圣人，天理浑然，无一毫私伪，故其心至虚至灵，与那未来的事，都预先知道，然此岂有术数以推测之哉？盖自有可知之理耳。如国家将要兴隆，必有祯祥的好事出来，国家将要败亡，必先有妖孽不好的事出来。或著见于蓍龟占卜之间，而有吉有凶，或发动于四体威仪之际，而有得有失。凡此皆祸福将至，理之先见者也。惟至诚圣人，则有以察其几，善，必先知之，不待其福既至而后知也。不善，必先知之，不待其祸既至而后知也，所以至诚之妙，就如鬼神一般。"盖凡幽远之事，耳目心思所不及者，人不能知，除是鬼神得知。今圣人虚灵洞达，能知未来，则与神鬼何异，所以说至诚如神。然天地间只有一个实理，既有是理，便有预先形见之几，圣人只是一个实心，心体既全，自有神明不测之用，岂可后世谶纬术数之学，穿凿附会，以为知者哉！

综上所述：至诚之道，可以防微杜渐，可以先知。这里所说的圣人的至诚之道，可以预知未来，可以起到和神鬼相通的作用。

古代科技不够发达，人们对于大自然的认识出于局限性，在大的天灾面前，人们束手无策，不能够做出合理的解释，对于一些自然的现象，也不能够了解，认为是天降祥瑞，或天降灾祸，人们在无法认知的前提下，对于某些自然现象，只能用神鬼之说来解释。

其实，任何事物的发展都有其规律性，透过现象看本质，一滴水可以折射出太阳的光辉，知识渊博的人，也就是古代所说的圣人，能够透过现象看本质，能够在事物发生的萌芽状态，就可以分析判断出未来的走向，这是学识渊博的结果，这是把握规律的结果，这是经验丰富的结果，并不是真正的圣人通神鬼之说。

任何事物的出现和衰败都有征兆,都有苗头,都有细微之处透漏出的信息,学识渊博,经验丰富的人,都能够从细微之处看到事物发展的趋势走向,判断出未来事情的大致结果,这就是古人所说的至诚之道,可以预知。

因为古代大多数人对于自然科学缺少判断,他们认为所谓的圣人的先知,是至诚通神鬼的结果,作为两千多年之后的现代人,不要更多的求全责备,其实就是到科技如此高度发达的今天,不仅中国,就是世界上发达如欧美等国的民众,不是也认为有上帝的存在吗!

对于"至诚之道,可以先知"的理解,我们应该提高自身的综合素质,增强自己分析问题,解决问题的能力,提高自己的判断能力,就可至诚先知,防微杜渐,透过现象看本质,发现苗头看走向,就可以预知未来,减少失误,增加成功的因素。

如今天的天气预报,可以预知未来数月的天气发展趋势,今天的经济状况,可以预知未来数年的发展状况。从一个人细微的小事,可以判断这个人的道德品质如何,看一个国家的政策策略,预知这个国家未来数十年的发展状态。

这里的所谓"至诚之道,可以前知",与其说通鬼神,不如说诚心诚意地学习工作研究探讨琢磨体会觉悟,真正可以掌握事物发展的规律,辨清趋势发展的走向,在把握规律的同时,可以逐步接近发现真理,可以真正可以预知未来的吉凶祸福。

我们把真诚当作发现真理的途径,我们把真诚当作把握事物规律的过程,我们把真诚当作为人处世安身立命的捷径,把握了至诚之道,就把握了一个人的成功之道,这就是我对"至诚之道,可以预知"的理解和解释。

第二十讲:至诚无息,孕育万物

上一章,也就是第二十四章,主要讲了至诚之道,可以防微杜渐,可以预知的功效。这一章,也就是第二十五章,我们讲至诚:成己、成人、成物的内圣外王之道。

诚者自成，成己、成人、成物的"内圣外王"之道

"诚者，自成也；而道，自道也。"

诚，是自我道德修养的逐步完善；道，是引导自己逐步走向道德完善的道路。

"诚者，物之终始，不诚无物。是故君子诚之为贵。"

诚，贯穿万事万物的始终，没有诚的规则就没有了事物。所以，君子以诚为贵。

"诚者，非自成己而已也，所以成物也。成己，仁也；成物，知也。性之德也，合外内之道也，故时措之宜也。"

诚，并不是自我道德完善就够了，还要成全别人和完善万物。完成自我的道德修养是仁，成全万物的就是智。仁和智是上天赋予人们的美德，把自身的仁智美德，融合与天地万事万物的准则和规律，任何时候施行都是适宜的。

这里的自成：自己成全自己，也即自我完善之意。自道：自我引导，自我规划自己。

成己：逐步完善自己。知：同"智"、智慧。性之德：源自本性的德行。

时措之宜：随时而行皆不无确当。

对于这章的解释：

孔颖达认为：人有至诚，非但自成就己身而已，又能成就外物。若能成就己身则仁道兴立，若能成就外物，则智力广远，诚者是人五性之德，则仁、义、礼、智、信皆犹至诚而为德，至诚之行合于外内之道，无问内外，皆须至诚。于人事言之，有外有内，于万物言之，外内犹上下。上谓天，下谓地。天体高明，故为外；地体博厚闭藏，故为内也。是至诚合天地之道也。至诚者成万物之性，和天地之道，故得时而用之，则无往而不宜。

朱熹认为：诚者物之所以自成，而道者人之所以当自行也。诚以心言，本也；道以理言，用也。

朱熹又认为：天下之物，皆实理之所为，故必得是理，然后有是物。所得之理既尽，则是物亦尽而无有矣。故人之心一有不实，则虽有所为亦如无有，而君子必以诚为贵也。盖人之心能无不实，乃为有以自成，而道之在我者亦无不行矣。

朱熹还认为：诚虽所以成己，然既有以自成，则自然及物，而道亦行于彼矣。仁者体之存，智者用之发，是皆吾性之固有，而无内外之殊。既得于己。则见于事者，以时措之，而皆得其宜也。

张居正认为，子思说："真实无妄之谓诚。这诚是人所以自成其身的道理，如实心尽孝，才成个人子，实心尽忠，才成个人臣，所以说是自成也。体此诚而见于人伦日用之间，则谓之道，这道，乃人所当自行的，如事亲之孝，为子的当自尽，事君之忠，为臣的当自尽，所以说是自道也。"

张居正又认为，子思说："何以见得诚为自成，而道当自道？盖天下事物，莫不有终，莫不有始，终不自终，是这实理为之归结，始不自始，是这实理为之发端，彻头彻尾，都是实理之所为，是诚为物之终始，而物所不能外也。人若不诚，则虽有作为，到底只是虚文，恰似不曾干那一件事的一般，如不诚心以为孝，则非孝，不诚心以为忠，则非忠。所以君子必以诚之为贵，而择善固执以求到那真实之地也。若然，则能有以自成，而道亦无不行矣。"

张居正还认为，子思说："诚故所以自成，然又不止成就自家一身而已，天下的人同有此心，同有此理，既有自成，则自然有以化导他人，而使之皆有所成就，亦所以成物也。成己，则私意不杂，全体浑然，叫做仁。成物，则因物载处各得其当，叫做知。然是仁、知二者，非从外来，乃原于天命，是性分中固有之德也亦不是判然为两物的，与生俱生，乃内外合一的道理。君子特患吾心有未诚耳，心既诚，则仁、智兼得，一以贯之，将见见于事者，不论处己处物，以时措之而皆得其当矣。"此可见仁智一道，得则俱得，物我一理，成不独成，岂有能成己而不成物者乎？所以说诚者非自成而已也，所以成物也。

综上所述：这里进一步论述诚的作用。作者以先成己，然后成人、成物的主张，来表达内圣外王之道的理想人格。

这里的成己，是为了成人、成外人；成人，是为了成物、成万物。成己的目的是为了成别人，成人的目的是为了成万物，而成万物的前提是先成己。所谓成己之后，由己及人的成人，由己及物的成物，就是不仅成就自己，仁的道德境界，智的知识境界，而成为儒家所说的知、仁、勇"三达德"的"内圣之道"境界，也就是圣人的境界。

而成就圣人的目的：是为了成物，成就别人，成就世界，为了实现儒家的

"外王之道"铺平道路，最终实现儒家"天下为公，世界大同"，"止于至善"的理想境界。

诚，就是逐步完善自我的道德修养；道，就是逐步引导自己走向自我完善的道路。

诚，贯穿万事万物万象的始终，没有诚就没有万事万物万象。日月星辰，宇宙天体，假如没有了诚信，不按其自身的规律运行，整个宇宙将成一团乱麻，宇宙就不成为其宇宙；一年四季，假如春夏秋冬时序颠倒或混乱，整个地球将乱做一团，人类将不知如何生存；一个人假如没有诚信，没有人会相信于你，你将成为孤家寡人，孤立无援；一个单位假如没有诚信，你生产的产品将会受到人们的抛弃，这个企业将会很快破产倒闭。

所以完成诚的过程，靠的是仁爱，而成己成人成物成万物，仅仅靠仁爱是不够的，需要更多的知识和智慧，才能够有能力成人成物成万物，帮助别人，成就别人，成就万物。

所以说成物的前提是成己。成己，就是完成自身的道德修养，完善自己的知识结构，提高自身的整体素质，做德才兼备的贤人圣人，这在《大学》中叫"修身"，修身到极致，叫"内圣"；而成人成物的过程，在《大学》中叫"亲民"，亲民到极致，叫"外王"；成人成物达到极致，在《大学》中叫"止于至善"，也就是说天下要达到"天下为公，世界大同""止于至善"的美好境界。

仁、智，按照儒家的观点，是上天赋予人类的美德和智慧，而圣人之终生所追求的，就是知、仁、勇、"三达德"的美好圆融结合。

这种追求的目的，就是使人们逐步认识和把握事物的规律，接近并运用真理，只要能够做到这些，一个君子无论处于何时何地，都可以完全适应自己所处的环境，驾驭自己所行的光明大道。

至诚无息，孕育万物

上一章，也就是第二十五章，主要讲了诚者自成，成己成物的"内圣外王之道"；而这一章，也就是第二十六章，又是一个大章，全章 260 多个字，主要讲至诚的功效，也就是"至诚无息，孕育万物"。所以说：

故至诚无息。不息则久，久则征，征则悠远，悠远则博厚，博厚则高明。

所以，至诚之德是不会停息的。不停息，就会长久流传；长久流传就

会得到验证,验证有效就会悠远无穷;悠远无穷,就能广博深厚;广博深厚,就会变得高超明智。

这里的息:是间断。无息:是无休无止。久:是常于中。征:征验,显露外。悠:是悠长。远:久远。博厚:是广博深厚。高明:是高大光明。

对于上句的解释:

孔颖达认为:至诚之德,所用皆宜,无有止息,故能久远、博厚、高明以培天地也。

朱熹认为:存诸中者既久,则验于外者益悠远而无穷矣。悠远,故其积也广博而深厚;博后,故其发也高大而光明。

张居正认为,子思说:"人之德有不实,则为私欲所间杂,而其心不纯,不纯则有止息之时,圣人之德,既极其真实,而无一毫之虚伪,则此心之内,纯是天理流行,而私欲不得以间之,自无有止息矣。即无止息,则心体浑全,德行坚定,自然始终如一,常久而不变矣。存诸中者既久,则必形见于威仪,发挥于事业,自然征验而不可掩矣。既由久而征,则凡所设施,都是纯王之政,自然悠裕而不迫,绵远而无穷矣。惟其悠远,则积累之至,自然充塞乎宇宙,浃洽于人心,广博而深厚矣。惟其博厚,则发见之极,自然巍乎有成功,焕乎有文章,高大而光明矣。"盖德之存储中者,既其极纯,故业之验于外者,自极其盛,此诚者之妙,所以能赞化育而参天地也。

综上所述:宇宙间万事万物万象,都有其自身的规律,自身的规律,又遵循宇宙间大的规律运行,每一个物种,都按照自身的规律运行,天长日久,永不停息,这种按照自身规律又遵循宇宙规律的运行,就是作者所说的"至诚无息"。

儒家认为的圣人之德,就是把握了自然规律,把握了自然规律之后,就会自然而然地按照事物运行的规律行事,不受私欲左右,按其规律办事,就会坚持长久,永不停息。

永不停息的结果天长日久,厚积薄发,就会达到"至诚无息"的境界,久而久之,就会变得高超明智,高超明智之后,就会于天地合拍,自然而然,天然混成,与天地一起,各负其责,化育万物,成人成己成物。所以说:

博厚,所以载物也;高明,所以覆物也;悠久,所以成物也。

广博深厚,就能够承载万物;高超明智,就能够覆盖万物;悠远无穷,就能够生成万物。

载物：承载万物。覆物：覆盖万物。成物：成就万物。

对于上句的解释：

张居正认为：这一节说圣人与天地同用。子思说："至诚之功用，所积者既广博而深厚，则天下之物，无不在其包括承受之中，而咸被其泽，是故所以载物也。所发者既高大而光明，则天下之物，无不在其丕冒照临之下，而咸仰其光，是故所以覆物也。其博厚高明者，又皆悠长而久远，则天下之物，常为其所覆载，而得以各遂其生，各复其性，是故所以成物也。"

综上所述：儒家认为，圣人之德，博大而深厚，可以像大地一样承载万物，像苍天一样覆盖万物。这样的美德经久不息，长期持久地坚持，所以就能够使万物，天然混成，各尽其性，各尽所能，自然而然地发挥作用，在成己、成人、成物的同时，修身、齐家、治国、平天下，致使天下太平。

这正如《易经》所说："天行健，君子以厚德载物；地势坤，君子以自强不息"。儒家的精神核心是："厚德载物，自强不息"，所以：

博厚配地，高明配天，悠久无疆。

广博深厚可以与地相匹配，高超明智可以与天相匹配，悠远无穷可以像天地一样无边无际，永无止境。

这里的配：是配合。疆：是疆界。配地：与地有同等功效。无疆：无穷无尽，无边无际。

对于上句的解释：

张居正认为：这一节是说圣人与天地同体。子思说："承载万物者莫如地，今至诚之博厚，也能载物，则其博厚，就与地道之厚者，配合无间矣。覆冒万物者莫如天，今至诚之高明，也能覆物，则其高明，就与天道之高明者，配合而无间矣。天地之博厚高明，亘古亘今，无有穷尽，故能成物。今至诚之悠久，也能成物，则其悠久之功，就与天地之无疆界者，通一而无二矣。"

如此者，不见而章，不动而变，无为而成。

如果能够达到博大精深，高超明智，悠久无穷的境界，虽然没有表现自己也会凸显光明，虽然没有活动也会感人化物，虽然无所作为也会获得成功。

这里的见字：做示字解释。章：显示的意思。不见而章：虽然不刻意显露，也会自然彰显出来。

对于上句的解释:

张居正认为,子思说:"圣人能覆载成物,而配天地之无疆,其功业之盛如此,然岂待于强为哉?亦自然而然者耳,观其博厚的功业,故灿然而成章,然亦积久蓄极,自然显著的,不待表暴以示人而后章也,此其所以能配地也。其高明的功业,故能使人翕然而丕变,然亦存神过化自然感应的,不待鼓舞动作而后变也,此其所以能配天也。其博厚高明之悠久,故能使治功有成,万世无敝,然亦不识不知,自然成就的,不待安排布置,有所作为而后成也,此所以能配天地之无疆也。"

这里归纳总结了上文,说明至诚无息的伟大功能。

儒家是十分强调功效的,在强调中庸之道的时候,强调中庸之道的功效是大德受命,可以为圣王;在这里,儒家强调至诚的功效是与天地参,也就是与天地共同化育万物。

中庸的功效,是大德受命;至诚的功效,是与天地共同化育万物

这里强调,至诚无息长期持久地的坚持不懈,久而久之,就会使自己的知识博大精深,而博大精深的博厚,可以载物,可以承载万物;博大精深长期持久地坚持不懈,久而久之,就会使自己高超明智,而博大精深的高明,可以覆物,可以覆盖万事万物;博大精深,高超明智,长期持久地坚持不懈的悠久,可以成物,可以成就万事万物,化育万物。

所以,博厚之德可以与大地相当,高明之德可以与上天相当,悠久之德可以与天地一样久长,永无止境。

它们的化育万物的功业,都是由于至诚之德日积月累,长期持久地坚持不懈,永不止息的持之以恒,铸就成为博大精深,高超明智,永恒持久的伟大圣人的光辉形象。

这种圣人形象的自然而然表露,感化外物,成己、成人、成物之后的道德表率,人格魅力,圣人光辉形象的楷模作用,感动了外物,使外物感应而发生变化,自然而然,天然混成,不是故做姿态,有意而为,而是自然而然,顺其自然的成功。所以说:

天地之道,可一言而尽也:"其为物不贰,则其生物不测。"

天地的道理,可以用一句话来概括:他自身诚而不贰,化育万物,不可

测度。

贰，是掺杂；不贰，纯一而没有杂念；诚，是忠诚如一，所以不贰。

对于这句的解释：

张居正认为：上文所说的圣人之功，同乎天地。此以下文，又即天地之道以明之。子思说："天地之道虽大，要之可以一言包括得尽，只是个诚而已。盖天地之间，气化流行，全是实理以为之运用，更无一毫参杂，惟其不贰，所以长久不息，而化生万物，形形色色，充满于覆载之间，有莫知其所以然者，岂可得而测度之哉。"观此，则圣人之至诚不息，久而必征可知矣。

张居正归纳：天地之道虽大，一言以蔽之，就是一个"诚"字。"诚"，是天地之道运行的根本。所以说：

天地之道：博也，厚也，高也，明也，悠也，久也。

　　天地的法则是：广博、深厚、高超、精明、悠远、长久。

对于这句的解释：

张居正认为：天地之道，惟其诚一不贰，故能各极其盛。地之道惟诚，是以不但极其广博，而又极其深厚也。天之道惟诚，是以不惟极其高大，而又极其光明也。且其博厚高明，又极其悠长，及其久远，而不可以终穷也。观此，则圣人之悠久、博厚、高明，皆本于诚又可知矣。

天地之道，归结为六个字就是：博、厚、高、明、悠、久。

今夫天，斯昭昭之多，及其无穷也，日月星辰系焉，万物覆焉。

　　现在说说天，它虽由一点点光明积聚而成，却能至于浩瀚的太空，无穷无尽，天上悬系着日月星辰，覆盖着宇宙间万事万物。

今夫地，一撮土之多，及其广厚，载华岳而不重，振河海而不泄，万物载焉。

　　现在再说说地，它虽由一撮撮泥土积聚而成，却能至于广博深厚，承载着华山而不觉得沉重，汇聚河海而不泄漏，山川江海万物都被大地承载。

今夫山，一卷石之多，及其广大，草木生之，禽兽居之，宝藏兴焉。

　　现在再说说山，它虽由一块块石头积聚而成，却能至于巍峨壮观，高耸入云，山上草木成林，禽兽成群，宝藏无数。

今夫水，一勺之多，及其不测，鼋鼍蛟龙鱼鳖生焉，货财殖焉。

　　现在再说说水，它虽由一勺勺水积聚而成，却能至于广深莫测，鱼鳖

193

虾蟹蛟龙生长在海里,创造出极大的物质财富。

这里的昭昭:指光明。斯昭昭之多:天有众多小小的明亮积累而成。系:悬系,垂悬。一撮土之多:撮,是量词,形容很少。全句意为人们立足的地方是很少的一点土积累而成的。华岳:即华山,古代又称西岳,在今陕西省东部,有壁立千仞之势。振:通"整",整治,引申为约束。一卷石之多:卷,同"拳"。全句意为一拳头大小的石头积累而成。穆:肃穆,深远。不:通"丕"。显:明显。

对于这句的理解:

张居正认为,子思说:"天地之道,惟诚一不贰,故能各极其盛,而有生物不测之功用。何以见之? 今夫天,指其一处而言,就是昭昭然罅隙透明的去处,叫做天。若论起全体,则高大光明,无有穷尽,日月之运行,星辰之布列,都系属于其上,凡万有不齐之物,亦无不在其覆冒之下焉,天之生物不测如此。今夫地,指其一处而言,就是一撮之土,也叫做地。若论其全体,则广博深厚,无有限量,华岳之山虽大,也能承载之而不见其为重,河海之水虽广,也能收摄之而不见其漏泄,凡万有不齐之物,亦无不在其持载之中焉。地之生物不测如此。今夫山指其一处而言,便是一卷石之多,也叫做山。若论其全体广阔高大的去处,则有各样的草木都于此发生,诸般的禽兽,都于此居止,凡世间宝重蓄藏之物,可以为服饰器用的,都从此兴发出来,山之生物如此。今夫水,指其一处而言,便是一勺之多,也叫做水。若论其全体深广不测的去处,则鼋、鼍、蛟龙、鱼、鳖都生聚其中,凡有用之物,可以生致货利的,都滋长于其中,水之生物如此。"夫天地之间,物之最大者莫如山川,观山川之生物如此,则天地之大可知矣。观天地之道如此,则圣人之功可知矣。

综上所述:这里作者,用天地之道,来直接说明诚的重要性。

作者说,天地之所以长期持久地运行不息,覆盖、承载、生育万物,归根结底,是一个"诚"字的作用。

诚,是天地运行的一种精神力量,一种严肃的运行规则,一种自然而然的运行动力

由于这种长期持久地守恒定律,亿万年经久不息,所以生成万物,覆盖万物,承载万物,养育万物。

天之广阔,也是由一片光明而推之于无穷;地之深厚,也是由一小撮土积累而成。任何事物的伟大,都是由小到大,由少到多,由此及彼,由局部到全体,由个别到一般,由特殊到普遍,由近及远,由浅到深,由薄到厚,由粗到精,由低到高,由暗到明,由近及远,由短到久,由无到有,由起步到悠久。

总而言之,宇宙如此博、厚、高、明、悠、久,都是由于至诚地、长期持久地、持之以恒地、永不停息地追求,从无到有,从小到大,从少到多,由近及远,推而极致的结果。

天地如此,做人又何尝不是如此。要想成就一番事业,没有终生孜孜不倦的追求,一生一世地坚持不懈,是不会成功的。天地如此,人亦如此。所以:

诗云:"维天之命,於穆不已。"盖曰天之所以为天也。"于乎不显,文王之德之纯。"盖曰文王之所以为文也,纯亦不已。

《诗经》上说:"只有天道的运行,庄严肃穆,经久不息。""这大概说天之所以成为天的道理。啊,多么光明显赫的文王,文王德行如此纯正。"这大概说文王之所以称作"文"王的道理。纯正作为一种人类的美德也是永远不会停止的。

《诗》:指《诗经·周颂·维天之命》篇。是西周初周王祭祀文王的诗。天命:即天道。于:是赞叹之词。穆:是幽深玄远的意思。不已:是无息止。不显:比如说岂不显著。文王:是周文王。纯:是不杂。

对于这句诗的解释:

张居正认为,子思于此章之末,又引《诗》以明至诚无息之意说道:"诗人叹息说:'维天道之运行,幽深玄远而无有一时之止息。'这是说天之所以为天,正是其无止息也;不然则四时不行,百物不生,将何以为天乎?诗人叹息说:'岂不显著哉,文王之德,纯一而不杂。'这是说文王之所以为文王,正以其德之不杂也;不然,则积之不实,发之无体,将何以为文乎!"然在天说不已,在文王说纯,岂是文王与天有不同处?盖天道无有止息,故是不已,文王之德之纯,也没有止息,亦不已焉。文王与天一也,这纯即是至诚,这不已,即是不息。观此,则圣人之至诚无息可知矣。

综上所述:作者这章最后用《诗经》歌颂文王的诗句,来说明和归纳总结天道至诚不息的功用。

天地的经久不息,可以生育万物;人的经久不息,可以造就圣人。这就是儒家的观点。

儒家认为，天之所以成为天的道理，就是因为它的永不停息，日有昼夜，月有圆缺，年有四季，天有寒暑，宇宙自然而然，成就万事万物；文王仁政的施行，天长日久，纯真不贰，造就文王圣人的千秋功德。

儒家认为：一个有作为的人，要学习天地之道，文王之道，天人合一的境界，生命不息，真诚不已。追求至诚，永无止境，永不停息，逐步达到成己、成人、成物、成万物、成就世界的伟大抱负。

最终达到儒家所追求的"内圣外王之道"，"天下为公，世界大同"，"止于至善"的理想境界。

四、礼仪之道,中国人的行为准则

第二十一讲:礼乐制度与德合天人的哲学理念

《中庸》第二十一章到第二十六章,主要阐述了"诚"这一核心概念,说明了"至诚之道"如神灵一般,可以见微知著,预知祸福,并强调了至诚无息,孕育万物的功效。所以,君子不仅要成己,还要由此及彼,将这一美德推及他人,成人、成物、成万物,最后达到与天地并列为参,各司其职,各负其责,化育万物的境界。

《中庸》的第二十七章到三十章,是承接前几章而来,集中论述了圣人之道,至诚之道,君子之道,礼仪之道。

至诚之道的理论与实践

大哉圣人之道!

  伟大啊! 圣人之道!

对于上句的解释:

孔颖达认为:圣人之道,高大与山相似,上极于天。

朱熹认为:道之极于至大而无外。

张居正认为:这里的道:即是率性之道,惟圣人能全之,所以说圣人之道。子思赞叹说:"大矣哉,为其圣人之道乎!"言其广阔周遍,无所不包,无所不在,天下无有大于此者。如下文两节便是。

子思认为:圣人之道,是非常伟大的,它无所不有,无所不包,无所不在,它如同天一样大,没有比它再大的了。这个道是什么? 就是开篇所说的"率性之谓道"的道。一个人至诚的率性而为,就是伟大的圣人之道。所以说:

洋洋乎！发育万物,峻极于天。

圣人之道,充满于天地宇宙之间,浩瀚无边无际,孕育着天下万事万物,与天一样崇高。

洋洋乎:盛大浩瀚的样子。发育:是发育生长。峻极于天:高峻到了极点。

对于上句的解释:

张居正认为,子思说:"何以见圣道之大？ 以其全体言之,则见其洋洋乎流动充满,无有限量,如万物虽多,都是这道理发生长育,大以成大,小以成小,无一物而非道也。天虽高大,这道理之高大,上至于天,日月所照,霜露所坠,无一处而非道也。"其极于至大而无外如此。

子思认为:圣人之道之大,充满于天地之间,浩瀚无边,无穷无尽,无处不在,无处不有,与天一样崇高。天道之大,孕育着万物,圣人之道之大,引领着人类前行,其具体形式,如:

优优大哉！礼仪三百,威仪三千。

圣人之道,宽广伟大,无所不包！礼仪的大纲有三百条,威仪细则有三千条。

优优:和平宽容,自然从容,充足有余的意思。礼仪:古代行礼的仪式。如冠、婚、丧、祭之类。威仪:庄严的容貌举止,即礼仪的细节。

对于上句的解释:

张居正认为,子思说:"圣人之道,以其散殊而言,则见其优优然充足有余,广大悉备,如人伦日用之间,有经常不易的礼仪,而礼仪之目,则有三百,品节限制,都是这个道理,有周旋进退的威仪,而威仪之目,则有三千,细微曲折,也都是这个道理。"其入于至小而无间如此。

子思认为:周代文王、武王时代的礼仪,是圣人的礼仪,圣人的礼仪,包罗万象,无所不包,纲目分明,仅礼仪大纲就有三百条,礼仪细则三千条,日常之礼,进退有序,无所不包,好比天道,大而无外,小而无内,条理分明,等级森严,按照礼制,分而治之,举国皆安。但礼制需要圣人的出现,才能够很好地施行。

儒家崇尚的文武周公的礼仪之道,实际上就是孔子尊崇的等级森严的以礼治国的政治纲领,相对于奴隶制度,是先进的管理制度,但并不是像孔子和子思他们所说的完美无缺,后来由于社会的发展,这种繁文缛节的礼仪制度,逐渐精简和退出历史舞台。所以说:

待其人而后行。故曰苟不至德，至道不凝焉。

圣人之道，须等待圣人出世之后才能够实行。所以说，如果不具备极高的德行，圣人的至善之道就不能实行。

这里的其人：指圣贤之人。苟不至德：如果没有极高的德行。至德：最高的道德。至道：最完备的道，即圣人之道。凝：凝聚，引申为成功之义。

对于上句的解释：

张居正认为，承上文说："道之全体，既洋洋乎无所不包，道之散殊，又优优乎无所不在，其大如此，是岂可以易行者哉？必待那有至德的圣人，为能参赞化育、周旋中礼，这个道理方才行得。若不是这等的至德，则胸襟浅狭，既不足以会其全，识见粗疏，又不足以尽其细，要使这道理凝聚于身心，岂可得乎？"

所以说苟不至德，至道不凝焉。然则欲凝至道，必先尽修德之功而后可。

综上所述：这里所说的圣人之道，其实就是文王、武王、周公之道。儒家和子思们认为它极其伟大，充分体现在整个宇宙之间，浩渺无际，浩浩荡荡，生育万物，发育万物，与天地之道同在。

表现在为人处世，安身立命，治国平天下，礼乐制度等各个方面，无所不在，无所不包，无所不有。严格的礼乐制度，不仅用在治国平天下方面，而且用在日常人伦之间的礼仪规范方面，仅礼仪的纲领，就有三百条之多，礼仪的细则，就有三千条之多。

这实际上，这就是周代的礼仪制度，也是周代以礼乐治国的礼乐制度、纲领、法度。这种礼制的制定，按照儒家和子思的观点，只有圣人的出现才能够制定、颁布，只有圣人的出现，才能够实施、履行，倘若没有圣人高尚的道德，不能够以身作则，起积极模范带头作用，是不能够施行礼制和体现圣人之道的。所以说：

故君子尊德性而道问学，致广大而尽精微，极高明而道中庸。温故而知新，敦厚以崇礼。

因此，君子尊崇自身的道德修养又注重知识学问；使德行达到高尚广博的境界，学问达到精益求精之处；道德学问达到博大精深高明的境界，就能够遵循中庸之道行事。要做到这些，需要在温习已有知识的同时，从而获得新知识和道理，为人处世忠厚老实，诚心诚意而崇奉礼节。

《中庸》人生大智慧

这里的尊德性：就是尊崇人的自然本性。道学问：以询问和学习为途径。尽：到达。极：极致，达到高点。高明：德行的最高境界。道：遵行。敦厚以崇礼：尊重厚道，崇尚礼仪。

对于上句的解释：

张居正认为，子思说："至道必待至德而后凝，是以君子为学，知这道理至大，凝道的功夫至难，胸次浅陋的，固做不得，见识粗略的，也做不得，必于所受于天的正理，恭敬侍奉，保守之而不至于失坠，其尊德性如此。又于那古今的事变，审问博学务有以穷理而无遗，而率由夫问学之功焉。这是修德凝道的纲领，然非可以一端尽也。心体本来自广大，有以蔽之，则狭小矣，必扩充其广大，而不以一毫私意自蔽。然于事物之理，又必析其精微，不使有毫厘之差，而广大者不流于空疏也。心体本自高明，有以累之，则卑污矣。必穷极其高明，而不以一毫私欲自累，然于处世之际，又必依乎中庸不使有过之不及之谬，而高明者不入于虚远也。于旧日所已知者，则时加温习，不使其遗忘，然义理无穷，又必求有新得，而日知其所未知焉。于旧日所能者，则益加敦笃，不使其放逸，然节文无限，又必崇尚礼度，而日谨其所未谨焉。"夫致广大、极高明、温故、敦厚，皆是尊德行的事。尽精微，道中庸，知新、崇礼，皆是道学问的事。君子能尽乎此，则德无不修，而道无不凝矣。

综上所述：这里所说的"尊德性而道学问"，可与前面的"学、问、思、边、行"前呼后应，主要讲一个君子如何修身养性，修成具有高尚的道德品德，才能够达到中庸之道，不过这里又增加了儒家礼制的内容。

这章，着重强调了人们应该如何学习，才能够提高自己认识的方法。就是"尊德性而道学问"，强调询问和学习的重要性。

人们在"率性之谓道"的同时，必须做到"修道之谓教"，这个"修道之谓教"的具体方法和途径，就是通过询问和学习，才能够使自己的学问、知识、能力得到提高和扩大，从而达到致精微的程度，做到"极高明而道中庸"。

也就是说，人们的认识和道德修养，要达到极高极明智的程度，才能够自然而然的符合中庸之道的要求。而达到中庸之道的具体途径和方法，还有"温故而知新，敦厚以崇礼"。

就是在"温故而知新"获得更多知识的同时，不要忘记崇尚礼节礼仪和儒家的礼制，从而达到德才兼备，知行合一，德人合一，天人结合。

— 200 —

那么怎样才能够做到这些呢？正如下文所说：

是故居上不骄，为下不倍。国有道其言足以兴；国无道其默足以容。《诗》曰："既明且哲，以保其身。"其此之谓与！

> 因此，身居高位时，要谦虚谨慎，不骄不躁，不以上凌下；身居低位时，要安分守己，修养自身，不犯上作乱。国家政治清明时，要积极主动，建言献策，振兴国家，实现个人自身的价值；国家政治黑暗时，要耐得寂寞，修养自身，保持沉默，足以在乱世修身养性，教子齐家。正如《诗经》说："聪明睿智的人，既明白时世又通达事理，可以在乱世保全自身。"大概就是说的这个意思吧！

这里的倍：通"背"，背叛，背弃。其言足以兴：他的话足以振兴国家。容：容身，这里指保全自己。既明且哲，以保其身：既明白时势，又能洞察是非，以保全自己的身家性命。

对于这段的解释：

张居正认为，子思承上文说："君子既修德以凝道，则圣人之道，全备一身，自然无所不当矣。故使之居上位，便能兢兢业业，尽那为上的道理，必不肯恃其富贵，而至于骄矜。使之在下位，便能安分守己，尽那为下的道理，必不肯自干法纪，而至于违悖。国家有道之时，可以用世，他说的言语，便都是经济的事业，足以感动乎人，而兴起在位。国家无道之时，所当见机而作，他就隐然自守，不为危激的议论，足以远避灾祸而容其身。是为上、为下、处治、处乱，无所不宜如此。《大雅·烝民》之诗说：'周之贤臣仲山甫，既能明于理，又能察于事，故能保全其身无有灾害。'这就是说修德君子，随所处而无不宜的意思。所以说其此之谓与？"

综上所述：这一段是儒家圣人所谓的"明哲保身，但求无过"的处世之道。也可能是"明哲保身，但求无过"成语的出处。

其要点就是：身居上位之时，谦虚谨慎，戒骄戒躁，严格自律，不盛气凌人，不骄横跋扈，不忘乎所以，不欺负下级；身居下位之时，服从领导，听从指挥，修身养性，安分守己，不怨天尤人，不图谋不轨，不越位乱权，不犯上作乱。

政治清明时，积极用世，纵横捭阖，叱咤风云，大显身手，论经布道，经济文章，振兴国家大业；政治黑暗时，归隐山林，隐居自守，修身养性，保持沉默，明哲保身，积蓄力量，教育子孙，等待时机来临。

这就叫"识时务者为俊杰";"知进退者为英雄";"懂取舍者为圣人"。这是儒家的谋国之道、谋身之道,进退取舍之道,也是中庸之道的具体应用。

与时俱进与圣君礼乐

以上第二十七章,主要讲了至诚之道的理论和实践,这一章,即是第二十八章,主要讲与时俱进与圣君礼乐。

子曰:"愚而好自用,贱而好自专,生乎今之世,反古之道。如此者,裁及其身者也。"

> 孔子说:"愚昧无知的人,喜欢刚愎自用,自以为是;地位卑贱的人,喜欢独断专行,一言九鼎;生活在当今时代,却要恢复古代的礼法制度,这样灾祸就会降临在他的身上。"

这里的自用:自以为是、刚愎自用,只凭自己主观意图办事。自专:独断专行,听不进不同意见。反:同"返",回复的意思,引申为复兴、恢复。

对于这段的解释:

郑玄认为:"反古之道,谓晓一孔之人,不知今王之新政可从。"

孔颖达认为:寻常之人,不知大道。若贤人君子,虽生今时,能持古法,故《儒行》云:"今人与居,古人与稽"是也。

朱熹认为:三者皆同,言天下一统也。

张居正认为,孔子说:"昏庸无德的人,不可自用,他却强作聪明而执己见以妄作。卑贱无位的人,不可自专,他却不安本分而逞私智以僭为。生乎今之世,只当遵守当今的法度,他却要复行前代的古道。这等的人,越理犯分,王法之所不容,灾祸必及其身矣。"即夫子此言观之,然则为下者,焉可背上哉!

综上所述:这里主要强调:儒家森严的等级制度,要求人们要安分守己,反对犯上作乱,这是历代统治阶级对于人民的要求,要求人民自觉自愿地接受统治者的奴役统治。

孔子是个十分尊崇礼制的人物,他多次强调上下有序,尊卑有别,不在其位,不谋其政。子思继承其祖父的礼法观念,批评那些有位无德的愚昧无知之人,却好刚愎自用,自以为是,固执己见;批评那些地位低贱者,喜欢独断专行,一言九鼎,不知天高地厚。生活在当今之世,却妄想着恢复古代的礼法制度,不能与时俱进,不懂时中之道。

这段的主要内容，就是告诫人们，要在其位，谋其政，不在其位，不谋其政。

这种观点，有积极的一面，就是坚守本分，找到自我，做好本职工作，不独断专行，不刚愎自用，不胡作非为；但也有消极的一面，就是过于遵守礼仪制度，坚守森严的等级制度，失去了自我，埋没了创造力。所以说：

"非天子，不议礼，不制度，不考文。"

"如果不是天子，就不要议论礼仪，不要创立法度，不要考核文字规范。"

这里的礼：是亲疏贵贱之别的礼节。度：是宫室车服器用的等级。考：是考证。文：是文字的点画形象。不议礼、不制度、不考文：不议论更改礼节，不制定修订法度，不考订通行的文字规范。

对于这句的解释：

郑玄认为：作礼乐者，必圣人在天子之位。

孔颖达认为：礼有天子所行，既非天子，不得议论礼之是非，不敢制造法度。当孔子时，礼坏乐崩，家殊国异，而云此者，欲明己虽有德，身无其位，不敢造作礼乐，故极行而虚己，先说以自谦也。

朱熹认为：三代之理，孔子皆尝学之而能言其意；但夏礼既不可考证，殷礼犹存，又非当世之法，惟周礼乃时王之制，今日所用。孔子既不得位，则从周而已。

张居正认为，子思推明孔子之意说："自用自传，与生今反古之人，皆足以取祸者，何哉？盖制礼乐者，是国家极大的事情，必是圣天子在上，既有德位，又当其时，然后可以定一代典章，齐万民之心志。如亲疏贵贱，须有相接的礼体，然惟天子得以制之，非天子不敢制也。宫室车服器用，须有一定的等级，然惟天子得以制之，非天子不敢制也。书写的文字，都有点画形象，然惟天子得以考之，非天子不敢考也。"盖政教出于朝廷，事权统于君上，有非臣下所能干预者如此。

综上所述：制定国家法律制度政策，无论古今中外，都是十分重要的事情，国之大法，是全国人民的头等重要大事，古代需要圣明的天子，今日需要全国人民代表大会，而且需要反复征求全国人民的意见和多方面的建议。

所以说，制定国家制度礼仪是十分重要的事情，中国数千年实行君主制，两千多年来的封建社会，又是家国一体的家天下，国家的一切政令，皆出于天子。所以封建时代的礼乐、制度，文字如果需要修订，必须由天子亲自来做，才具有权威性，实用性，绝对不允许他人干预，否则就是僭越，也就是越权，有犯上作乱之嫌疑，就连圣人如孔子，因不在其君位，也对其无可奈何。不仅修订礼法制度如此，就连修订文字，也是如此。所以说：

今天下，车同轨，书同文，行同伦。

当今周代天下的车辙尺度统一，书写的文字规范相同，遵守人际的道德关系相同。

这里的车同轨、书同文、行同伦：车子两轮的距离一致，文字统一，伦理道德相同。轨：是车的辙迹。书：是写的文字。行：是通行的礼节。伦：是次序。

对于这句的解释：

张居正认为，子思说："礼仪、制度、考文，惟其出于天子，所以当今的天下，虽有文武成康之时，然其法制典章，世世遵守，无敢有异同者。以车而言，造者固非一人，而其辙迹之广狭，都是一般，是天子所制之度，至今不敢更变也。以字而言，写者固非一人，而其点画形象，都是一般，是天子所考之文，至今不敢差错也。以礼而言，行者固非一人，而其亲疏贵贱的次序，都是一般，是天子所议之理，至今不敢逾越也。"当今一统之盛如此，则愚贱之人，与生今世者，岂可得而违倍哉？

综上所述：强调天下"车同轨，书同文，行同伦"的严肃性和统一性，表示天下的制度、文字、人们的道德规范，纲常伦理，天下同一个标准，一切皆出于天子，其他任何人不得僭越。但只有天子名，而无圣德实的天子，也不能够制作礼乐制度。所以说：

"虽有其位，苟无其德，不敢作礼乐焉。虽有其德，苟无其位，亦不敢作礼乐焉。"

"虽有天子的地位，如果他没有圣人的美德，就不要制作礼乐。虽有圣人的美德，如果他没有天子的地位，也不敢制作礼乐。"

对于这句的解释：

张居正认为，子思说："欲制作礼乐以治天下者，必是圣人在天子之位，而后可。虽有天子之位，苟无圣人之德，则人品凡庸，而无制作之本，如何敢轻易便为制礼作乐之事？虽有圣人之德，苟无天子之位，则名分卑下，而无制作之权，也不敢擅便为制礼作乐之事。"盖无德而欲作礼乐，便是愚而自用，无位而欲作礼乐,便是贱而自专,故必有圣人之德,而又在天子之位,然后可以任制作之事,而垂法于天下也,然则为下者,又安敢以或倍哉!

综上所述:这一节是儒家标准的"内圣外王之道"的具体化。

在儒家的心目中,作为君主或天子,首先要有德才,才能够有其位,有其位的天子必须是德才兼备之人。

制定礼乐制度,乃是国家大事,半点马虎不得,不仅治当时,还有垂法于后世,必须有圣人之德,天子之位者才能够做。

那么谁是德才兼备的圣君天子呢? 在孔子的心目中,只有文王、武王父子两个,在加上一个摄政的周公。所以,孔子心目中所崇拜的就只有文、武、周公。

虽说制订礼乐制度需要天子来做,但假如天子不是德才兼备之人的圣君,有其位,无其德,也不具备制定礼乐制度。而有德无位的圣人,虽有圣人之德,而无天子之实,名不正则言不顺,言不顺则事不成,事不成则礼乐不兴,也无权制订礼乐制度。

归根结底是:圣人必须是天子,是天子必须是圣人,才能够制定礼乐制度,才可以治国平天下。

所以,孔子是圣人,但他不是天子,因而,他没有权力制定和修订礼乐制度;但好多天子虽是天子,但不具备圣人的品德,所以,也不具备制定和修订礼乐制度。正因为如此,孔子说:

子曰:"吾说夏礼,杞不足征也;吾学殷礼,有宋存焉;吾学周礼,今用之,吾从周。"

孔子说:"我很喜欢夏朝的礼制,夏的后裔杞国所遗留的文献已不足以验证它;我学习殷朝的礼制,殷的后裔宋国的文献虽还残存,但也不能证明;我学习周朝的礼制,当今人民都正在用它,所以我遵从周礼。"

这里的夏礼:夏朝的礼制。杞:国名,传说周武王封夏禹的后代于此,故城在今河南杞县。宋:是殷商被灭之后的遗国,在今河南商丘鹿邑。征:验证。

对于这句的解释:

朱熹认为:三代之礼,孔子皆尝学之而能言其意;但夏礼既不可考证,殷礼虽存,又非当世之法,惟周礼乃时王之制,今日所用。孔子既不得位,则从周而已。

张居正认为,子思又引孔子之言说:"有一代之兴,必有一代之礼。比先夏禹之有天下,所制之礼,我尝向慕而诵说之,但他后代子孙衰微,今见存者止有一个杞国,典籍失散,旧臣凋谢,不足以取证吾言矣。既无可证,则我虽知之,岂可得而从之乎?殷汤之有天下,所制之礼我亦尝考求而学习之,虽则殷之子孙,尚有宋国,他文献也有存在的,不至尽泯,然皆前代之事,而非当世之法,则我虽习之,亦岂可得而从之乎?惟有我周之礼,是文武之所讲画,至精至备,凡方策之所存,与贤人之所记,吾皆学之,这正是当今之所用,天下臣民都奉行遵守,不敢违越,既可考证,又合时宜,与夏殷的不同。然则吾之所从,亦惟在此周礼而已。"夫以孔子之圣,生于周时,且不敢舍周而从夏殷之礼,然则生今反古者,是岂为下不倍之义哉?

综上所述:这一节引用孔子对于夏礼、殷礼、周礼的简单论述,进一步说明制定礼乐制度的重要性。

孔子生于周代,又是殷商遗留宋国的后裔,他虽然喜欢夏代的礼制,但由于史籍典章不全,无从考证,不得不放下。他也学过殷代的礼制,并有宋国的典籍存在,他虽为宋国的后裔,难免有些怀旧感情,但是他还是经过比较之后,认为周礼是在夏礼、殷礼的基础上修订而成的,相对比较完善健全,所以他决定遵从周礼。

笔者认为,这段的议论有点牵强附会,前后矛盾,孔子虽被后代称之为圣人,但在当时并非圣人,就按孔子是当时的圣人,但他并不是天子,按照前面的观点,没有天子之位的圣人,是不具备修改制定礼乐制度的条件,孔子有什么资格修订礼仪制度?作为精通礼仪制度的孔子,怎敢冒天下之大不韪,冒着犯上作乱的罪名,僭越礼法制度!

孔子的"吾从周"的结论或感叹,是对周礼的赞美,还是无可奈何的感叹?不得而知!但我认为,还是自认生不逢时、无可奈何的感叹成分居多!

本章承接上章发挥"为下不倍"的意思。反对"愚而好自用,贱而好自专,生乎今之世,反古之道。如此者,灾及其身者也。"

就是说,反对不知天高地厚,刚愎自用,独断专行,也有"不在其位,不谋其政"的意思。

归根结底,还是前面所说的素位而行,要求人们安分守己,不要自不量力。

这一章,似乎有点混乱,孔子梦寐以求的是"梦见周公"的"克己复礼",这里又提倡与时俱进，批评"生乎今之世反古之道"的人。

孔子语言上的矛盾，也许是内心深处矛盾无意之间的表露，孔子骨子里有着深厚的复古情结，他最崇拜的是文武周公，他最向往的是周公辅佐天子，但这仅仅是梦想而已，只有在做梦的时候，才能够梦见周公，而现实的孔子，终生惶惶如丧家之犬的境遇，形成了极大的反差。

关于复古情结，不仅孔子有，孔子和其他几位相比，则是稍逊一筹。

孔子的复古，还仅仅停留在周代的文武周公时期；而孟子，要复古到尧舜禹汤的圣王时期；老子，要复古到"鸡犬之声相闻，老死不相往来"的奴隶社会时期；庄子，更是要复古到原始社会时期。

在这些先哲圣贤的内心世界里，都不满当时的社会制度，梦想、幻想复古恢复到他们理想的时代。

其实，再好的社会制度，再完善的礼乐制度，随着时代的发展，都要与时俱进，不断修订改正，跟上时代的步伐，不然就会被历史和时代无情地抛弃和淘汰。

所以荀子说："圣人不期循古，不法常可。"

这就是说，不要抱残守缺，全盘继承，要与时俱进，跟上时代的步伐。

第二十二讲：圣君治理天下的最高境界

上一章讲了，礼乐制度与德人合一的哲学思想；儒家强调，只有推行中庸之道，才能做一个合格的君主。这一章也就是第二十九章主要讲，称王天下实行的方法，有"三重"、"六事"。

圣君治理天下的"三重"：议订礼仪，制订法度，考订规范文字。
王天下有三重焉，其寡过矣乎

君王治理天下要做到议订礼仪，制订法度，考订规范文字这三件重要的事，能够做好这三件事情，大概就没有什么大的过失了吧！

这里的王：是指以仁义取得天下，成就王业。王天下有三重：统治天下要做到三件重要的事情。寡过：少犯错误。

对于这句的解释：

孔颖达认为：为君王有天者三，有三种之重焉，谓夏、殷、周三王之礼，其事尊重，若能行之，寡少于过矣。

张居正认为：王天下，是兴王而君主天下者。三重：指礼仪、制度、考文说，以其为至重之事，故曰三重。子思说："王天下的君子，有仪礼、制度、考文三件重大的事，行于天下，则有以新天下之耳目，一天下之心志，由是诸侯奉其法，而国不异政，百姓从其化，而家不殊俗，天下之人，其皆得以寡其过失矣乎。"

春秋时期，实行的是王霸之业，这里的王天下，是区别于霸天下。

王天下，靠的是仁政、礼仪和心服；霸天下，靠得是实力、武力和威服。

这就是说，君主以仁义取得天下，成就王道之业，有三件特别重要的事情要做，就是制定礼仪，修订法度，考证规范文字，能够做到这三件事之后，大概就没有什么大的过失了吧！然而，君主虽然没有什么过失，还必须得到全国人民的信任和支持，所以说：

上焉者，虽善无征，无征不信，不信民弗从；下焉者，虽善不尊，不尊不信，不信民弗从。

身居上位的人，虽然行为很好，但如果没有得到老百姓的验证，就不能使人信服，不能使人信服，老百姓就不会听从；

身居下位的人，虽然行为很好，但由于没有君主尊贵的社会地位，也不能使人信服，不能使人信服，老百姓就不会听从。

这里的上焉者：指在上位者，即君主。下焉者：指在下位者，即臣属。不尊：没有显贵的地位。征：是考证。尊：是尊位。

对于上句的解释：

郑玄认为：上，谓君也。君虽善，善无明征，则其善不信也。下，为臣也。臣虽善，善而不尊君，则其善亦不信也。

孔颖达认为：为君虽有善行无分明征验，则不信著于下，既不信著，则民不从。臣所行之事，虽有善行而不尊，不尊敬于君，则善不信著于下，既不信著，则民不从，故下云"征诸庶民"，谓行善须有征验于庶民也。

朱熹认为：上焉者，谓时王以前，如夏、商之礼虽善，而皆不可靠。下焉者，为圣人在下，如孔子虽善于礼，而不在尊位也。此君子，指王天下者而言。其道即议礼、制度、考文之事也。

张居正认为，子思说："所谓王天下者，乃身有其德，居其位，而又当齐时者也。如时王以前，远在上世的，其礼虽善，然世远人亡，于今已无可考证，既无可考，则不足以取信于人，不足取信于人，则人不从之矣。又如圣人穷而在下的，虽善于礼，然身屈道穷，而不在尊位，位不尊，则不足以取信于人，不足取信于人，则不从之矣。"故三重之道，惟当世人之圣人，而又在天子之位，然后可行也。

综上所述：这里强调在上位的君主，要想以仁义取得天下，成就王道之业，使天下太平，必须做好三件事情：一是，制定礼仪，使人们遵守一定的伦理道德，自觉约束规范自己的行为；二是，制订制度，使国家有一个统一的法度，使全国人民严格遵守，不得违法乱纪，胡作非为；三是，考订规范文字，使国家有一个统一的文字、统一的思想，使全国人民规范使用，不至于在文字和思想上产生混乱。

这种制定礼仪，使全国人民在伦理道德，行为方式上的标准统一；制定制度，使全国人民有法可依，法律制度标准统一；考证文字，使全国人民思想统一，在文字上书写标准规范，思想认识上的标准统一。

这三个统一，在礼仪伦理上，法律制度上，思想认识文字的规范上的三统一，有利于治理国家天下。

要做好这三件事情，三统一，需要有德才兼备，名正言顺的圣君天子来做。有圣德而无天子之位的不能做，有天子之位无圣人之德的也不能做。所以说：

故君子之道，本诸身，征诸庶民，考诸三王而不缪，建诸天地而不悖，质诸鬼神而无疑，百世以俟圣人而不惑。

所以君子治理天下的道理，必须以自身的德行为根本，并在社会实践中得到老百姓的验证。用夏、商、周三代的礼仪来考察而没有发现错误，确立在天地之间而没有违道，从鬼神那儿得到证实而没有疑问，这样就是等到百世以后圣人出现来实施也不会有什么疑惑。

这里的君子：指王天下者而言。道：即礼仪、制度、考文之事。三王：是夏禹、商汤、周文王。缪：是差缪，谬误。建：是建立。悖：是违背。质：是质证。俟：等待。征：验证。考诸三王而不缪：君子的言行举止，合乎古代三朝创立的法则。建诸天地而不悖：君子之道与天地之道相吻合。

对于上句的解释：

孔颖达认为：以圣人身有圣人之德，垂法于后，虽在后百世亦堪待待。后世之圣人，其道不异。

张居正认为，承上文说："制礼作乐，必有德、有位、有时，乃为尽善。所以王天下的君子，行那仪礼、制度、考文之事，非有苟然而已。必本之于身，凡所制作，一一都躬行实践，从自己身上立个标准，固非有位而无德者也，由是以之征验于庶民，则人人都奉行遵守，不敢违越，又非不信而不从者也。以今日所行的考验于三代之圣王，则因革损益，都合着三王已然的成法，无有差缪。以我所建立的，与天地相参，则裁成辅相，都依着天地自然的道理，无有违背。鬼神虽至幽而难知，然我的制作已到那微妙的去处，就是质证于鬼神，它那屈伸变化，也不过是这道理，何疑之有？百世以后的圣人，虽至远而难料，然我的制作，已至极而无以复加，就等待后边的圣人出来，他作为运用，也不过是这道理，何惑之有？"

夫君子之道，出之既有其本，而验之又无不合，此所以尽善尽美，而能使民得寡其过也。

这里所说的，圣君天子治理天下之道，不仅需要以身作则，严于律己，起积极的道德楷模作用，而且其制定的礼乐制度，政策法令，必须经得起社会实践的考验，必须经得起历史的检验，必须经得起神鬼及上天的证实，也就是经得起自然法则的检验，在百世之后，仍然符合天理人情，依然有实用的价值。所以说：

质诸鬼神而无疑，知天也；百世以俟圣人而不惑，知人也。

从鬼神那儿得到证实而没有疑惑，这就是懂得了天理；等到百世以后圣人来实施也不会有什么疑惑，这就是懂得了人情。

这里的俟：等待。不惑：不疑。

对于这句的解释：

张居正认为：承上文说："鬼神幽而难明，君子之制作所以能质之而无疑者，由其知天之理也。盖天之理，尽于鬼神，君子穷神知化，于天道所以然之理，既明通之而不蔽，故其见于制作者，皆有以合乎屈伸动静之机，鬼神虽幽，自可质之而无疑也。言鬼神，则天地可知矣。后圣远而难料，君子之制作，所以能俟之而不惑者，由其知人之理也，盖人之理，尽于圣人，君子明物察伦，于人心所同然之理,既洞彻之无疑,故其见于制作者,自有以符乎旷世相感之神,后圣虽远,自可俟之而不惑也,言后圣则三王可知矣。"

此可见心思必通乎性命,才可以兴礼乐,学术必贯乎天人,才可以言经济,君子所以能此,亦自尊德性道问学中来也。有三重之责者,可不以务学为急哉?

君子之道"六事"的最高境界

综上所述:强调圣君要制定礼乐制度,必须做到以下六点,就可以达到尽善尽美的程度:

一是君主或天子必须以身作则,身体力行,严格要求规范自己,起积极模范带头作用,做道德的楷模,有领袖的风范,具伟人的魅力,才可以证明自己是有德的天子;

二是所制定的礼乐制度,国家政策法令,必须经过广大人民的实践检验,人民群众愿意遵从执行,得到广大人民群众的认可;

三是考核于圣王天子的政绩,实践证明没有失误差错,经得起社会实践的检验;

四是符合天地宇宙自然的法则,也就是符合自然规律的法则,经得起自然的检验;

五是也能经得起天地间的神鬼的检验;

六是经得起时间和历史的检验,符合历史发展规律。

这样,就达到了知天,通晓上天之道;知人,通晓人事之道;率性,完全符合率性之谓道的中庸之道。也就是得到天、地、人、神、性、命,天人合一的检验。

这种过于苛刻的条件,我相信没有一个王朝的社会制度,政策法令,能够经得起检验。社会是发展的,时代是进步的,历史是前进的,人类是在不断地创新的,没有永恒不变的真理,没有永恒不变的政策法令,礼乐制度。

所以说,这种苛刻的要求,是实现不了的。但是,并不是不能够全部实现,我们就否定他的论点,而且还要抱着欣赏的目光,去赞赏它。

毕竟在两千多年前,这些圣贤先哲,就懂得了圣君、仁政、王天下的圣君之治、礼乐之治,要经得起天、地、人、神、鬼、社会实践的检验、人性的检验、历史实践的检验,有如此积极进步,尽善尽美的追求和理想,也是难能可贵的。正

如此,所以说:

是故君子动而世为天下道,行而世为天下法,言而世为天下则。远之则有望,近之则不厌。

所以圣君的行为,被世世代代天下的人所遵循;圣君的行事,被世世代代天下的人所效法;圣君的言论,被世世代代作为天下人的准则。远离圣君,则使人长生仰慕之心;接近圣君,则没有厌倦之意。

这里的动:是动作,兼下面行与言说。道:是由,兼下面法与则说。法:是法度。则:是准则。望:是仰慕。厌:是厌恶。

君子动而世为天下道:君子的举动世代为天下的人广为称道。

远之则有望:与君子相隔甚远之人,对君子常怀敬仰之心。

近之则不厌:君子整日近在身边,也不会产生出厌倦之心。

对于这句的解释:

张居正认为,子思说:"君子议礼、制度、考文,既通乎天人之理,而兼有六事之善,则可以立天下万世之极矣。"所以凡有动作,不但一世之人由之,而世世为天下之所共由。如动而见诸行事,则凡政教之施,都是经常不易的典章,世世的人,皆守之以法度,而不敢纷更。动而见于言语,则凡号令之布,都是明证定保的圣谟,世世的人皆取之以为准则,而不敢违悖。在远方的百姓,悦其德之广被,则人人向风慕义,都有仰望之心,在近处的百姓,习其行之有常,则人人欢欣鼓舞,无有厌恶之意,是君子之道,垂万世而无弊,推之四海而皆准者如此。民之寡过不亦宜乎!

综上所述:作为天下的圣君天子,除了在建立礼乐制度上应该做好的六件事之外,还要严格要求自己,以身作则,做道德的楷模,一言一行,一举一动,不失天子圣君的行为规范,做天下人的楷模表率,以圣君天子人格的魅力,影响人们,引导人们,规范人们,为广大人民之效法学习敬仰追随。

更近一步说,圣君天子的光辉形象,不仅为当世之楷模,还要成为万世之典范,名垂青史,万世流芳。圣君天子,所制定的礼乐典章制度,不仅应用于当世,还要垂范于千秋,圣君天子的言行,将会成为世人言行的准则典范。它不分时代,不分国界,是放之四海而皆准的真理。所以说:

《诗》曰:"在彼无恶,在此无射。庶几夙夜,以永终誉。"君子未有不如此,而蚤有誉于天下者也。

《诗经》上说:"他在(被周朝灭亡殷朝的遗国)宋国那里没有人憎恶,在周朝这里也没有人讨厌。夜以继日,废寝忘食,为国操劳,永远保持名望。"君主不这样做却能获得天下的美名,是从来没有的。

这里的《诗》曰:引《诗经·周颂·振鹭》诗句。恶:是憎恶。射:是讨厌。夙:是早。永终:是长久的荣誉。誉:名誉。蚤,是先;早。庶几:几乎。终誉:保持美好的名声。

对于这句诗的解释:

孔颖达认为:微子来朝,身有美德,在彼宋国之内,民无恶之,在此来朝,人无厌。故庶几夙夜,以长永终竟美善声誉。君子之德如此,故引《诗》以结成之,欲蚤有名誉会须如此,未尝有不行如此而蚤得有声誉者也。

张居正认为:子思引《诗》说:"人能在彼处也无人憎恶他,在此处也无人讨射他,彼此皆善,无往不宜,则庶几早夜之间,得以永终其美誉矣。观《诗》所言,可见致誉之有本也。是以三重君子,必备六事之善,而后可以得令名于天下,固未有道德不本于身,信从未协于民,三王后圣不能合,天地鬼神不能通,而能垂法则,服远近,先有名声于天下者也。"然则为人上者,岂可不自尽其道也哉!

综上所述:这章的结尾,作者引用了《诗经》歌颂微子的事,进行论证一个有道的圣君天子,只要能够做好上述的"三重"、"六事",就能像宋微子一样,在敌国无人憎恨,在周朝无人讨厌,远爱之,近亲之,中外远近,受到广大人民的拥护爱戴敬仰,能够获得天下的美名,敬仰之。

圣君,不仅是天子,还是人民敬仰的道德楷模,学习的榜样,国人歌颂的领袖,统领人民的统帅,垂范万世的圣人。

圣人的光辉与天地日月同辉

上一章,即是第二十九章,主要讲述了圣君治理天下的"三重"、"六事"。这一章,也就是三十章主要讲述:圣人圣君的光辉,应与天地同辉。所以:

仲尼祖述尧舜,宪章文武,上律天时,下袭水土。

孔子远尊崇尧、舜的道统,近效法周文王、周武王的制度,上遵循天时变化的规律,下因袭水土的习性。

这里的仲尼:即孔子。祖述:崇尚,效法。效法遵行前人的行止或学说。

宪章:效法,遵从。上律天时:上达天命的玄机。水土:即地理。下袭水土:下知地理风水变化的奥秘。

对于上句的解释:

郑玄认为:此以《春秋》之义说孔子之德。孔子曰:"吾志在《春秋》,行在《孝经》。"二经固足以明之,孔子所述尧舜之道而制《春秋》,而断以文王、武王之法度。

孔颖达认为:仲尼祖述始行尧、舜之道也。夫子发明文、武之德。夫子上则述行天时,以与言阴阳时候也,下则因袭诸侯之事,水土所在。此言子思赞扬圣祖之德,以仲尼修《春秋》而有此等之事也。

朱熹认为:祖述者,远宗其道。宪章者,近守其法。律天时者,法其自然之运。袭水土者,因其一定之理。皆兼内外该本末而言也。

张居正认为,子思说:"古之帝天下者,其道莫盛于尧舜,仲尼则远而祖述其道,如博约之训,一贯之旨,都是从精一执中敷衍出来的,以接续其道统之传,这是祖述尧舜。古之王天下者,其法莫过于文武,仲尼则近而谨守其法,如礼乐则从先进梦寐欲为东周,遵守着祖宗的成宪,不敢自用自传,这是宪章文武。至若春夏秋冬,运行而不滞者,天之时也。仲尼仰观于天,便法其自然之运,如曰仕、曰止、曰久、曰速,都随时变易,各当其可,这是上律天时。东西南北,殊风而异俗者,地之理也。仲尼俯察于地,便因其一定之理,如居鲁、居宋、之齐、之楚,都随遇而安,无所不宜,这是下袭水土。"

以上这句,作者子思主要赞扬其祖父孔子圣人的美德。认为孔子远,追崇尧舜的道统(文武、周公的思想体系);近,效法文王、武王的制度;上,遵循天时变化的规律;下,知地理风水变化的奥秘。

通天时、地利、道统、制度。也就是说,孔子上通天时;下通地理;远追崇尧、舜的思想体系;近效法文武、周公的礼乐制度,圣明伟大。

孔子,这种圣人风范的光辉形象,博大精深,正如:

"辟如天地之无不持载,无不覆帱;辟如四时之错行,如日月之代明。"

好像天地,没有什么不能承载的,没有什么不能覆盖的。又好像四季的交替运行,太阳月亮的轮流照耀。

这里的辟:是比喻。持载:是承载。覆帱:是覆盖。错行:交错运行。代明:交替光明,循环变化。

对于这句的解释：

张居正认为，子思说："仲尼之祖述宪章，上律下袭，有以会帝王天地之全，则其于天下之理，巨细精粗，察之由之，无毫发之不尽，而自始自终，无顷刻之间断矣。自其大无不包者言之，譬如那天地之广博深厚，就譬如那四时之错行，一往一来，迭运而不已、日月之代明，一升一沉，更代而常明的一般。"圣人之道德，直与天地参，而日月四时同如此。

这种圣人的博大精深，如同天地日月四时。圣人的思想光辉，大如天，无所不能覆盖；厚如地，无所不能承载；明如日月，昼夜经久不息照耀人间；信如四时，春夏秋冬按时交替生于万物生长。如此圣人之道，如：

"万物并育而不相害，道并行而不相悖。小德川流，大德敦化，此天地之所以为大也。"

> 万物之道，共同生长发育却不互相妨碍；天地之道，日月四时运行却互相不违背。天地小德，如江河长流不息；天地大德，如纯朴化育万物；这都是天地之所以伟大的道理。

这里的育：是生育，害：是侵害。道：是指日月四时而言，一阴一阳之谓道，四时日月之推迁流行，不过阴阳而已，所以叫做道。悖：是相反。小德：是天地造化之分散处。川流：是说如川水之流行。大德：是指天地造化之总汇处。敦：是厚。化：是化育。敦化：淳朴化育万物。

对于上句的解释：

郑玄认为：圣人之作，其德配天地，如此惟五始可当焉。"小德川流"浸润萌芽，喻诸侯也。"大德敦化"，喻天子。

孔颖达认为：孔子所作《春秋》，若以诸侯"小德"之言。如山川水流，浸润萌芽。若以天子"大德"之言，则仁爱敦厚，化生万物也。孔子之德比并天地，所以为大不可测也。

朱熹认为：天覆地载，万物并育于其间而不相害；四时日月，错行代明而不相悖。所以不害不悖者，小德之川流；所以并育并行者，大德敦化之。小德者，全体之分；大德者，万殊之本。川流者，如川之流，脉络分明而往不息也。敦化者，敦厚其化，根本盛大而出无穷也。此言天地之道，以见上文取辟之意也。

张居正认为，子思说："天覆地载，万物并生于其间，却似有相害者。然大以成小，小以成大，各得其所，而不相侵害焉。四时日月并行于天地之内，却似

— 215 —

有相悖者,然一寒一暑,一昼一夜,各循其度,而不相悖焉。夫同者难乎其异,而乃不害不悖者为何?盖天地有分散的小德,无物不有,无时不然,就如川水之流,千支万派,脉络分明,而不见其止息,此其所以不相悖也。异者难乎其同,而乃并育并行者为何?盖天地有总会的大德,为万物之根底,为万化之本原,但见其敦厚盛大,自然生化出来,无有穷尽,此其所以并育并行也。有小德之为用,有大德之为体,天地之所以为大者,正在于此。"今仲尼祖述宪章,上律下袭,其泛应曲当,即是小德之川流,其一理浑然,即是大德之教化,则圣道之所以为大,又何以异于天地哉!

综合全章所述:子思赞美其祖父孔子之德,不仅继承了尧、舜高尚之道德,文武礼乐之制度,圣人的光辉普照大地,圣人的厚德承载万物,圣人的礼乐制度传留后世,圣人的光明如日月当空,圣人的信誉如春夏秋冬的准时。

圣人之道,养育万物;圣人之德,共生共存;圣人之信,并行不悖;圣人之厚,承载万物。

圣人之道与天地之道相通,"与天地合其德,与日月合其明,与四时合其序,与鬼神合其吉凶"。

所以说:"大哉孔子","惟精惟一,允执厥中","中庸之道"的楷模,"君子之道"的标兵。

第二十三讲:至圣和至诚,可与天地同

以上两章,主要阐述了圣君治理天下的"三重"、"六事",是治理天下的最高准则;以下《中庸》的第三十一章到三十三章,是全书整体思想的总结,集中阐释了对于至圣之道,君子之道的更高要求,至圣之道的五种美德。

至圣之道的五种美德:聪明睿智,宽裕温柔,发强刚毅,齐庄中正,文理密察

唯天下至圣,为能聪明睿知,足以有临也。宽裕温柔,足以有容也。发强刚毅,足以有执也。齐庄中正,足以有敬也。文理密察,足以有别也。

只有天下至高的圣人,才是聪明睿智的,能够居高临下,身居君主之位而下治黎民百姓。而其宽宏大度的美德，从容温和柔顺的博大胸怀，足以包容天下万事万物。而其奋发勇敢的精神，刚健坚毅的伟大气魄，足以决断天下大事。而其中正庄重严肃的神态，足以得到广大人民的尊敬。而其条理清晰精密的文辞，足以辨别天下的是非曲直。

这里的至圣：指最高的圣人。聪明睿知（智）：耳听敏锐称为聪，目视犀利称为明，思维迅捷称为睿，知识渊博称为智。有临：居上临下。容：包容。宽裕温柔：广大宽裕，温和柔顺。发强刚毅：奋发强劲，刚健勇毅。齐庄中正：整齐庄重，公平正直。这里乃是形容礼。文理密察：文章条理，详察明辨。这里乃是形容智。

对于上句的解释：

郑玄认为：德不如此，不可以君天下也。盖伤孔子有其德而无其命。

孔颖达认为：申明夫子之德聪明宽裕，足以容养天下，伤其有圣德而无位也。夫子宽宏性善，温克和柔，足以包容也。孔子发起志意，坚强刚毅，足以断决事物也。

朱熹认为：聪明睿智，生知之质。临，谓居上而临下也。其下四者，乃仁义礼智之德。文，文章也。理，条理也。密，详细也。察，明辨也。

张居正认为，子思说："居上位而临下民，不是凡庸之人可以做得的，独有天子的至圣，他是天之笃生，时之间出，为能聪无不闻，明无不见，睿无不通，智无不知，高过于一世之人，足以尊居上位，而临天下也，其生知之质如此。以其德言之，为能宽广而不狭隘，优裕而不急迫，温和而不惨烈，柔顺而不乖戾，足以容蓄天下，而包含遍覆之无外，其仁之德如此。又能奋发而不废弛，强健而不畏缩，刚断而不曲挠，果毅而不间断，足以操守执持，而不为外物所夺，其义之德如此。又能斋焉而极其纯一，庄焉而极其端严，中焉而无少偏倚，正焉而无少邪僻，而凡处己行事，皆足以有敬而无一毫之慢，其礼之德如此。又能文焉而章美内蕴，理焉而脉络中存，密焉而极其详细，察焉而极其明辨，于凡是非邪正，皆足以分别而无一毫之差，其智之德又如此。"既独禀聪明睿知之资，而又兼备仁义礼智之德，所以为天下之至圣也。

综上所述：儒家有崇拜圣人、圣君、圣王的情节，认为只有圣人、圣君、圣王才可以齐家、治国、平天下，那么怎样才是圣人呢？

按照儒家的观点，是生而知之者上也者圣人，就是与生俱来的、天生睿智聪慧的、无所不知、无所不闻、无所不明、无所不通的人,简而言之,也就是万能的人。

不仅如此,还要求道德的极其高尚,胸怀的极其广大,道德的高尚足可以照耀天下,胸怀之宽广,可以容纳四海,这种圣人的资质,需要有仁、义、礼、智的支撑。

这里的"仁",就是"己欲立而立人,己欲达而达人"的"忠";"己所不欲勿施于人"的"恕"。"忠"的博爱,由爱己、爱人、爱物;和成己、成人、成物。足可以养育天下万物;"恕"的宽宏大度,足可以包容天下万事万物。

这里的"义",是刚毅果断,坚持真理,不为外物所动,不为物欲所惑。

这里的"礼",是为人处世,安身立命,严谨严肃的庄重,无过无不及恰到好处的适中。

这里的"智",是为人处世,条理清楚,观点鲜明,思想纯正,是非明辨,去邪扶正。

圣人,既有天生的聪明睿智之身,又具有仁义礼智之德,只有这样的圣人,其智足以治理统御天下,其德足以化育养育天下万民,从而可以齐家、治国、平天下。所以说:

"溥博渊泉,而时出之。"

圣人的美德,博大精深,时时洋溢于外。

这里的溥博:是周遍而广阔的意思。渊泉:指深远;静深而有本。出:是发现于外。

对于上句的解释:

郑玄认为:其临下普遍,思虑深重,非得其时不出政教。

孔颖达认为:以其浸润之泽,如似渊泉博大也。既思虑深重,非得其时不出政教,必以俟时而出。

朱熹认为:溥博,周遍而广阔也。渊泉,静深而有本也。出,见。言无言之德,充积于中,而以时发见于外也。

张居正认为,子思说:"天下至圣,既有聪明睿智之资,又兼仁义礼智之德,其充积之盛,则周遍广阔,备万物之理而不可限量,何溥博也。静深有本,涵万化之原而不可测度,何渊泉也。及其事至物来,有所感触的时节,则聪明睿知,仁义礼智之德,自然发见于外,随时应接而用之不穷焉。"盖体无不具,故用无不周如此。

圣人的美德,博大精深,无边无际,无处不在,无处不有,正如:

"溥博如天,渊泉如渊。见而民莫不敬,言而民莫不信,行而民莫不说。"

圣人的美德,像天空那样无边无际,像潭水那样深远无穷。他表现在庄严的仪表风度上,天下的百姓没有不敬佩的;他表现在语言中,天下的百姓没有不听从的;他表现在行为上,百姓没有不喜悦的。

这里的渊:是水深处。溥博渊泉:圣人的行事作为,就好比广大而渊深的源泉一样。见:同"现"。说:同"悦"。

对于上句的解释:

郑玄认为:如天取其运照不已也,如渊取其清深不测也。

孔颖达认为:似天"无不覆"。润泽深厚,如川水之流。

朱熹认为:言其充积极其盛,而发见当其可也。

张居正认为,子思又形容圣人之德说:"凡物之溥博者,莫过于天,今圣德之溥博,不可限量,就如溥博一般,盖非寻常之所溥博而已。物之渊泉者,莫过于渊,今圣德之渊泉,不可测度,就如渊之渊泉一般,盖非寻常之所谓渊泉而已。由是时而著,见于容貌,则百姓每便都钦敬之,而无有亵慢者。时而发之于言语,则百姓每便都尊信之,而无有违疑者。时而措之于行事,则百姓每便都喜悦之,而无有怨恶者。"夫如天如渊,可见其充积之盛矣,民莫不敬信且说,可见其时出之妙矣。非至圣而能若是乎!

综上所述:这段进一步阐述圣人的人格思想和道德境界。

圣人之德,博大如同上天,无边无际,无所不覆;如同深渊,深远难测,润泽深厚;

圣人之德,体现在容貌上仪表上,端庄肃穆,使天下的老百姓仰慕不已,无所不敬;

圣人之德,体现在言语上,使天下的老百姓,无不诚信信服,无所怀疑,无不听从;

圣人之德,体现在处理公务上,使天下的老百姓,心情舒畅,无所怨恨,无所不服。

这就是强调:圣人之德,符合天道人心;圣人的风范,引领着天下人民前行。所以说:

"是以声名洋溢乎中国,施及蛮貊,舟车所至,人力所通,天之所覆,地之所载,日月所照,霜露所坠,凡有血气者,莫不尊亲,故曰配天。"

因此,圣人的美名,不仅广泛流传于中原,还传播到周边的少数民族地区。凡是车船能够行驶的地方,人力能够通行的地方,上天能够覆盖的地方,大地能够承载的地方,日月能够照耀的地方,霜露能够降落的地方,凡是有血气的人类,没有不尊敬他、亲近他的。所以,圣人的美德可以与天地的美德相媲美。

这里的声名:是圣德的名声。洋溢:充满。中国:上古时代,我国华夏民族建国于黄河流域,以为居天下之中,故称中国,至今河南登封嵩山还矗立有"天之中"巨石的标志,而把周围其他地方看成为四方,后来中国成为我国的专称。施:广为传播、流布。施及:蔓延、延伸。蛮貊:古代边缘部落的统称,东称之为夷,西称之为狄,南称之为蛮,北称之为貊。这里泛指周边少数民族的地区。队:"坠"。尊亲:尊敬亲人。凡有血气者:指人类。配:配合。

对于上句的解释:

孔颖达认为:申明夫子蕴蓄圣德,俟时而出,日月所照之处,无不尊仰。

朱熹认为:舟车所至以下,盖极言之。配天,言其德之所及,广大如天也。

张居正认为,子思说:"圣人之德,充积既极其盛,发见又当其可,是以修声美名,充满乎中华之国,而传遍及乎蛮貊之邦,华夷之人,皆敬信而悦之焉,极而言之,凡水路舟车之所可到,人力之所可通,天之所覆盖,地之所持载,日月之所照临,霜露之所坠落的去处,凡有血气而为人类者,一皆尊之为元后,而无有不敬者,亲之如父母,而无有不爱者,即此可见圣德之广大,就与天一般。"盖天之所以为大者,以其无所不覆也,今圣人之德,既广四表而格上下,则与天配合而无间矣。所以说配天。

综上所述:这里所说的圣人名声,不仅已经充满于整个中国境内,并且还传播到中国四周广大的少数民族地区,以至于整个天下,凡是车辆、船舶能够行驶的地方,凡是有人类居住的地方,都信仰他的学说,崇拜他的思想,尊敬他的高尚品质,被他的人格魅力虽吸引。这个伟大的圣人,就是《中庸》作者子思的祖父孔子。

孔子逝世之后,孔子的儒家学说和思想传播极快,到春秋末战国之初,以孔子为代表的儒家学说和儒家思想,已经成为当时的显学。

本章以"至圣"为主旨,首先叙述圣人的五项内在的品德:"聪明睿智"、"宽裕温柔"、"发强刚毅"、"齐庄中正"、"文理密察"。

根据以上几章的论述,我们知道"圣人是生而知之者上也","生知安行之圣",所以"聪明睿智"的意思乃是,强调圣人具备的"生知之圣",也就是生而知之者的圣人。

其余四相,"宽裕温柔",指的是仁;"发强刚毅",指的是义;"齐庄中正,"指的是礼;"文理密察",指的是智。

生而知之,是圣人的前提,而仁、义、礼、智之德,是构成圣人的必备条件和基本素质。

至诚导致至圣,至圣必须至诚,至圣与至诚是相辅相成的,没有至诚,就不会有至圣,没有至圣,就不会有至诚。

至诚,蕴含于内;至圣,言表于外。内容与形式,内在与外表,形成圣人的光辉形象,光照千秋,永垂后世。

儒家所要求,圣人应有此五项美德,百姓才有可能放心,把天下国家委托给他们经营治理。

其实,这五项圣人的美德,正是作者子思透过《中庸》的形式,给齐家、治国、平天下的君主、圣王、天子制定的五项标准,让天下的君主、天子对照自己是否合格,不合格的君主、帝王、天子应该迅速地迎头赶上。

让天下的老百姓,按其标准,对照要求君主、帝王、天子,是否够格当君主,做帝王、天子! 圣君、昏君,一目了然,圣王、庸君一分为二。

这是子思给国家、天下制定了一个严格的君主、帝王、天子、圣君的标准,供天下所有的臣民百姓,用其圣君的尺度衡量帝王、天子,是否符合这个标准;

这是子思给天下的臣民百姓竖起了一面巨大的镜子,供天下所有的臣民百姓,用此明亮的镜子,照出了中国数千年来,多少个昏君、庸君、暴君丑恶的嘴脸和荒唐的形象;

这是子思给天下人树立起来的一个标杆、榜样、典范,这个标准,数千年来,给多少个忠臣、良将、贤臣,提供了扶持君主、帝王、天子、圣君的标准、榜样、楷模;

这是子思给天下的臣民百姓,提供了一个圣君高大光辉的形象,按照这个光辉形象,数千年来,给中华民族的人民,提供了对于君主、帝王、天子的要求、评判和审判标准。

我想,其重要价值意义正在于此。

至诚之道,博大精深,成己、成人、成物之美德,接近天道

上一章,即是第三十一章,主要阐述了"至圣之道"的五种美德:聪明睿智,宽裕温柔,发强刚毅,齐庄中正,文理密察;这一章,即是第三十二章,主要阐述"至诚之道"的道德境界。

"唯天下至诚,为能经纶天下之大经,立天下之大本,知天地之化育,夫焉有所倚?"

> 只有天下至诚的圣人,才能够谋划天下的大法,树立天下人道的根本法则,通晓天地万物生长的规律,除此之外,还有什么可依靠的呢!

这里的经纶:本意为整理丝缕。理出思绪叫经,编成绳叫纶。"为能经纶"句:经纶:后用来比喻经营政治的才干,这里引申为治理国家大事。大经:国家大法,现在叫国家宪法。大本:国家的根本利益。化育:是天地所以生化万物的道理。倚:是倚靠。

对于上句的解释:

郑玄认为:"至诚",性之诚,为孔子也。"大经",谓六艺,而指《春秋》也。"大本",《孝经》也。又说:安无所倚,言无所偏倚也。故人人自以被德尤厚,似偏颇者。

孔颖达认为:夫子无所偏倚,而仁德自然盛大也。夫子之德,普被于人,何有独倚近于一人,言不特有偏颇也。

朱熹认为:经、纶,皆治丝之事。经者,理其绪而分之;纶者,比其类而合之也。经,常也。大经者,五品之人伦。大本者,所性之全体也。

朱熹又认为:惟圣人之德极诚无妄的圣人,故于人伦各尽其当然之实,而皆可以为天下后世法,所谓经纶之也。其所以性之全体,无一毫人欲之伪以杂之,而天下之道千变万化皆由此处,所谓立之本也。其于天地之化育,则亦其极诚无妄者有默契焉,非但闻见之知而已。此皆至诚无妄,自然之功用,夫岂有所倚著于物而后能哉?

朱熹还认为:其渊、其天,则非特如之而已。

张居正认为,子思说:"实理之在于天下,散于人伦,原于性命,非可容易

尽者,独有天下至诚的圣人,德极其实,而无一毫之私伪,故于君臣、父子、夫妇、兄弟、朋友之伦,为能各尽其道,分别其理而不乱,联合其性而不离,足以为天下后世之法,就如治丝一般,既理其绪而分之,又比其类而合之,所以说经纶天下之大经,于所性中仁义理智之德,浑然全体,无少亏欠,而凡所以应事接物千变万化而不穷者,其理莫不包括于其中,就如树木一般,根本牢固而不动,枝叶发生而不穷,所以说立天下之大本,至于天地之所以化生长育,只是元亨利贞这四件实理,至诚之仁义理智,既与之契合而无间,故能融会贯通,知之洞达而无疑,盖不但闻见之知而已。"夫经纶大经,立大本,知化育,这都是至诚自然之能事,不思而自得,不勉而自中者也,何尝倚着于物而后能哉?所以说夫焉有所倚。

综上所述:上句主要是从至诚的方面论述圣人的德能。按照子思的观点,圣人应该天性至诚无伪,不应该有任何私欲杂念,并能够由此及彼,从人性出发,根据人性的特点,制定出天下人共同遵守准则,这一准则不仅能够治国平天下,而且还能够根据这一原则化育天下万物。

子思认为:治理天下国家,需要仁义礼智之德,而仁义礼智之德,存在于人的天性之中,这就是《中庸》开头所说的"天命之谓性,率性之谓道"的性与道。

这里的性,就是人的本性中存在着仁义礼智之德;这里的道,就是由此及彼的天下共生共存共发展之道。

依据此道的圣人,谋划天下大法;依据此道,制定天下的准则;依据此道,通晓万事万物的规律。按其规律办事,就能够无往而不胜。

这种"惟天下至诚,为能经纶天下之大法,立天下之大本,知天地之化育,夫焉有所倚?"都是按照规律,顺其自然之事,不思而自得,不勉而自中的无为而为之。圣人具有的至诚,博大精深,正如以下所说:

"肫肫其仁,渊渊其渊,浩浩其天。"

真挚诚恳的仁德,像潭水一样沉静幽深,像苍天一样浩茫广大。

这里的肫肫:指诚恳之极。肫肫:真挚诚恳的样子。渊渊:指静深。浩浩:是广大。渊渊其渊:意为圣人的思想如潭水一样幽深。浩浩其天:意为圣人的美德如同苍天一样浩渺无边。

对于这句的解释:

郑玄认为:惟圣人乃能知圣人也。《春秋》曰:"末不亦乐乎,尧舜之知君子"，明凡人不知。

孔颖达认为：能肫肫然恳诚行此仁厚尔。夫子之德，渊源然若水之深也。夫子之德，浩浩盛大，其若如天也。

张居正认为，上文说至诚之德，至此又极赞其盛说道："至诚，圣人之经纶、立本、知化，既皆出于自然，则其德之盛，非可寻常论者也。自其经纶言之，则于人伦日用之间，一皆恩意之浃洽，慈爱之周流，何其肫肫然而恳至也。自其立本言之，则性真澄澈，而万里空涵，就与那渊泉之不竭一般，何其渊渊然而静深也。自其知化言之，则阴阳并运，而上下同流，就与那天之无穷一般，又何其浩浩然而广大也。"至诚之德，其至矣乎！

圣人，至诚美德的博大精深，把握了事物的规律，在接近真理的过程中，接近天地之道，和天地具有同样大公无私的美德。所以说：

"苟不固聪明圣知达天德者，其孰能知之？"

如果不是聪明而通达天赋美德的人，有谁又能知道天的真诚呢？

这里的固：是实在的意思。天德：指仁义礼智之德。达天德者：意为通晓天德的人。

对于上句的解释：

张居正认为，子思总结上文说："至诚之功用，其盛如此，则其妙未易知也。若不是实有聪明圣知之资，通达仁义理智之天德的圣人，则见犹滞于凡近，而知不免于推测，其欲所谓经纶立本而知化者，和足以知之哉？"此可见惟圣人然后能知圣人也。

这里形容至诚之德，也就是圣人之德，博大精深，惟妙惟肖，与天地同，并列为三，可以参与天地化育，成就万事万物。

而谁能够懂得天地至诚呢？圣人，只有圣人之道才能够懂得，这就是说只有圣人的出世，才能够行先圣之道，致使家国天下太平。

第二十四讲：至圣的修养功夫

《中庸》的三十二章，主要论述了至诚之道的本质和内在的功夫，再次重申了"诚"，作为《中庸》全书核心思想的重要意义。而接下来的第三十三章，即是《中庸》的最后一章，全篇收尾，重在强调圣人德行的实施。

《中庸》的结尾：从天理到人道，从知到行，从理论到实践，从"君子笃恭"到"天下平"。既照应到了《大学》："格物"、"致知"、"诚意"、"正心"、"修身"、"齐家"、"治国"、"平天下"的人生进身的大学问；又回归到《中庸》全书宗旨的概括与总结的大智慧。正如以下诗篇所云：

君子之道，简淡谨微的道德境界

《诗》曰："衣锦尚絅。"恶其文之著也。故君子之道，暗然而日章；小人之道，的然而日亡。君子之道，淡而不厌，简而文，温而理，知远之近，知风之自，知微之显，可与入德矣。

《诗经》上说："穿着锦绣的衣服，外面罩着粗布的单衣。"这是讨厌文采太显露。所以君子之道是，深藏不露却日益显著；小人之道是，显露无遗却渐渐消亡。君子之道，俭朴而有文采，温和而有条理，懂得远处的事业是由近处开始，懂得教化别人是从自己开始，懂得内心的隐秘必然会显著于外，这样就可以与君子进入圣人的道德境界了。

这里的《诗》曰：引《诗经·卫风·硕人》。衣：名词动用，意为穿衣。锦：指彩色华美的衣服。尚：加。絅，用麻布制成的罩在外面的单衣。恶：嫌恶，厌恶。著：鲜明，耀眼。暗然：黯淡的样子，隐而不露。日章：日渐彰显。的然：指确切鲜明的样子。淡而不厌：不取悦于人，起初看似淡薄，久而久之，愈加觉得可敬，无恶可厌。简而文：性情简静无奢欲，才华文采雄辩有韬略。知远之近：要想抵达远方，必须从近处起步。

对于这句诗的解释：

郑玄认为：君子深远难知，小人浅近易知。人所以不知孔子，以其深远。禅为絅。锦衣之美而君子以絅表之，为其文章露见，似小人也。

孔颖达认为：以前经纶夫子之德难知，故此经因明君子、小人隐显不同之事。

朱熹认为：前章言圣人之德，及其盛矣。此复自下学立志心之始言之，而下文又推之以至其极也。古之学者为己，故其立心如此。尚絅故闇然，衣锦故有日章之实。淡、简、温、絅之袭于外也；不言而文且理焉，锦之美在中也。小人反是，则暴于外而无实以继之，是以的然而日亡也。远之近，见于彼者由于此也。风之自，著乎外者本乎内业。微之显，有诸内者形诸外也。有为己之心，而又知此三者，则知所谨慎而可入德矣。故下文引《诗》言谨独之事。

张居正认为：子思前章既说圣人之德极其盛，又恐人务于高远，而无近里着己之功，故此章复自下学立志心之始而推之，以至极其说道："《国风》之诗有言，人穿了锦绣的衣服，外面却又加一件朴素的禅衣盖着，这是何为？盖以锦绣之衣，文采太露，故加以禅衣，乃是恶其文采之太著也，学者之立心，也要如此。所以君子之为学，专务为己，不求人知，外面虽暗然韬晦，然实德在中，自不能藏，而日见章显。小人之为学，专事文饰，外面虽的然表现，然虚伪无实，久则不继，而日渐其消亡矣。然所谓暗然而日章者何如？"

接着又说："盖君子之道，外虽淡素，其中自有旨趣，味之而不厌，外若自有文采，灿然可观，外虽温厚浑沦，其中自有条理，井然而不乱。夫淡、简、温，就如同絅之袭于外的一般。不厌而文且理，就如锦之美在其中一般，这就是君子为己之心如此。然用功时节，又有当谨的去处，若使知不明，则和所据以为用力之地乎？又要随时精察，知道远处传播的，必从近处发端，在彼之是非，由于在此之得失也。知道自己的行为能感动人物的，都有个缘由，吾身之得失，本吾心之邪正也。又知道隐微的去处，必然到显著的去处，念虑即发于中，形迹必露于外也。这三件都是当谨之几，既知乎此，然后可以着实用功，循序渐进，而入与圣人之德矣。"

然则下学而上达者，可不以立心为要哉！

综上所述：作者以《诗经》"衣锦尚炯"开头，来表明作者的观点。这句诗的原意是：锦绣的衣服，外面罩着粗布单衣，以防止灰尘，表示对于新衣服的爱护之意。

而作者在这里，确实借用此诗的原意，引申为嫌弃过于鲜艳的文采表露于外，并用此来比喻作为君子的修德，不应该注重外表，而应该注重一个人内在的实质。

人们不应该反对穿锦绣的衣服和具有鲜艳文采的才华，但不要华而不实，形式大于内容，而是要注重内在实质的修养，名副实归，或者不显示其才华，为人处世小心谨慎低调，这正是君子和小人的重要区别。

小人只注重其外，夸夸其谈，不注重内在实质的修养。这里不仅强调君主，要注重内在的修养，而且提出道德修养应该注意的三件事。

君子之道:淡雅而人不厌,简约而有文采,温厚而有条理。

君子做人,谦虚谨慎内敛,秀在心内,美在其中,为什么呢? 这里因为任何问题、事物,都是靠脚踏实地才能够取得成功,不是靠花拳绣腿可以取得胜利;任何事情,都是由小到大,由近及远,由内到外,由浅及深,这便是君子之道的境界,也是追求圣人之道的途径。正如:

君子之道,内省慎独的内修价值

《诗》云:"潜虽伏矣,亦孔之昭。"故君子内省不疚,无恶于志。君子之所不可及者,其唯人之所不见乎!

　　《诗经》上说:"鱼儿虽然潜伏在深水之中,仍然是清晰可见。"所以君子的内心反省没有不安,心安理得,无愧于心志,君子之所以使人有不及之处,恐怕就在于在人们看不到的地方也严格要求自己罢了。

这里的《诗》,是《诗经·小雅·正月》的诗句。是哀叹西周末年政治黑暗的诗。潜:是幽暗的去处。伏:是隐伏。疚:是病。内省不疚:内心经常反省自己,没有愧疚。无恶于志:君子的言语行为无愧于自己的心志。

对于这句诗的解释:

郑玄认为:淡其味似薄也,简而文,温而理,犹简而辩,直而温也。君子虽隐遁,其德亦甚明矣。君子自省,身无愆病,虽不遇世,亦无损害于己志。

孔颖达认为:君子其身虽隐,其德昭著。贤人君子身虽藏隐,犹如鱼伏于水,其道德亦甚彰矣。君子虽不遇世,内自省身,不有愆病,则亦不损害于己志。言守志弥坚固也。

朱熹认为:无恶于志,犹言无愧于心,此君子谨独之事也。

张居正认为,子思引《诗》说:"幽暗的去处虽是隐伏难见,然其善恶之几,甚是昭然明白。《诗》之所言如此,可见独之不可不谨也。是故君子于己所独知之地,内自省察使念虑之功,皆合于理,而无一些疚病,方能无愧怍于心也。夫人皆能致饰于显著,而君子独严于隐微,即是而观,则君子之所不可及者,其在人所不见之地乎!"若夫人之所见,则人皆能谨之,不独君子为然矣,这是说君子谨独之事,为己之功也。

综上所述:这里借用《诗经》的诗句,鱼儿虽然潜伏在深水之中,仍然清澈可鉴,比喻君子修德的功夫,要在自身和内省上下功夫,在别人看不到、听不到的地方下功夫,做任何事情,都要问一问自己的内心,是否心安理得,问心无愧。这正是君子和小人的区分之处。这正如以下《诗》云:

至诚的君子,不动而敬,不言而信

《诗》云:"相在尔室,尚不愧于屋漏。"故君子不动而敬,不言而信。

《诗经》上说:"你独处于内室深处,仍然无愧于神灵。"所以说君子虽没有行动,也毕恭毕敬;虽没有语言,也真挚诚实。

这里《诗》,指《诗经·大雅·抑》中的诗句。相:是注视的意思。屋漏:房屋的西北角,上开有天窗,故称屋漏。这里可设帐幕,安藏神位,供奉神明,是室内隐蔽之处。

对于这句诗的解释:

郑玄认为:君子虽隐居,不失其君子之容德也。视汝在室独居者,犹不愧于屋漏。屋漏非有人也,况有人乎?

孔颖达认为:君子之人在室之中"屋漏",虽无人之处不敢为非,犹愧惧于屋漏之神,况有人之处愧惧可知也。言君子虽独居,常能恭敬。

朱熹认为:承上文又言君子之戒谨恐惧,无时不然,不待言动而后敬信,则其为己之功益加密矣。故下文引《诗》并言其效。

张居正认为:子思引《诗》说:"看尔在居室之中,虽屋漏深密的去处,莫说是未与物接,便可怠忽了,尚当常存敬畏,使心里无一些愧怍才好。诗人之言如此,可见静之不可不慎也。所以居住之心,不待有所动作,方才敬慎。便是不动的时节,已自诚信了。"

这是戒慎不睹,恐惧不闻的功夫,君子为己之功,至是而益加密矣。

综上所述:这里进一步强调慎独的功夫。

一个人在独处时,也要时时刻刻地内省自己,时时刻刻的严格要求和规范自己,时时刻刻保持敬畏之心,不要心存侥幸,忘乎所以,不要不知天高地厚,胡作非为,要做到至诚的形式与内容的统一,不欺人,不自欺。言而有信,诚实无欺,时时刻刻保持内心深处的诚信。

一个人的至诚,可以感动上天神灵;一个君主的至诚,可以劝善百姓鼓励民众。所以:

至诚的君子,不赏而民劝,不怒而民畏

《诗》曰:"奏假无言,时靡有争。"是故君子不赏而民劝,不怒而民威于鈇钺。

《诗经》上说:"进奉诚心,感动神灵,肃静无言,不敢争执。"所以,君子不必赏赐百姓,百姓已经受到了劝勉为善的鼓励;君子不用发怒,百姓已经畏惧到刑法的威严。

这里的《诗》:是《诗经·商颂·列祖》中的诗句,就是商代祖先成汤的诗句。奏假无言,时靡有争:意思是默默无语地向神明祈祷,内心平和,没有争端。不赏而民劝:不需要进行奖赏就能使百姓互相勉励行善。

对于这句诗的解释:

郑玄认为:奏大乐于宗庙之中,人皆肃静。金声玉色,无有言者,以时太平,和合无所争也。

孔颖达认为:祭成汤之时,奏此大乐于宗庙之中,人皆肃静,无有喧哗之言。所以然者。时既太平,无有争讼之事,故"无言"也。引证君子不言而民信。

张居正认为,子思引《诗》说:"主祭者进而感格于神明之际,极其诚敬,不待有所言说告诫,而凡在庙之人,亦皆化之,自无有争竞失礼者,此可见有是德,则有是化矣。是故君子既能动而省察,又能静而存养,则诚敬之德,足以感人,而人之被其德者,不待爵赏之及,而兴起感发,乐于为善,自切夫劝勉之意,不待嗔怒之加,而自然畏惧,不敢为恶,有甚于鈇钺之威。"盖德成而化民,其效如此,是以君子惟密为己之功,以造于成德之地也。

综上所述:一个人的至诚,可以感动上天神灵;一个君主的至诚,可以劝善百姓,鼓励天下民众。人格的魅力,领袖的风采,表率的作用,楷模的风范,都是力量,甚至是巨大的力量。君主的不赏而民劝,不怒而自威,在于君子的诚信,在于君主的风范楷模和表率作用。所以说:

君子笃恭而天下平

《诗》曰:"不显惟德!百辟其刑之。"是故君子笃恭而天下平。

《诗经》上说:"上天的德行最明显,天下的诸侯都要效法他。"所以说,君子只要谦恭诚实待人,就能使天下太平。《诗经》上说:"美德轻如鸿毛。"毛虽轻还有其他事物可与相比。"上天按照规律运行,默默无闻,无声无息无味。"这是中庸之道的最高的境界了。

这里的《诗》,是《诗经·周颂·列文》中的诗句。不显:是幽深玄远,无迹可见的意思。百辟:是天下的诸侯。刑:是法。笃:是厚。恭:是敬。

对于这句诗的解释:

孔颖达认为:以道德显著,故天下百辟诸侯皆刑法之。引之者,证君子之德犹若文王,其德显明在外,明众人皆刑法之。

朱熹认为:承上文而遂其政,言进而感格于神明之际,极其诚敬,无有言说而人自化之也。

张居正认为,子思说:"君子不赏不怒而民劝民威,其德虽足以化民,然犹未造其极也。《诗经》上说:天子有幽深玄远之德,无有形迹之可见,而天下的诸侯,人人向慕而法则之,则不特民劝民威而而。所以有德的君子,由戒惧谨慎之功,到那收敛退藏之密,其心浑然天理,念念是敬,时时是敬,但见其笃厚深潜,不可窥测,而天下的人,自然感慕其德,服从其化,不识不知,而翕然平治焉。"这笃恭正是不显之德,天下平,即百姓百辟刑之,此中和位育之能事,圣神功化之极致也。

这里主要说明,一个有道的君主,重在自我完善和道德修养,道德修养到一定的程度,就会充分显示出圣人人格的魅力,领袖楷模的作用。

人格的魅力可以吸引人,领袖楷模的作用可以感化人。

天子,作为天下的共主,只要自己树立起领袖的风范、言行的表率、人民的榜样、圣君的楷模,其圣君伟大的光辉形象,自然而然地,可以使天下诸侯效法学习模仿,所谓上行下效,就是这个道理。

天子和诸侯的一身正气,领袖和大臣的两袖清风,君臣上下的光明磊落,自然而然会感动全国人民,治国平天下就是顺其自然之事。所以说:

上天之德,无声无臭

《诗》云:"予怀明德,不大声以色。"子曰:"声色之于以化民,末也。"《诗》曰:"德輶如毛。"毛犹有伦。"上天之载,无声无臭。"至矣!

《诗经》上说:"我怀念您的美德,从不疾言厉色。"孔子说:"用疾言厉色,来教化百姓,是最下等的办法。"《诗经》上说:"道德轻如鸿毛。"毛虽轻还有其他事物可与相比。"上天的事不可猜测，没有声音没有气味。"
这是说到极致了。

这里先引的《诗》云：指《诗经·大雅·皇矣》中的诗句，歌咏西周开国之事。声：号令。色：形貌。予：是诗人托为上帝的言语。怀：是念。

这里后引的《诗》曰：指《诗经·大雅·烝民》中的诗句，是周宣王时赞美大臣仲山甫的诗句。"上天无臭"：是《诗经·大雅·文王》中的诗句，意为上天之事难以猜测，没有声音也没有气味。辁：古时候一种轻便车，引申为轻。伦：是比方。载：是事。

对于这句诗的解释：

郑玄认为：我归有明德者，以其不大声为严厉之色以威我也。

郑玄还认为：化民常以德，德之易举而用，其轻如毛耳。毛虽轻，尚有所比；有所比，则有重。上天之造生万物，人所闻其声音，亦无知其臭气者。化民之德，清明如神，渊渊浩浩然后善。

孔颖达认为：天谓文王曰，我归就尔之明德，所以归之者，以文王不大作音声以为严厉之色，故归之。记者引之，证君子亦不作大音声以为严厉之色，与文王同也。

孔颖达还认为：用德化民，举行其易，其轻如毛也。天之生物无音无声无臭气，寂然无象而物自生。言圣人用德化民，亦无音声，亦无臭气而人自化。是圣人之德至极，与天地同。

朱熹认为：承上文言天子有不显之德，而诸侯法之，则其德愈深而效愈远矣。

朱熹还认为：笃敬而天下平，乃圣人至德渊微，自然之应，中庸之极功也。

张居正认为：这一节是子思三引诗，以形容不显笃恭之妙。子思说："君子不显笃恭，而天下自平，则其德之微妙，其易言哉？

《大雅·皇矣》之诗说：上帝自言我眷念文王之明德，深微邃密，不大著于声音颜色之间，这诗似可以形容不显之德矣。然孔子曾说：为政有本，若将声音颜色去化民，也不过是末务。今但言不大而已，则犹有声色者存，岂足以形容之乎？

《大雅·烝民》之诗说：德之微妙，其轻如毛，这诗似可以形容不显之德矣。然毛虽细微，也还有一物比方得他，亦岂足以形容之乎？惟文王之诗说，上天之事,无有声音可听,无有气味可闻,夫声臭有气无形,比之色与毛,已是微妙了了,而又皆谓之无,则天下之至微至妙,不见其迹,莫知其然者,无过于此。以此形容君子不显之德,才可谓至尽矣,不可以有加矣。"

子思既极其形容,而赞叹其妙,以见君子之学,必如是而后为至也。其示人之意,何其切哉!

大抵《中庸》一书,首言天命之性,是说道之大原,皆出于天。终言上天之载,是说君子之学,当达诸天,然必由戒慎恐惧之功,而后可以驯致于中和位育之极,尽为己慎独之事,而后可以渐进于不显笃恭之妙。

可见尽人以合天,下学而上达,其要只是一敬而已。先儒说敬者圣学始终之要,读者不可不深察而体验也。

综上所述:本节引用了三段《诗经》的诗句,来进一步说明人君应用"不显之德",来治国、治民、平天下。这就告诫后代的君主:

一、治国、治民、平天下,不能疾言厉色,更不能用苛政暴政,严刑峻法,对待人民,而是要效法文王那样,用德行、仁政,治理国家天下。

二、孔子说用疾言厉色教民,乃是下策,那么用苛政暴政,严刑峻法,更是下下策,有道的君主,万万不可行施。

三、道德轻如鸿毛,举之甚易,但鸿毛虽轻,还有形迹,而上天造化万物,无声无臭,这就可以达到极致了。圣君的不显之德,所发生的作用,也如同上天无声无臭一样,博大精深,神妙不可测。

《中庸》最后一章,明确地告诫后世之君,要想治国平天下,就得加强自身的终生修养。

要以圣人高尚的道德品质,感化人民;要以圣君天子伟大的风范,影响人民;要以领袖人格的魅力,引导人民。

君主的修身养性,只要达到了极致,就自觉不自觉地融入到事物的规律之中,按照自然规律办事,行政的无为而治而无不治,就达到了天人合一的境界,产生了奇妙的作用,效果不可估量,在有意无意之间,完全顺其自然地实现了中庸之道。

子思自此以总结《中庸》全书的宗旨,完成了实现"中庸之道"的全过程,首尾相扣,前呼后应,言简意赅,教会了人们修身、齐家、治国、平天下的多角度、全方位、立体形象的知识结构和智慧阶梯,从而达到"天命之谓性,率性之谓道，修道之谓教"，天人合一的"中庸之道"人生大智慧。

　　读此书，可以领略人生的大智慧，享受天命、率性、修道，天人合一的美好境界，助你攀登人生无限风光的顶峰！

2011 年 7 月 18 日于北京芳草苑

责任编辑:孙兴民
责任校对:湖 催
装帧设计:徐 晖

图书在版编目(CIP)数据

《中庸》人生大智慧/郭庆祥 著. －北京:东方出版社,2012.3
ISBN 978－7－5060－4419－6

Ⅰ.①中… Ⅱ.①郭… Ⅲ.①中庸-通俗读物②人生哲学-通俗读物
Ⅳ.①B222.1-49②B821-49

中国版本图书馆 CIP 数据核字(2011)第 281366 号

《中庸》人生大智慧
ZHONGYONG RENSHENG DAZHIHUI

郭庆祥 著

东方出版社 出版发行
(100706 北京朝阳门内大街 166 号)

保定市北方胶印有限公司印刷 新华书店经销
2012 年 3 月第 1 版 2017 年 10 月北京第 3 次印刷
开本:710 毫米×1000 毫米 1/16 印张:15.75
字数:258 千字 印数:9,001－11,000 册

ISBN 978－7－5060－4419－6 定价:29.00 元

邮购地址 100706 北京朝阳门内大街 166 号
人民东方图书销售中心 电话 (010)65250042 65289539